Zu diesem Buch

Bertha Thompson hat ihre aufregende, alle Normen sprengende Geschichte Ben L. Reitman berichtet, der als König der Hobos galt und als anarchistischer Arzt den Ärmsten half und mutig für die Geburtenkontrolle eintrat. Seine Aufzeichnung ihrer Autobiographie ergibt ein authentisches Bild der Zeit zwischen Weltwirtschaftskrise und Prohibition.

Martin Scorsese hat Bertha Thompson in seinem Western «Boxcar Bertha – Die Faust der Rebellen» verewigt.

BOXCAR BERTHA

EINE AUTOBIOGRAPHIE

Aufgezeichnet von
Ben L. Reitman

Mit einem Vorwort von
Kathy Acker und
einer Nachbemerkung von
Roger A. Bruns

Deutsch von
Manfred Allié

ro
ro
ro

ROWOHLT

Die Originalausgabe erschien 1937 unter dem Titel
«Sister of the Road»,
1988 mit dem Vorwort von Kathy Acker und
der Nachbemerkung von Roger A. Bruns unter dem Titel
«Boxcar Bertha. An Autobiography.
As told to Dr. Ben L. Reitman»
bei Amok Press, New York

Veröffentlicht im
Rowohlt Taschenbuch Verlag GmbH,
Reinbek bei Hamburg, Dezember 1996

Umschlaggestaltung Bettina Schröter
(Fotos auf dem Umschlag und den Seiten 298 bis 301:
Bilderdienst Süddeutscher Verlag)
Gesamtherstellung Clausen & Bosse, Leck
Printed in Germany
1490-ISBN 3 499 13769 0

Vorwort

Im Jahre 1894 führte General Jacob S. Coxey den berühmten »Coxey Army March« nach Washington, D.C., an, und bald darauf richtete Dr. James Eads How, der Hobo-Millionär, Hobo-Colleges in ganz Amerika ein. In den dreißiger Jahren gab es, wie Boxcar Bertha berichtet, in den Vereinigten Staaten zwischen fünfhunderttausend und zwei Millionen Hobos, davon mindestens ein Zehntel Frauen. Hobos, das waren Männer und Frauen ohne festen Wohnsitz, die Arbeit suchten – im Gegensatz zu Pennern, die Drogen nahmen und tranken.

Aus allen möglichen Gründen wurden Männer und Frauen Hobos – aus Reise- und Abenteuerlust, um der Enge des bürgerlichen Lebens zu entgehen –, doch in den meisten Fällen, weil sie keine Arbeit fanden. Ein Hobo, ob männlich oder weiblich, führte ein gefährliches Leben, er haßte die Gesellschaft, die es ihm zwar erlaubte, unterwegs zu sein, der er aber niemals entrann. Im ganzen großen Amerika gab es keinen Ort, an den man fliehen konnte. »Zum Teufel mit einer solchen Gesellschaft«, sagte Andrew Nelson zu Boxcar, als sie sich zusammen die Statistiken über Kriminelle, Prostituierte und Hobos ansahen. »Wir müssen sie irgendwie zerstören, wenn wir Diebe, Gauner, Kriecher und Sklaven sein müssen, nur um leben zu können!

Wer kann denn da ruhig und friedlich bleiben und sich damit zufriedengeben, nur bei den Wahlen eine Stimme zu haben?« fuhr Nelson fort. »Selbst heute, in diesen mörderischen Zeiten der Wirtschaftskrise, führt all das Chaos zu nichts anderem, als daß die Reichen noch reicher werden und mächtiger und rücksichtsloser, und die Masse der Armen wird unterwürfiger und findet sich, der Not gehorchend, mit einem immer ärmlicheren Leben ab.« Wie sieht es denn heute in den Vereinigten Staaten aus?

»Die einzige Hoffnung, die ich noch sehe«, fuhr Nelson fort, »liegt darin, daß die Fahrenden sich weigern könnten, ihr Los zu akzeptieren. Du und deinesgleichen, ihr seid die letzten in Amerika, denen das Gefühl für Freiheit noch nicht verlorengegangen ist.« Gestern waren es Hobos; heute sind es die anarchistischen und obszönsten unter den Rock'n'Roll-Bands.

Boxcar Berthas Großvater mütterlicherseits war Moses Thompson, ein Kämpfer für die Sklavenbefreiung und Mitstreiter John Browns. Er war auch einer der ersten in den USA, der sich für die Emanzipation der Frau einsetzte, der freie Liebe, freie Wahl der Partner und Empfängnisverhütung propagierte.

Sklavenbefreiung, Feminismus, Utopie, Vegetariertum und so weiter. Die geheime Geschichte der Vereinigten Staaten, diejenige, die nicht in die Geschichtsbücher der Kinder kommt, ist die Geschichte der Massenbewegungen. In Europa hat sich die Linke in Parteien gesammelt, etwa der kommunistischen Partei in Frankreich und der Labour Party in England. Eine solche Massierung der Kräfte hat es in den Vereinigten Staaten niemals gegeben. Statt dessen bildeten kleine, locker miteinander in Verbindung stehende Bewegungen – das, was in den USA als die Linke gilt – den Underground, die alternative Gesellschaft, und tun es noch heute. Dezentralisierung mit allen Vor- und allen Nachteilen. Der echt amerikanische »Schmelztiegel«.

Die Programme von Feminismus und freier Liebe gehen bis heute in diesen Schmelztiegel ein.

Boxcar Berthas Autobiographie ist eine Geschichte von Hobos, aber es ist auch eine Geschichte von Frauen, und sie handelt besonders von Frauen der Unterklasse und solchen, die sich weigern, ein bürgerliches Leben zu führen. »Ich stellte fest, daß eine ganze Armee von Frauen auf die Reise gegangen war, junge Frauen größtenteils, fröhlich, übermütig, sicher, daß sie, weil sie Frauen waren, überall durchkommen würden, viel zu unruhig, als daß sie lange an einem Ort hätten bleiben können. Die Geschichten, die sie erzählten, waren immer wieder die gleichen – keine Arbeit, die ganze Familie lebt von der Fürsorge, keine Aussicht auf Heirat, etwas erleben wollen, Sex und das Leben in Freiheit genießen und ein großer Drang zu erfahren, wie es anderen Frauen ergeht.«

Als Bertha, noch ein Kind, zum ersten Mal einer Hobo-Frau begegnet, ist das, als ob sie eine Jungfräulichkeit verliert. Für dieses Kind ist der weibliche Hobo ein Sinnbild der Freiheit: »Ich sah sie auf einen Güterzug aufspringen, der an unserem Gleis gehalten hatte, um einen leeren Wagen anzuhängen; sie klammerte sich unter dem Wagen fest, und so fuhr sie direkt aus unserem Camp heraus und winkte Mutter zu, die an unserer Türe stand, und den Männern, die vor Staunen ihre Schaufeln sinken ließen ... Sie hatte ein Buch dabei. Sie war in Detroit gewesen. Sie sprach von einem Kind in Memphis. Sie wollte als Rednerin zu einem Treffen der I. W. W., der Industrial Workers of the World, an der Westküste.« Bücher und Reisen und freie Wahl der Geschlechtspartner und der Haß auf den Kapitalismus, das ist ein Zauberspruch für dieses Kind. »Aber ihr Gesichtsausdruck, als sie von ihrer Fahrt nach Westen sprach, und die Sicherheit, mit der sie sich unter den Güterwagen schwang, entflammten meinen Kinderverstand. Wenn man so lebte, war das Leben leicht. Sogar für Frauen. Das begriff ich da zum ersten Mal.«

Feminismus und *freie Liebe* sind ein und dasselbe. Oder etwa nicht? Für dieses Kind kann eine Frau alles mögliche sein, nur kein Opfer.

Die ersten Zweifel, ob freie Liebe und Freiheit wirklich das gleiche sind, kommen Boxcar, als sie zum ersten Mal ihrem Vater, Walker C. Smith, begegnet.

Walker C. Smith betreibt in New York City einen kleinen Buchladen für radikale Literatur und ist in politischer Hinsicht wie im persönlichen Leben Anarchist. Als Boxcar ihn fragt, ob es ihm nichts ausmache, daß er sie als kleines Kind sitzengelassen habe, antwortet er, daß alle Männer ihre Väter und Brüder seien und alle Kinder ihre Söhne und Töchter.

»Ich stimmte mit so vielem, was mein Vater sagte, überein«, sagt Boxcar ernüchtert, »und doch ließ er mich mit seiner Denkart und Lebensweise verwirrt und hilflos zurück. Ich konnte seine völlige Verantwortungslosigkeit gegenüber seinen Frauen und Kindern nicht verstehen, das vollkommen Unpersönliche an seiner Art.«

ODE AN UNSERE VÄTER IM VOLLEN BEWUSSTSEIN, DASS DIE ZEIT IHRER POLITISCHEN UND GESELLSCHAFTLICHEN MACHT BEINAHE VORÜBER IST.

Vor kurzem lernte ich einen Dichter kennen, ein ganzes Stück älter als ich, dessen Werke ich über viele Jahre hinweg gelesen hatte. Wir verliebten uns ineinander; na ja, ich verliebte mich in ihn. Da erfuhr ich, daß er verheiratet ist und eine ganze Reihe anderer Freundinnen hat. Und doch war er so zärtlich zu mir, daß es fast schon Zuneigung war. Für manche Leute ist es einfach, zu berühren und berührt zu werden, dachte ich bei mir.

Vielleicht hat Entfremdung etwas mit Verantwortungsgefühl zu tun, das heißt, eher mit einem Mangel davon: Was man in einem Augenblick spürt, hat nichts mit dem zu tun, was man im nächsten Augenblick empfindet oder überhaupt in einem anderen Augenblick. Gedächtnislücken; beinahe eine Entfremdung in der Zeit, ein Augenblick vom anderen isoliert. Diejenigen, die herrschen, die leiten, die besitzen, die steuern am besten, wenn sie emotional auf Distanz bleiben, wenn sie keine Verbindung eingehen. Was würde geschehen, wenn Präsident Reagan Mitgefühl mit den Chicanos in Los Angeles hätte? Oder wenn er sich an seine alten Zeiten als Linker erinnerte?

Boxcar war neugierig – sie wollte erfahren, wie andere Menschen sind. Sie lernte es mit einer waghalsigen Art von Journalismus, indem sie selber machte, was diese Menschen, was die Frauen, für die sie sich interessierte, taten. Es gab Zeiten, da war sie eine Hure: »Ich werde herausfinden, warum Frauen sich von ihren Gefühlen versklaven lassen.«

Bevor sie eine Hure wurde, hatte Bertha, wie sie sagt, begriffen, daß die weiblichen Hobos ihre Körper als Arbeitskapital verstanden.

Das gleiche könnte man über Frauen sagen, die heiraten, und man hat es auch. Nur daß in diesem Falle noch Umstände wie Gesellschaftsschicht und Geld eine Rolle spielen.

Die Strichmädchen, die Bertha zunächst kennenlernt, verdienen gut, und doch sind sie ständig pleite. Denn ihr Geld wandert von einem Mann, dem Kunden, zum nächsten Mann, dem Zuhälter. Die Hure, die Frau, ist nur ein Geldleiter. Das liegt nicht an dem, was sie macht – Bumsen demütigt eine Frau nicht, auch wenn die schweigende Mehrheit da anderer Ansicht ist. Diese Frau ist ein Leiter, weil unsere Gesellschaft sexistisch ist, weil unsere Gesellschaft physischen Sex und Gefühl voneinander getrennt hat. Geld ist das Symbol und gleichzeitig die Realität unserer Entfremdung.

Die Antwort auf die Frage »Warum verkaufen sich

Frauen?« lautet alles in allem: »Um zu überleben.« Materiell zu überleben. Doch die meisten Huren geben ihr Geld den Zuhältern. Bertha hat nicht gefragt, warum Frauen sich verkaufen; sie hat gefragt, warum sie ihr Geld den Zuhältern geben. Diese Frage ist gleichbedeutend mit der Frage: »Warum lassen Frauen es zu, daß sie ausgebeutet werden, und tragen gar noch selbst dazu bei?«

Wenn Frauen mehr als einfach bloß am Leben bleiben wollen, muß diese Frage beantwortet werden.

Marie gibt ihr Geld dem Zuhälter, weil sie gern »am Morgen neben jemandem aufwachte, der weniger wert war als sie«. Lorraine wird von ihrem Zuhälter beschützt. Die Welt, eine von Männern beherrschte Welt, hat es auf sie abgesehen – will sie hinter Gitter stecken, krank machen, zusammenschlagen. Dieser eine Mann schützt sie und nimmt ihr dafür ihr Geld. Wie in einer Spirale schlängelt sich eine Kette der Ausbeutung um die nächste.

Boxcar weiß, daß Zuhälter Abschaum sind, doch sie will es selbst erfahren, es selbst getan haben, und also nimmt sie sich einen Zuhälter. Bill. Das englische Wort für Rechnung. Sie fühlt sich zu Bill hingezogen, teils aus Neugier, sehr stark aber auch aus sexueller Lust. Doch dieses Gefühl des Angezogenseins wandelt sich in Abscheu, als sie begreift, daß Bill sie nicht liebt, daß er nicht »ihr Mann« ist. Und sie sagt zu Bill: »Ich frage mich, warum Zuhälter, die soviel Charme und soviel Macht haben, die Frauen zu erregen, nichts anderes damit tun können, als sie und sich selbst damit zu beschämen.«

Bei den Linken, den Rechten, bei den Gemäßigten oder wo auch immer, haben die Männer die Sexualität und die sexuellen Sehnsüchte und Bedürfnisse der Frauen ausgenutzt, um über sie zu herrschen. Bis vor kurzem bestand die Arbeit einer Frau in ihrer Sexualität – als Mutter oder Prostituierte. Obwohl für Frauen Arbeit, ja beinahe ihre Identität mit Sexualität gleichbedeutend war, galt die weibliche Arbeit, etwa in Form von Haushaltsarbeit, als minderwertig, und weibliche Sexualität war der Gegensatz zur Jungfräulichkeit – sie galt als niederträchtig und gemein. Die Folge dieser historischen Situation ist, daß heterosexuelle Frauen vor einem Dilemma stehen: Wenn sie den Sexismus bekämpfen wollen, müssen sie ihre eigene Sexualität verleugnen. Und dem Feminismus ist ja nicht daran gelegen, die weibliche Sexualität als solche zu bekämpfen.

Man kann nirgends hin. Man kann sich nirgends verstecken, außer, wie Marguerite Duras' Lol Stein, hinter einem Mangel an Persönlichkeit. Oder wie Boxcar – bleib auf Achse, Mädchen.

In ihrer Autobiographie *Living My Life* erzählt Emma Goldman, wie sie als Fünfzehnjährige in St. Petersburg einen Angestellten kennenlernte. Er machte ihr monatelang den Hof. Eines Tages forderte er sie auf, mit in das Hotel zu kommen, in dem er arbeitete. Dort packte er sie und vergewaltigte sie. »Seltsamerweise schämte ich mich nicht – es war nur ein großer Schock für mich zu entdekken, daß die Beziehung zwischen Mann und Frau so gewaltsam und so schmerzhaft sein konnte. Ich ging hinaus und war ganz benommen, in jeder Faser verletzt.

Ich habe mich immer wie zwischen zwei Feuern gefühlt, wenn ich in die Nähe von Männern kam«, fährt Goldman fort. »Ihre Anziehung blieb stark, doch war sie immer mit heftigstem Abscheu durchsetzt.«

An einer anderen Stelle ihrer Autobiographie beschreibt Goldman die Begegnung mit einem Brauer aus Cincinnati. Der Mann, dessen Namen sie verschweigt, sagt Emma, er habe gehört, sie sei »der größte Apostel der freien Liebe« in den Vereinigten Staaten. Auch er glaube an die freie Liebe, und nun wolle er mit ihr ins Bett gehen.

Zwar ist er ein verheirateter Mann mit erwachsenen Kindern, doch er weiß, sie glaubt an die freie Liebe.

Diese »ehrenwerte Stütze der Gesellschaft«, sinniert Goldman, »für die freie Liebe nur die Möglichkeit zu einer heimlichen Affäre bedeutet ... Alles kam mir sinnlos vor, und ich fühlte mich entsetzlich allein.«

Boxcar und Emma Goldman begriffen beide, daß die Sexualität eines der Mittel ist, mit denen Männer die Frauen unterdrücken, und doch fühlten beide sich sexuell zu Männern hingezogen. »Freie Liebe« war für beide Frauen eine komplizierte Sache: »Freie Liebe« oder, wie es besser heißen sollte, »freie Wahl des Geschlechtspartners« bedeutete, daß Frauen Macht über ihren eigenen Körper, über Gefühle, Gedanken, ihr Leben hatten und ihre Partner frei wählen konnten und dabei nicht mehr Schaden nahmen, als jeder es im Getümmel der Geschlechterbeziehungen tut. In einer Gesellschaft, die nach wie vor sexistisch und kapitalistisch (oder post-kapitalistisch) ist, erfuhren Bertha und Goldman, daß es für eine Frau zwar schwierig ist, diese Wahl zu treffen und ihr Leben selbst zu bestimmen, doch nicht unmöglich.

»Als die Frauen zu begreifen begannen, daß die Sexualität der Angelpunkt der Unterdrückung der Frau ist, gab es zwei Dinge, die sie erreichen wollten: zum einen wollten sie ›nein‹ zum Sex sagen können, und zum anderen wollten sie die Freiheit haben, ›ja‹ zum Sex zu sagen. Das waren die beiden Tendenzen ... Ich glaube, diese beiden Grundrichtungen der feministischen Einstellung zum Sex haben sich in gewisser Weise zu zwei verfeindeten Lagern innerhalb des Feminismus verhärtet, und die eine wird mit der ›Women Against Pornography‹-Bewegung (WAP) identifiziert ... Das andere ist, wie ich es nennen will, das Lager der Liberationistinnen, die den Frauen die Freiheit geben wollen, ihre eigene Sexualität zu erforschen, die so lange unterdrückt und von Männern bestimmt war«, so Alix Kates Shulman 1985 in einem Interview für *Rolling Stock* Nr. 10.

Diese Fessel der Sexualität, die Bertha und Goldman erkannten, ist auch heute noch einer der bestimmendsten Faktoren im Leben einer Frau. Gerade im Hinblick auf diese Fessel macht das komplexe Verständnis, das wir in *Boxcar Bertha: Eine Autobiographie* für das Leben der Frauen finden, von neuem das Schisma spürbar, das Schisma zwischen jenen Feministinnen, die die »Jungfrau« der patriarchalischen Religion und Gesellschaft in ihren eigenen Überzeugungen verinnerlicht haben, und jenen, die nicht wahrhaben wollen, daß die Sexualität gerade wegen des Sexismus für die meisten Frauen ein Problem ist.

Wir wollen noch einen letzten Blick auf die westlich-patriarchale Religion werfen. Das Christentum kennt sieben Sünden: Stolz, Zorn, Neid, Habgier, Trägheit, Völlerei und Unkeuschheit. (Ich glaube, ich habe sie korrekt aufgezählt.) Welches sind die Sünden unserer großen politischen Führer? Die größte ihnen allen gemeinsame Sünde ist die Unfähigkeit, Sympathie zu empfinden, mit jemandem mitzufühlen. Mangel an Mitgefühl ist ein Zeichen von Ignoranz. Wo ist die Ignoranz im christlichen Sündenkatalog? Boxcar Bertha hatte ein so großes Mitgefühl mit anderen Menschen, daß sie den Drang hatte, sie kennenzulernen, eine von ihnen zu werden, eine Hure, eine Landstreicherin, bereit zu leiden, um zu lernen. Ein solches Wissen, ein solches *menschliches* Wissen, ist eine komplexe Sache.

(Diese Einführung ist für meine Freundin Melissa.)

Kathy Acker

Boxcar Bertha

Eine Autobiographie

I

Ich schreibe dies hier mit dreißig, seit fünfzehn Jahren bin ich ein Hobo, eine Schwester der Straße, ein Mitglied jenes merkwürdig bunten Völkchens, das sich seit der Wirtschaftskrise so sehr vermehrt hat. Ich bin schon immer mit den seltsamsten Menschen zusammengekommen, mit Landstreichern, Hobos, Männern wie Frauen. Ich kann mich gar nicht mehr an eine Zeit erinnern, als ich nichts von Vagabunden, Prostituierten, Revolutionären wußte. Mein erstes Spielzimmer war ein Güterwagen. Auf den Güterbahnhöfen ließen mich die Zugführer in den Bremswagen einsteigen. Bevor ich zwölf war, war ich schon in einem Güterwagen zum nächsten Bezirk hin und zurück gefahren.

Mir ist, als hätten Polizei, Verhaftungen, Gefängnis, Klapsmühle und Spelunke von Anfang an zu meinem Leben gehört. Wenn ich wußte, daß ein Mann stahl oder eine Frau auf den Strich ging, daß irgendein armes Mädchen durchdrehte oder ein Kerl sich dünnmachen mußte, wenn ich hörte, daß ein Zuhälter vier Frauen gleichzeitig hatte – dann kam mir das alles ganz natürlich vor, eine Einstellung, die ich von meiner Mutter gelernt hatte, für die niemals etwas schrecklich, unanständig oder widerlich war. Unserer Familie ging es niemals schlecht, weil wir nie etwas als schlecht empfanden, und wir wurden niemals beschämt, weil es nichts gab, was wir als Schande gelten ließen. Wenn meine Mutter ihren »Mann« wechselte, dann fand ich das ganz normal. Als ich zum ersten Mal ins Loch gesteckt wurde, weil ich im Güterwagen gefahren war, war das nichts Besonderes für mich. Viele Männer und Frauen, die ich kannte, waren aus dem gleichen Grund verhaftet worden. In der Welt, in der ich lebte, wurde immer irgend jemand gerade verhaftet. Als ich noch ein Baby war, kam meine Mutter ins Kittchen, weil sie meinen Vater nicht heiraten wollte. In meiner Kindheit regte sich niemand darüber auf, wenn jemand eine Mahlzeit oder zwei verpaßte, oder auch ein halbes Dutzend. Mein ganzes Leben habe ich unter hungrigen und einsamen Menschen zugebracht.

Meine Mutter entsprach nicht dem, was die Leute eine anständige Frau nennen. Hat sie auch niemals behauptet. Und viele, darunter die Polizei, waren der Meinung, sie sei eine unanständige Frau. Aber sie hat ihnen niemals nachgegeben, und sie hatte eine Art, den Kopf zu heben, wenn sie ihnen Widerworte gab, die mich überzeugte, daß sie im Recht war. Ich liebte sie sehr, vom ersten Tag, an den ich mich erinnere, bis zu ihrem Todestag. Ich denke gern an sie. Ihr Vorbild, ihr Einfluß und ihre Opfer (sie hat immer abgestritten, jemals Opfer für ihre Kinder gebracht zu haben) waren Beweis genug, daß sie uns liebte und daß sie eine Frau von großem Mut und zwar ganz eigenen, aber hohen Prinzipien war. In meinen frühesten Erinnerungen sehe ich sie im Lager eines Eisenbahn-Bautrupps kochen, nicht weit von Deadwood, South Dakota. Der Mann, den ich »Vater« nannte, war der Vorarbeiter des Trupps, der Schienen für die Northwestern legte. Ich war die älteste von Mutters vier Kindern. Jedes von uns hatte einen anderen Vater.

»Hobo, Hobo, wo kommst du her?« ist das erste Lied, das ich lernte. Man traf immer umherziehende Männer und auch damals schon einige Frauen, die auf den Zügen und entlang der Hauptstraßen unterwegs waren. Neulich habe ich in der Zeitung gelesen, daß die Zahl der weiblichen Hobos und Landstreicherinnen so zugenommen hat, daß heute jede zwanzigste Person, die unterwegs ist, eine Frau ist. Ich weiß nicht, wie der Prozentsatz zu meiner Kindheit war, aber einige dieser Frauen sind mir sehr lebhaft im Gedächtnis geblieben, vielleicht, weil es damals noch so wenige waren.

Ich habe dieses Jahr einen Vortrag von Harry Hopkins gehört, dem Verwalter des Hilfswerkes. Er sagt, daß gegenwärtig in diesem Land 6800 Frauen ohne festen Wohnsitz leben. So viele sind in den staatlichen Asylen und Betreuungsstellen gezählt worden. In Wirklichkeit gibt es sicher doppelt so viele, die vollkommen ungebunden leben und per Anhalter, im Güterwagen oder zu Fuß im Land herumreisen. Das wären 13600 Frauen, »Schwestern der Straße«, wie die Männer uns nennen. Kein Wunder, daß die Leute Bücher über uns schreiben!

In meiner Kindheit war ich vollkommen frei und immer mit den Männern und Frauen der Straße zusammen. In meinem Leben gab es nicht viele Puppen oder Spielzeuge, aber dafür jede Menge Aufregung. Unser Wagen wurde auf Abstellgleise in den höchsten Gebirgen und in tiefen Schluchten gestellt. Wir schwammen und wuschen uns in Flüssen. Von den Aufschriften der Güterwagen lernte ich lesen. Was ich damals an geographischen Kenntnissen hatte, lernte ich, indem ich die Männer nach den Städten fragte, deren Namen mit Kreide an die Wagen geschrieben standen. Zahlen lernte ich, indem ich die Wagen der langen Güterzüge zählte.

Ich wüßte nicht, daß mir in meiner ganzen Kindheit jemals jemand ein Märchen erzählt hätte, aber die Geschichten von Wanderarbeitern und Landstreichern, von ihrer Arbeit in den Getreidefeldern von Minnesota und ihren Fahrten dorthin und zurück im Gepäckwagen, die atemberaubenden Geschichten von Wanderungen im Schnee in Alaska, von Verhaftungen in San Francisco oder den Schlägereien der Betrunkenen in den Spielhöllen von New Orleans, die waren so aufregend, daß ich sie bis heute im Gedächtnis behalten habe.

Ein paar von den Männern in unserer Gruppe hatten ihre Familien dabei. Die Hälfte der Kinder erzählte, daß ihre Wiege die Draisine gewesen sei. Alles, was sich auf einem Bahnhof finden ließ, war für uns Spielzeug. Wir bauten Häuser aus Bahnschwellen, die so schwer waren, daß wir sie nur zu viert an Ort und Stelle bringen konnten. Wir erfanden Spiele, bei denen man über die Gleise hüpfen mußte. Wir legten zwei Nadeln über Kreuz auf eins der Hauptgleise und ließen sie von den schweren Lokomotiven plattwalzen, zurück blieben winzige Scheren. Wir spielten mit den Spaten und Hacken der Männer und lernten, wie man damit umging. Und wir stellten uns in Reihen auf, um mit feierlicher Miene den Passagierzügen zuzuwinken, die vorbeidonnerten.

Wir Mädchen trugen die gleichen Kleider wie die Jungs, meistens Overalls, die wir von den Älteren erbten. Niemand kümmerte sich groß um uns. Sie sorgten dafür, daß wir etwas zu essen und nachts einen Platz hatten, um zu schlafen. Und sie achteten darauf, daß wir unsere kleinen Arbeiten verrichteten. Aber die Männer kamen nie auf die Idee, sich mit dem, was sie erzählten, in acht zu nehmen, wenn wir in der Nähe waren. Die Männer arbeiteten schwer und die Frauen noch schwerer. Mutter war immer damit beschäftigt, zu kochen, Essen zu verteilen und sauberzumachen, und sie brachte mir und den anderen Mädchen bei, wie man kocht und putzt und die Kleider der Männer wäscht.

»Bertha«, sagte sie dann immer, »solange du den Männern saubere Sachen und zu essen gibst und sie ein klein wenig liebhast, werden sie wunschlos glücklich sein. Sie sind allesamt Babies. Sie brauchen jemanden, der sich um sie kümmert. Erziehe sie dir so, daß sie auf dich angewiesen sind. Aber lasse dich niemals von einem herumkommandieren.«

Mutter war ein hübsche, üppige Blondine, sie hielt sich gerade und hatte durchdringende stahlgraue Augen, und irgend etwas war an ihr, das alle anzog, besonders wenn sie sprach. Sie war die Art von Frau, die sich um jeden kümmert, und alle nannten sie »Mutter Thompson«, selbst als sie noch so jung war, daß sämtliche Tramps (und alle anderen auch) mit ihr anbändeln wollten.

Ihr Vater, Moses Thompson, war ein Pionier aus Kansas, der sein ganzes Leben damit verbrachte, den Unterdrückten zu ihrem Recht zu verhelfen. Er kämpfte für die Sklavenbefreiung. Als er noch nicht einmal zwanzig war, arbeitete er mit John Brown zusammen und kämpfte im Bürgerkrieg. Später setzte er sich als einer der ersten für die Emanzipation der Frau ein und brachte in Valley Forge, Kansas, eine kleine Zeitung heraus, *The Women's Emancipator,* in der er das Stimmrecht für Frauen und die Abschaffung der Ehe forderte. Er war einer der Organisatoren der berühmten Demonstration für freie Liebe, die in den achtziger Jahren in Worcester, Massachusetts, stattfand. Er war dreimal im Gefängnis, zweimal, weil er Informationen über Empfängnisverhütung mit der Post verschickt hatte (für die Bundesbehörden waren es obszöne Schriften), einmal, weil er seiner Tochter, meiner Mutter, davon abgeraten hatte, den Vater ihres Kindes zu heiraten.

Meine Mutter war damals zwanzig, Großvater lebte auf der Farm und brachte seine kleine Zeitung heraus. Walker S. Smith, damals vierzig, ein aktiver Freidenker, der die Eugenik propagierte, machte auf einer Reise durch den Westen bei ihm Station. Großvater und er hatten miteinander korrespondiert. Er blieb auf der Farm und wurde schon in der ersten Woche Mutters Liebhaber. Großvater wußte es. Er drängte sie, nicht zu heiraten. Als ihre Schwangerschaft sichtbar wurde, begannen die Nachbarn zu reden, und fünf Tage nach meiner Geburt kamen der Pfarrer des Dorfes, der Sheriff und drei brave Bürger und fragten rundheraus, ob meine Mutter verheiratet sei oder zu heiraten gedenke.

»Nein, meine Tochter ist nicht verheiratet«, antwortete Großvater ihnen, »und mehr noch, sie wird auch nicht heiraten. Sie und Smith lieben sich und haben ein Kind miteinander, weil sie es wollten. Sie sind beide intelligent und gesund, und das ist alles, was ein Kind von seinen Eltern braucht.«

Jemand erstattete Anzeige gegen die ganze Familie, und zwei Wochen später mußten wir zum Prozeß in die Bezirkshauptstadt. Mutter und Vater wurden zu einem halben Jahr Gefängnis verurteilt. Großvater zu hundert Dollar Geldstrafe und den Gerichtskosten, die zu zahlen er sich sogleich weigerte. Also kam auch er ins Gefängnis. Allesamt genossen sie ihre Zeit dort. Großvater schrieb eine Reihe von Artikeln, die in liberalen Zeitungen in New York und London erschienen. Vater kam endlich dazu zu lesen. Mutter kochte und nähte für das ganze Gefängnis, stillte mich, lernte Esperanto und beschäftigte sich mit Sozialismus.

»Als wir wieder aus dem Gefängnis kamen«, sagte Mutter, »bereiteten uns die Liberalen und Radikalen von Kansas City einen riesigen Empfang. Das war dein erster öffentlicher Auftritt. Ich hielt dich in meinen Armen in die Höhe, damit alle dich sehen konnten.«

Mein Vater kehrte nicht mit Mutter und Großvater auf die Farm zurück.

Im Frühjahr 1906 starb Großvater, und Mutter heiratete, ohne daß sie einen besonderen Grund dafür gehabt hätte (und wider besseres Wissen, wie sie sagte), einen flachsblonden jungen Farmer namens Toby Miller und zog auf eine große Farm nahe Bismarck. In den nächsten beiden Jahren kamen meine Schwester Ena und mein Bruder Frank zur Welt. Doch nur Ena war Tobys Kind. Frank war der Sohn eines reisenden Arztes namens A. H. Wright. Mutter lernte ihn auf einem Jahrmarkt kennen. Ihr Ehemann Toby fand sich damit ab. Er wußte von der Beziehung, und später erfuhr er auch, daß Frank nicht sein Junge war, doch er behandelte den kleinen Burschen, und mich übrigens auch, wie sein eigenes Kind.

Als ich fünf war, spannte Mutter eines Tages, wiederum ohne daß sie später einen Grund dafür hätte nennen können – jedenfalls erinnere ich mich an keinen – zwei Pferde an und fuhr mit uns drei Kindern und einem Koffer mit Kleidern nach Bismarck. Bevor es Abend wurde, hatte sie bei einem Baustellen-Camp in der Nähe einen Posten als Köchin gefunden, und es dauerte keinen Monat, bis sie mit dem Vorarbeiter des Trupps zusammenlebte, der von uns immer als »meine Frau und meine Kinder« sprach. Elf Monate darauf kam meine Schwester Margaret zur Welt.

Mike Blake, unser neuer Vater, war ein dunkler, schweigsamer Mann, streng zu den Männern, doch voller Respekt gegen meine Mutter, die er verehrte, und von einer rauhen Zärtlichkeit gegenüber uns allen. Uns Kindern schenkte er so viel Aufmerksamkeit, als wären wir seine eigenen. Er arbeitete viel, und er trank viel. Doch betrunken oder nüchtern, er war immer gut zu Mutter. Und wenn er jemals eifersüchtig war – und er hatte guten Grund dazu –, dann hat er es mit Erfolg verborgen.

Diese Zeit mit Mike beeindruckte mich. Ein Gefühl der Sicherheit ging von der groben Art aus, in der er mit den Männern umsprang, und auch von seinem Umgang mit Mutter und uns Kindern. Mutter schien selbst die schwerste Arbeit für ihn mit Feuereifer zu tun. Als ich ihr damals zusah, habe ich den Drang kennengelernt, den ich heute so gut kenne, den Drang, Männer zu bedienen, die arbeiten und trinken und reden. Viele Männer kamen über die Schwelle unseres Güterwagens, die des Bautrupps, denen die Frauen fehlten und die ein wenig reden wollten, und mancher schmutzige, wundgelaufene, muntere oder niedergeschlagene Hobo, und alle vermittelten sie uns das Gefühl eines sorglosen Lebens abseits der übrigen Welt.

Zu jener Zeit gab es nur wenige weibliche Hobos. Ich kann mich nur an zwei erinnern, und die hatten eine gewisse Ähnlichkeit mit meiner Mutter, die gleiche Art, stolz den Kopf zu recken, wenn sie etwas Lustiges erzählen wollten oder ohne jede Scheu vom Anschaffen redeten und davon, wie sie mit Männern lebten und sie wieder verließen.

Einmal sah ich eine (in einem schmutzigen schwarzen Pullover und gestreiftem Arbeitsanzug) auf einen Güterzug aufspringen, der an unserem Gleis gehalten hatte, um einen leeren Wagen anzuhängen; sie klammerte sich unter dem Wagen fest, und so fuhr sie direkt aus unserem Camp heraus und winkte Mutter zu, die an unserer Türe stand, und den Männern, die vor Staunen ihre Schaufeln sinken ließen. Ein paar Minuten zuvor hatte ich noch gesehen, wie sie auf Mutters Tisch ihr Bündel schnürte. Sie hatte ein Buch dabei. Sie war in Detroit gewesen. Sie sprach von einem Kind in Memphis. Sie wollte als Rednerin zu einem Treffen der I. W. W., der Industrial Workers of the World, an der Westküste. Sie und Mutter hatten miteinander darüber gelacht, daß die Männer nicht an sie herankönnten, wenn sie unter dem Wagen hinge. Ich wußte, daß sie ein paar Nächte im Männerlager verbracht hatte. Mutter wußte es auch. Wir fanden nichts dabei. Aber ihr Gesichtsausdruck, als sie von ihrer Fahrt nach Westen sprach, und die Sicherheit, mit der sie sich unter den Güterwagen schwang, entflammten meinen Kinderverstand. Wenn man so lebte, war das Leben leicht. Sogar für Frauen. Das begriff ich da zum ersten Mal.

An eine andere Frau erinnere ich mich noch, älter und abgerissener, die mit einer ganzen Gruppe von Männern unterwegs war und sich eines Tages mit ihnen zusammen aus einem leeren Wagen fallen ließ, als ein Güterzug an unserer Kurve abbremste. Einer der Männer hatte von Mutter etwas zu essen bekommen, als er ein paar Monate zuvor in der anderen Richtung vorbeigekommen war. Diese Männer gingen mit der Frau, die sie bei sich hatten, um, als sei sie ein Mann. Sie trug allerdings einen Rock. Sie holte ihr Wasser selbst und wusch ihre Unterwäsche und ein paar von ihren Hemden und borgte sich die Seife dazu von meiner Mutter. Sie rauchte, rollte sich ihre Zigaretten selbst. Das fand ich interessant. Mutter hatte so etwas noch nie getan.

Diese Frau war unterwegs zu irgendeinem Mann oder fort von einem Mann, das weiß ich nicht mehr. Ich fand das ganz natürlich, daß sie einen Mann verließ oder zu einem anderen reiste. Und nicht weiter wichtig. Viel wichtiger für sie und für die männlichen Hobos bei ihr war, daß sie etwas zu essen hatten und einen Ort, wo sie sich waschen konnten, oder es waren die Berge, durch die sie gekommen waren, oder etwas, das ihnen jemand in einem anderen Camp erzählt hatte.

Sosehr ich unser Leben am Bahngleis auch gemocht hatte, ich könnte nicht sagen, daß ich unglücklich oder überrascht gewesen wäre, als Mutter – ich war damals acht – Mike und die Güterwagen hinter sich ließ und mit uns nach Aberdeen ging, wo sie eine Pension aufmachte. Die Mieter waren größtenteils Eisenbahnarbeiter und Leute vom Varieté oder Jahrmarkt, die Art von Leuten, die nicht gern in Hotels absteigen. Wir hatten immer jemanden von der Arbeiterpartei bei uns, Streikende und Radikale. Fast sämtliche Hobos, die durch Aberdeen kamen, kehrten bei uns ein, wo sie etwas zu essen bekamen und sich waschen konnten. Oft schliefen sie in der großen Scheune. Wenn ein Hobo bei Mutter an die Hintertür klopfte und fragte: »Meine Dame, hätten Sie vielleicht–«, fuhr sie ihn immer an: »Du bist ein Berufslandstreicher. Nur die Profis nennen mich ›meine Dame‹.«

Aber sie gab ihnen dann doch zu essen und ließ sich etwas von ihnen erzählen.

Solche Leute, die Bahnarbeiter und die Männer vom I. W. W. wohnten in unserer Pension. Jeden Abend gab es Diskussionen über Sex und Streiks und Sozialismus. Sämtliche Agitatoren stiegen bei uns ab. Später erfuhr ich, daß »Mutter Thompson« ein Name war, den in jenem Jahr im ganzen Land jeder Hobo und jeder Radikale kannte.

Dann und wann kam einmal ein weiblicher Hobo, aber damals waren es noch so wenige, daß es immer ein gewisses Aufsehen gab, selbst unter den männlichen Hobos. Die Frauen kamen fast immer allein. Manchmal waren sie zu zweit unterwegs, aber nur selten in Begleitung von Männern. Einige fuhren per Anhalter. Damals waren die Automobile noch selten, und diese Frauen erzählten immer von abenteuerlichen, aufregenden Fahrten mit Fremden durch die endlosen Prärien. Sie erklärten, daß sie, wenn sie allein seien, leichter von Männern im Auto mitgenommen würden, als wenn sie einen Mann dabeihätten, und daß Essen und Unterkunft und dann und wann sogar ein wenig Geld eher zu haben seien.

Ich habe das Gefühl, die meisten Frauen, die damals herumreisten, waren Agitatorinnen. Ihr Haar trugen sie im Pagenschnitt, eher lang. Sie redeten aufgeregt, und es gelang ihnen immer, die männlichen Hobos aufzustacheln, zu einem Treffen nach San Francisco zu fahren oder wohin sie auch immer gerade unterwegs waren. Ab und zu fand man eine, die einfach nur so kreuz und quer durchs Land fuhr, so wie es heute Hunderte tun, die kein bestimmtes Ziel haben, höchstens eine Stadt, von der sie gehört haben oder wo sie schon einmal gewesen sind. Mutter nahm sie alle auf.

Seitdem habe ich viel darüber nachgedacht, warum Frauen wohl ihr Zuhause verlassen und auf die Straße gehen. Ich bin zu dem Schluß gekommen, daß es in den meisten Fällen ökonomische Gründe sind, daß sie in der Regel aus zerrütteten oder verarmten Haushalten kommen. Sie wollen der Realität entkommen, fort von dem Elend und dem bedrückenden Milieu, in dem sie leben. Andere treibt es auf die Straße, weil sie zu Hause nicht zu sich selbst finden können oder ihre Eltern zu streng sind. Manche ziehen über Land zu entfernten Verwandten oder sind auf Abenteuer aus. Die Langeweile einer Kleinstadt oder einer Farm, die durch das immergleiche Wetter noch verschlimmert wird, kann dann der Auslöser sein. Andere wollen vielleicht etwas Besseres zum Anziehen. Wieder andere packt einfach die Wanderlust. Die Reichen können Globetrotter werden, aber wer kein Geld hat, wird Hobo. Ich glaube, einige der Frauen, die ich damals in Aberdeen kennengelernt hatte, fielen in diese Kategorie. Ich selbst ja auch, als ich zum ersten Mal loszog und die Freiheit und das Abenteuer suchte, das sie bereits kannten, wobei in meinem Fall noch ein paar andere Dinge mit hineingespielt haben mögen. Aber ich wollte niemals von zu Hause fort, weil es mir dort zu langweilig gewesen war.

Etwas über zwei Jahre haben Ena und ich in Aberdeen die Schule besucht. Ich weiß nicht mehr viel davon. Wir sind auch zur Sonntagsschule gegangen und zu jedem Erwekkungsprediger, überhaupt zu jeder Art von Versammlung, die es in der Stadt gab. Wir spielten mit einer Menge von Kindern, die genauso umherstromerten wie wir. Mutter nahm uns zu jedem Vortrag mit, der gehalten wurde, und lehrte uns Großvaters Worte: »Je mehr du hörst, desto mehr lernst du, und desto besser wirst du dir dein eigenes Urteil bilden können.«

In Aberdeen gab es einen »Strich«, eine Reihe von Bordellen knapp außerhalb der Stadtgrenze. Fünfzehn Mädchen arbeiteten dort. In der Regel war ihnen nicht erlaubt, in die Stadt zu kommen. Sie durften nicht einmal einkaufen. Sie mußten auf direktem Weg vom Bahnhof zu ihren Quartieren gehen. Die Polizei ließ sie nicht aus den Augen. Aber zu unserem Haus durften sie kommen. Sie kamen und aßen. Manchmal wohnten ihre Liebhaber oder Zuhälter als zahlende Gäste bei uns. Manchmal nahmen die Mädchen mich mit in ihre Etablissements. Ich war fasziniert. Schon bald hatte ich heraus, wie sie ihrem Beruf nachgingen. Sie werden wohl entsetzt sein, wenn ich Ihnen sage, daß es mich nicht im geringsten anwiderte. Für meine Begriffe war es ein ganz normales Geschäft.

Mutter schien nichts dagegen zu haben, daß ich diese Mädchen besuchte. Es machte ihr offenbar nichts aus, wie sie in meiner Gegenwart redeten. Sie akzeptierte das genauso wie die Geschichten, die andere Männer und Frauen erzählten, von Gewerkschaftsversammlungen in Birmingham oder von Reisen im Güterwagen durchs ganze Land zur Apfelernte in Idaho. Es mag Ihnen unfreundlich und unanständig, als für eine Tochter völlig ungehörig vorkommen, daß ich Ihnen all das über meine Mutter mitteile, aber wenn ich Ihnen aufrichtig die Geschichte meines Lebens und der Dinge, die es geprägt haben, erzählen soll, dann muß ich bei meiner Mutter anfangen.

2

Ich war elf Jahre alt, als die Vereinigten Staaten in den Weltkrieg eintraten. Irgend jemand von den Bahnarbeitern besorgte unserer ganzen Familie Pässe, und Mutter gab ihre Pension auf und fuhr mit uns nach Little Rock, Arkansas, zu einer Kooperative, die sich dort in den Bergen zusammengefunden hatte. Eine Hobo-Frau, die im Winter zuvor, als sie krank gewesen war, bei Mutter gewohnt hatte, hatte uns davon erzählt, und etliche von den Anführern der Gewerkschaftsbewegung waren dort gewesen und drängten Mutter, es zu versuchen. Wir fanden fünfunddreißig Familien vor, Sozialisten, Anarchisten und Freidenker, allesamt Kriegsgegner, die, vom Existenzkampf aufgerieben, den Kapitalismus für ihre Lage verantwortlich machten und die sich alle nach materieller Sicherheit und Seelenfrieden sehnten, ohne daß sie sich allzusehr dafür anstrengen wollten. Sie lebten in über ein wunderschönes Tal verstreuten Häusern und Hütten, die sie sich selbst errichtet hatten. Eine Gruppe von Sozialisten hatte das Gelände gekauft und andere eingeladen, sich zu ihnen zu gesellen. Ein Blockhaus bildete den Mittelpunkt, und dort wurde alles, was die Kolonie anging, diskutiert. Die, die bei ihrer Ankunft Geld hatten oder etwas verdienten, während sie dort lebten, taten es in einen gemeinsamen Topf. Alle arbeiteten auf dem Feld. Als wir eintrafen, war das wohlorganisierte Experiment einer Farmkooperative schon weit gediehen.

Es gab einundsiebzig Kinder. Unsere Schule war eine alte Scheune, und wir hatten zwei bemerkenswerte Lehrer, Bill White und seine Frau Edna. Sie waren im Osten Lehrer gewesen, doch hatte man sie gezwungen, ihre Posten aufzugeben, als die Schulbehörden entdeckten, daß sie nicht amtlich getraut waren. Sie waren in die Kolonie gekommen in der Hoffnung, eine moderne Francisco-Ferrer-Schule einrichten zu können.

Richtigen Schulunterricht hatten wir wohl selten, aber wir haben ein wenig Lesen, Schreiben und Rechnen gelernt. Hauptsächlich ging es um die Absurditäten der Religion und um Politik, Gewerkschaften und Wirtschaft. Uns wurde beigebracht, daß das kapitalistische System falsch war und daß die Menschen arm sind, weil sie ausgebeutet werden und nicht den vollen Lohn für ihre Arbeit erhalten. Wir lernten, daß die Regierung das Privatvermögen der Reichen schützt und daß ohne Regierung und ohne Gewaltanwendung die Reichen nicht existieren können. Was wir in der Kolonie vor allem lernten, war Ehrfurcht vor der Arbeit, und es wurde in uns der Wunsch geweckt, in einer freien, kooperativen Gesellschaft zu leben. An Schulbüchern hatten wir, soweit ich mich erinnere, nur William Morris' *Nachricht von Nirgendwo,* Oscar Wildes *Die Seele des Menschen im Sozialismus,* Emile Zolas *Das Werk* und Walt Whitman. Jeden Tag mußten wir ein Gedicht von Whitman aufsagen.

Neben unseren Lehrern gab es noch zwei Menschen in der Kolonie, die eine entscheidende Rolle für meine Entwicklung gespielt hatten. Einer war Edwin C. Owen, damals erst neunzehn, ein bezaubernder junger Dichter, blond, mit einem Schnurrbärtchen und einer so volltönenden Stimme – obwohl er einen englischen Akzent sprach –, daß jedes seiner Worte wie Musik klang. Er las uns Byron und Shelly, Strindberg und Ibsen vor, außerdem revolutionäre Gedichte, darunter C. E. W. Woods *The Masters – Makers of Bloody Revolution,* und selbst nach so vielen Jahren sind mir Zeilen wie »Stets gegenwärtig ist am Anfang schon das Ende! In der Knospe steckt der Apfel, und in der Blüte schon der Wurm« noch im Gedächtnis geblieben. Er las uns Eltzbachers *Anarchism* vor und versuchte uns Tolstoi, Proudhon, Godwin und Tucker zu erklären. Er sagte dann etwa: »Privateigentum ist Diebstahl, und Ehe ist ein Verbrechen. ›Mein Haus‹, ›mein Hund‹, ›meine Frau‹ – die Menschen schaffen sich ihre Götter. Doch die Götter schaffen keine Menschen.«

Owen lernte Kurzschrift und Schreibmaschineschreiben in der Kolonie, und er sorgte dafür, daß ich mitmachte. Seitdem bin ich, wenn es sich einrichten ließ, nie ohne eine Schreibmaschine gewesen. Selbst im Gefängnis habe ich immer eine Schreibmaschine benutzen dürfen, und die Kurzschrift habe ich stets geübt. Das hat mir schon oft geholfen, mir meinen Lebensunterhalt zu verdienen, ich habe viele wichtige Dinge rasch aufschreiben und aufbewahren können, die Leute gesagt haben. Wenn man es mit der Grammatik und der Rechtschreibung nicht allzu genau nimmt, bin ich eine gute Stenographin.

Ein weiterer Mann in der Kolonie, der mir viel bedeutete, war Herman Baginsky, ein rundlicher kleiner Bursche mit flammenden Augen und gewölbter Stirn. Dieser Genosse stammte aus Deutschland, war aber dreißig Jahre lang in New York seinem Handwerk als Schneider nachgegangen. Er hatte ein paar Tausend Dollar gespart. Er hatte genug von der Stadt und war in die Kolonie gekommen, um dort ein einfaches Leben zu führen. Er glaubte an die freie Liebe und versuchte ein Buch über die Liebe zu schreiben.

»Wenn Frauen die Liebestechniken erlernen und wirtschaftlich unabhängig werden und verstehen, wie man die Empfängnis verhütet, dann werden sie frei sein«, sagte er immer. »Die Ehe versklavt die Frau. Wenn Kinder zur Welt kommen, dann ist es ein Unfall.«

Während unserer Zeit in der Kolonie hatten wir ein Häuschen nur für uns. Mutter kam für uns auf, indem sie in dem großen Haus kochte und wusch, wo die meisten der alleinstehenden Männer wohnten. Seither habe ich erfahren, daß sie auch manche sexuellen Nöte dieser Männer gelindert hatte, doch ich erinnere mich nur daran, daß sie stets eifrig für sie schrubbte und kochte und immer fröhlich und freundlich war, immer bereit, einer guten Geschichte zuzuhören oder selbst eine zu erzählen. Ich weiß noch, daß sie viel gelesen hat, sie studierte Bücher gegen den Krieg, und abends in den Versammlungen verurteilte sie ihn leidenschaftlich. Wenn sie ernst machte, gab es keine Menschenseele in der Kolonie, die nicht zugehört hätte. Ich weiß noch, wie ihr Gesicht vor Begeisterung leuchtete, als sie einmal einer Gruppe von Frauen verkündete, sie alle hätten kein Recht, noch weitere Söhne zu gebären, die dem Land als Kanonenfutter dienen würden.

Mein Bruder und wir übrigen Kinder arbeiteten vier Stunden pro Tag für die Kooperative. Das war eine der Regeln, daß jeder irgendeine nützliche Arbeit tun mußte. Wenn ein Kind alt genug zum Spielen war, dann war es auch alt genug, etwas Nützliches zu tun, auch wenn es nicht mehr war, als Wasser vom Brunnen zu holen oder einen Besen zu tragen.

Als wir etwa elf Monate in der Kolonie gewesen waren, kam James Wilson für eine Woche auf Besuch, ein energischer, dunkelhaariger Mann von dreißig Jahren, der aussah wie ein New Yorker, es auch war, und mit Ostküstenakzent sprach. Er war aktiver Antimilitarist.

»Ich habe einen Herzfehler und wäre schon deswegen vom Militärdienst ausgeschlossen worden«, erzählte er uns. »Aber damit, daß ich nicht in den Krieg ziehen muß, gebe ich mich nicht zufrieden. Und es macht mich nicht froh, daß ich friedlich im Bett sterben kann. Jeder Krieg ist eine Dummheit. Er ist grausam und teuer und unverschämt. Was wir mit Gewalt erringen, wird uns jemand, der noch gewaltsamer ist, wieder entreißen.«

Als er die Kolonie verließ, nahm er Mutter mit. Baginsky und die anderen Kolonisten versprachen ihr, sich um uns zu kümmern, während sie auf Vortragsreisen durch das Land zog. Ich weiß noch, daß ich nicht im geringsten an deren Notwendigkeit und der Dringlichkeit der Sache zweifelte, für die sie uns verließ.

In der folgenden Zeit gingen wir Kinder ganz in der Arbeit für die Kooperative auf. Die Schule funktionierte prächtig. Wir wurden Teil einer gemeinsamen Sache – eine Möglichkeit für ein Leben ohne Ausbeutung zu finden. Anführer der verschiedensten Bewegungen kamen, um zu uns zu sprechen. Es war die Rede davon, daß die Farm vergrößert werden solle, weiter hinauf in die Berge. Es gab Streit um Unterkünfte und Bestimmungen. Wir alle hatten das Gefühl, daß die Kolonie von großer Bedeutung war. Die Welt draußen beobachtete uns. Ich weiß noch, wie ich mich schämte, als der Kriegstaumel einige der jüngeren Männer überwältigte und sie uns verließen, um sich freiwillig zu melden.

Von Zeit zu Zeit kamen Frauen von draußen in die Kolonie. Manche waren Fahrende; sie waren immer auf irgendeiner Art von Kreuzzug, und nach einer eiligen Besprechung mit unseren Anführern und einem neidvollen Blick auf unser waldiges Tal machten sie sich wieder davon. Diese Frauen waren älter als die, die heute unterwegs sind. Sie fuhren über Land, weil sie eine Mission hatten. Drei davon sind mir besonders im Gedächtnis geblieben: Radikale, die durch die Art, wie sie unterwegs waren, einiges Aufsehen erregten. Sie kamen von einer Zusammenkunft und waren unterwegs nach Kalifornien, wo sie einen Streik anzetteln wollten. Agnes stammte aus Vassar. Ray gehörte zu einer Organisation von Näherinnen. Mamies Vater war ein aktiver Sozialist in Pittsburgh. Alle drei trugen Hosen.

Sie hatten keine Zeit, um auf Güterzügen oder per Anhalter zu reisen. Von New York nach Little Rock waren sie auf dem Dach eines Pullmanwagens des Expreßzuges gekommen; als er am Bahnhof hielt, waren sie hinaufgeklettert, und als er Fahrt gewann, hatten sie sich auf den Bauch gelegt und sich seitlich mit den Händen festgehalten, und nur die kleinen Ventilatorenöffnungen zwischen ihren Beinen hatten verhindert, daß sie vom Fahrtwind heruntergeweht wurden. Ihre braunen, recht schroffen und willensstarken Gesichter und die klaren Stimmen, mit denen sie an den Abenden zu unserer Gruppe sprachen, bevor sie einen Ford zurück nach Little Rock nahmen, wo sie schon um Mitternacht einen neuen Zug besteigen würden, kamen uns damals sehr dramatisch vor. Sie setzten bei diesen Fahrten ihr Leben aufs Spiel.

Eines Tages kam eine andere Hobo-Frau mit ihrem männlichen Genossen zu Fuß in unser Lager. Auch sie trug Männerkleider, doch für ihre Rede, die sie am Abend vor uns hielt, zog sie eine rote Bluse an. Als sie erfuhr, wer wir Kinder waren, nahm sie uns in die Arme und erzählte uns, daß sie eine wunderbare Rede von Mutter in Boston gehört habe und daß wir tapfer sein müßten, bis ihre Arbeit getan sei. Zwei Tage lang wartete sie in der Kolonie auf die Ankunft von zwei weiteren Genossen, die sie in einem Auto abholten, und gemeinsam fuhren sie zu einer Kundgebung für die Redefreiheit nach San Antonio.

Mutter blieb fast ein Jahr lang fort. Als sie in die Kolonie zurückkam, brachte sie einen hoch aufgeschossenen jungen Mann mit, John Carney, einen Dichter aus Irland, der von der irischen Arbeiterbewegung herkam. Er war groß, schmal, ernst und gerade erst vierundzwanzig Jahre alt. Mutter hatte ihn in Greenwich Village, New York, aufgelesen. Obwohl er elf Jahre jünger war als Mutter, hatte sie ihn als ihren Mann angenommen, und schon zwei Tage darauf waren wir mit Carney und Mutter unterwegs nach Seattle im Staate Washington. Wir fuhren mit dem Tageszug los, aber wir hatten nicht genug Geld für die ganze Fahrt. Für eine Woche machten wir Zwischenstation in Bismarck, wo wir Mutters Ehemann Toby trafen, der uns zu einem Besuch einlud. Er drängte Mutter, sie sollte uns Kinder bei ihm lassen, doch sie lehnte ab.

»Wenn du oder die Kinder jemals wieder herkommen und bei mir leben wollt«, sagte er, »ist es immer noch euer Zuhause.« Er nahm das alles sehr gutherzig auf, und als er erfuhr, daß wir pleite waren, bestand er darauf, uns Fahrkarten nach Seattle zu kaufen. Carney drängte uns, anzunehmen, und sagte, er werde denselben Zug nehmen. Unter den Wagen und auf Dächern kam er bis Butte, Montana, mit. Als wir dort abfuhren, blickte Mutter hinaus und sah, daß er es nicht schaffen würde, also zog sie die Notbremse, der Zug hielt, und wir sprangen hinaus. Carney schimpfte uns für unsere Anhänglichkeit aus, doch Mutter lächelte nur trotzig.

»Na, wir sind zusammen losgefahren, und wir fahren auch zusammen weiter«, sagte sie.

An jenem Abend, noch immer auf dem Bahnhof, griff uns ein Bahnpolizist auf und brachte uns zur Polizeiwache. Mutter, die die Verhandlungen allein führte, sagte, daß ihr Mann eine Stellung in Seattle gefunden habe, er müsse nur erst einmal dorthin kommen. Der Beamte musterte Carney skeptisch.

»Sie meinen wohl Ihr Sohn, oder?« Er grinste.

Sie behielten uns die ganze Nacht über im Gefängnis,

doch am Morgen brachten sie uns zur Stadtverwaltung, wo wir Fahrkarten nach Seattle bekamen. Mutter verriet niemandem, daß die ganze Zeit über Erste-Klasse-Fahrkarten in ihrer Tasche gesteckt hatten.

In Seattle gingen wir zuerst zum Büro des I. W. W., und einer der Arbeiterkollegen führte uns zu einer kleinen gemütlichen Wohnung auf einem Hügel nicht weit von der Küste. Von unserem Fenster aus konnten wir die Brücken der abfahrenden Schiffe sehen, und gleich um die Ecke fand das aufregende Hafentreiben statt. Es sah ganz so aus, als ob wir es dort gut haben sollten. Doch noch nicht einmal eine Woche später war Carney fort. In San Diego wurde ein erbitterter Streit um die Redefreiheit ausgefochten.

»Wo gekämpft wird, da gehöre ich hin«, sagte er uns. »Ihr braucht euch keine Sorgen zu machen. Ihr seid stark. Ihr könnt arbeiten, und wenn ihr Hilfe braucht, wird die I. W. W. sich um euch kümmern.«

Wir küßten ihn liebevoll zum Abschied. Das nächste, was wir von ihm hörten, war, daß er bei Arbeiterunruhen umgekommen war.

Mutter hatte bald eine Stelle als Köchin in einem Schnellrestaurant gefunden. Sie ließ sich als Gasthörerin an der Universität von Washington einschreiben, und wir vier Kinder kamen in die Schule. Wir hatten allesamt keine regelmäßige Schulbildung gehabt und konnten keine Zeugnisse vorweisen, aber wir legten Prüfungen ab und wurden aufgenommen. Ich kam an die High School von Seattle.

Die nächsten beiden Jahre ging es uns nicht schlecht. Mutter sorgte gut für uns. Ihre Arbeit im Restaurant war schwer, und sie arbeitete den ganzen Tag lang, aber sie kam zurück, als ob es ihr gar nichts ausgemacht hätte, und kümmerte sich fröhlich und begeistert um uns. Abgesehen von allem anderen nähte sie auch unsere Kleider und entwarf sie so, daß sie nicht nur zu unserer Figur, sondern auch zu

Haar- und Gesichtsfarbe paßten, und sie machte es so gut, daß ich das weibliche Vergnügen hatte zu spüren, wie die anderen Mädchen auf der Schule mich um meine Kleider beneideten. Doch die meisten Mädchen meines Alters fand ich damals schon ziemlich albern. Die Schule war mir ohnehin nicht besonders wichtig. Ich fand es lächerlich, daß ich lateinische Grammatik lernen sollte, während draußen die ganze aufregende Welt auf mich wartete.

Etwa die Hälfte der Zeit, die wir in Seattle waren, lebten wir bei verschiedenen Familien in der Home Colony, einer Anarchistensiedlung nahe Tacoma. Es war eine Kolonie, in der die freie Liebe praktiziert wurde, ins Leben gerufen von einer Gruppe von Anarchisten, die das Land gekauft und Gemüsebau, Fischfang und Hühnerzucht aufgezogen hatten. Jede Familie hatte ihr eigenes Haus.

Alle gaben uns das Gefühl, willkommen zu sein. Wir schwammen und fischten, gruben nach Muscheln, arbeiteten auf den Gemüsefeldern, halfen beim Verpacken der Eier, und alles kam uns vor wie ein Spiel. Es gabe eine Reihe freundlicher, kräftiger, anständiger junger Leute, die etwa so alt waren wie ich. Wir lernten eifrig, und abends versammelten wir uns um ein Feuer am Wasser, und jemand las etwas vor. In dieser Gruppe habe ich zum ersten Mal von Shaw und Darwin gehört, von Emerson, Huxley und Lenin.

Während dieser Zeit in der Home Colony lernte ich David Kaplan kennen, der auf der Flucht lebte. Er war zusammen mit Matthew Schmidt und den McNamara-Brüdern angeklagt, das Gebäude der *Los Angeles Times* in die Luft gesprengt zu haben. Die McNamara-Brüder waren gefaßt und nach San Quentin geschickt worden, aber Kaplan und Matthew wurden landesweit gesucht. Wir unternahmen lange Wanderungen im Wald, und ich fragte ihn, ob er sich in der Kolonie nicht unsicher fühle, wo doch die Detektei

Burns fünftausend Dollar Belohnung für seine Ergreifung ausgesetzt habe. Doch er schüttelte den Kopf.

»Wenn jemand ein Anarchist oder ein aufrechtes Gewerkschaftsmitglied ist, dann finde ich nichts dabei, ihm zu verraten, wer ich bin«, sagte er. »Ich bin kreuz und quer durchs Land gereist und durch England und Südafrika. Tausende von Genossen wissen, wer und wo ich bin, und nicht einer davon würde im Traum daran denken, mich zu verraten.«

Kurz darauf hat es aber dann doch jemand getan, Donald Voss, der Sohn einer der Frauen in der Kolonie. Ich weiß noch, wie ich einmal bei dieser Frau, Gertie Voss, seiner Mutter, einer überzeugten Freidenkerin, auf der Türschwelle saß und sie über Frauenrechte predigte: »Eine Mutter hat das Recht, ihr Baby in den Ofen zu werfen und es zu verbrennen, wenn ihr danach zumute ist.« Als ich später hörte, daß ihr Sohn Kaplan verraten hatte, bedauerte ich, daß sie von diesem Recht keinen Gebrauch gemacht hatte.

Auf der Universität lernte Mutter E. A. Orr kennen, der Kurse über politische Ökonomie gab. Er war regelmäßig Mitglied der Gruppe von Literaten, Radikalen, Anarchisten und einigen Professoren, die sich samstags abends bei uns zu treffen pflegten. Mutter war sehr angetan von Orr, und bald wurde er ihr Liebhaber. Sie versuchte gar nicht erst, ihre Gefühle zu verbergen. Sie hatte niemals gelernt, wie man lügt oder jemanden betrügt, und jedesmal, wenn sie einen neuen Liebhaber hatte, war sie so begeistert von ihm, daß sie es uns Kindern anvertraute.

Als ich sechzehn war, begannen die Männer sich für mich zu interessieren, und ich mich für sie. Wenn ich nackt schwimmen gegangen war oder mich mit Jungs zusammen gesonnt hatte, war schon mancher der älteren Jungs versucht gewesen, meinen Körper zu berühren, oder hatte Bemerkungen darüber gemacht. Doch keiner war mir je zu nahe gekommen, und ich kann ehrlich sagen, daß ich bis dahin niemals wirklich die Nähe eines Mannes gesucht hatte. Ich war bei so vielen Diskussionen über Sex dabeigewesen, hatte so viel darüber gelesen und war so sehr an Nacktheit gewöhnt, daß es etwas Natürliches für mich war und ich keine Neugier darauf hatte. Ich hatte oft gesagt, daß ich niemals heiraten würde und daß ich, wenn ein Liebhaber mich wirklich wollte, mit ihm auch zusammensein würde.

»Mutter, was soll ich machen, wenn ein Mann mir sagt, er will mich?« fragte ich sie einmal.

Ihre großen grauen Augen lächelten, als sie mir antwortete: »Kleines, wenn ein Mann dich will und du willst ihn, dann nimm ihn einfach. Da ist nicht viel dabei. Ich habe alle möglichen Liebhaber gehabt, und es hat mir niemals etwas geschadet. Hab keine Angst vor der Liebe und dem Leben und der Natur. Ich bin mit allem einverstanden, was du tust. Männer können dir keinen Schaden zufügen. Je mehr Erfahrungen du sammelst, desto besser wirst du das Leben bewältigen. Männer sind wunderbar. Wenn du genug von ihnen hast oder sie von dir, dann gehe fort ohne Bitterkeit und ohne Bedauern. Ganz gleich, was mit dir geschieht, ich werde zu dir halten.«

Professor Orr, der junge Universitätslehrer, kam oft zu uns ins Haus. Er ging erst spät wieder, oft blieb er die ganze Nacht. Er brachte Bücher mit und sprach mit uns allen darüber, denn er fand, wir seien intelligente Menschen. Oft machte er Ausflüge mit der ganzen Familie. Eines Abends jedoch fragte er mich, ob ich allein mit ihm spazierenfahren wolle. Wir fuhren ein weites Stück durch die Berge. Dann hielten wir an, und er begann mich zu berühren. Ich wollte, daß er weitermacht, und so wurde er mein erster Liebhaber. Ich habe es niemals als Unanständigkeit gegenüber Mutter empfunden, daß ich es zuließ. Er kam allerdings später darauf zu sprechen.

»Was meinst du, was deine Mutter dazu sagt, wenn sie es erfährt?« fragte er.

»Wir fragen sie einfach«, antwortete ich, ohne zu zögern.

Also fuhren wir nach Hause und erzählten ihr alles. Einen Moment lang kam ein ungewohnter, bitterer Ausdruck auf ihr Gesicht. Dann lächelte sie still und wandte sich an Orr.

»Du meinst also, daß du stark genug für uns beide bist?« Das war alles, was sie ihn fragte.

E. A. O. war niemals zärtlich mit mir. »Ich will dich«, sagte er etwa, oder »ich brauche dich« oder »du hast einen tollen Körper«. Unsere Beziehung dauerte fast ein Jahr lang. Mutter sprach nie wieder davon und blieb ebenfalls mit ihm zusammen.

Doch selbst mit E. A. O. wurde es mir in Seattle allmählich langweilig. Das Frühjahr war schon fast vorbei. Ich war beinahe siebzehn, wog siebzig Kilo, war – in E. A. O.s Worten – »wie ein Brauereipferd« gebaut. Nichts konnte mich noch zu Hause halten. Ich ging am Hafen entlang und zu den Güterbahnhöfen. Ich betrachtete mir die Plakate, die für Ausflüge nach Osten und Süden und Norden warben. Ich dachte an Frauen, die ich aus Güterwagen hatte klettern sehen, Frauen, die per Anhalter reisten. Drüben am I. W. W.-Büro traf ich eine Reihe weiblicher Hobos, die durchs ganze Land gereist waren, und ließ mir begierig ihre Geschichten erzählen. Auch Ena war unruhig, und nach und nach faßten wir den Entschluß, daß wir etwas von der Welt ansehen sollten, um selbst herauszufinden, wie sie war. Ena war siebzehn, blond und zart, feingliedrig, noch ein halbes Kind, doch mit allen Anzeichen der attraktiven Frau, zu der sie bald werden sollte. Nachdem wir ein paar Tage lang Pläne geschmiedet hatten, ergriff ich das Wort für uns beide.

»Ena und ich wollen uns auf die Reise machen«, sagte ich Mutter. »Ena will eine Schule im Osten besuchen. Sie hat

Talent zum Schreiben und Zeichnen. Ich glaube, der Osten bietet mehr Möglichkeiten ...«

Mutter nahm uns beide in die Arme. »Ich habe schon bemerkt, daß ihr mich verlassen wollt«, sagte sie sanft. »Ich will euch noch etwas sagen, bevor ihr geht. Ich bin immer ein grober Klotz gewesen. Ich habe niemals Moral gehabt, und ich habe euch auch keine beigebracht. Aber ich war eine glückliche Mutter. Ich bin stolz auf euch beide. Denkt daran, ich habe niemals irgendwelche Opfer für euch gebracht, und ich habe nie auf einen Spaß oder ein Vergnügen wegen euch verzichtet. Und ich habe niemals etwas getan, nur weil ich Kinder hatte. Und deshalb will ich auch nicht, daß jemals eine von euch beiden etwas für mich tut, wenn es euch nicht leicht fällt oder ganz von selber kommt. Ratschläge habe ich euch keine mehr zu geben. Ihr wißt beide gut genug Bescheid. Eins solltet ihr euch allerdings merken – der Charakter einer Frau, der Wert, den sie für die Welt hat, und ihre Liebe zu einem Mann steckt nicht in ihren Hüften, sondern in ihrem Herzen und Verstand.«

E. A. O. kaufte uns Fahrkarten für das Boot nach San Francisco. Eine fröhliche kleine Schar kam mit zum Hafen, um uns zu verabschieden, und sang Arbeiterlieder und eine eigene Version von »We'll never say good-bye in heaven«. Ena und ich trugen wollene Sommerkleider und neue Mäntel. Mutter hatte unsere Sachen gepackt, mit jeweils einem Ersatzkleid, einem Ersatzpaar Schuhe, Unterwäsche, Strümpfen und ein paar Toilettensachen.

»Mehr braucht ihr nicht«, sagte sie, »und ein großer Koffer ist nur lästig.«

Am nächsten Morgen liefen wir in der Bucht von San Francisco ein, die Sonne tauchte eben blutrot am Horizont über dem Wasser auf. Ich war schon auf und angezogen und stand an Deck. Mein Herz pochte kaum weniger laut als die

Schiffsmaschinen. Ich war glücklich mit meinem Leben und blickte erwartungsvoll in die Zukunft.

Ein paar Mädchen, die wir aus unserer Zeit in der Kolonie kannten, warteten am Kai und nahmen uns mit zu sich nach Hause. Es dauerte noch nicht einmal eine Woche, da hatten wir beide Arbeit gefunden, Ena als Kindermädchen in einem Haushalt nahe beim Presidio, ich als Bedienung in einem Restaurant.

Ganz wie Mutter es uns eingeschärft hatte, besuchten wir Vorträge. Einen davon hielt der berühmte New Yorker Anarchist Enrico Mallettini, ein kleiner, rundlicher Mann, aber ein flammender Redner. Er hatte ungeheure Macht über die Massen; er brachte sie dazu, aus sich selbst herauszugehen und ihm jedes Wort zu glauben, ihm zu applaudieren und ihn anzufeuern. Als mich jemand nach der Versammlung mit ihm bekannt machte und er mir in die Augen schaute, war ich so hingerissen, daß ich kein Wort hervorbrachte. Alles, was ich noch auf der Welt wollte, war in seiner Nähe sein, ihm zuhören, ihn zu einem Teil meiner selbst machen.

Als Mallettini zwei Tage darauf nach Los Angeles weiterreiste, saßen Ena und ich ihm im Zug gegenüber. Das war im Juni. In Los Angeles wohnten wir bei Freunden von ihm. Mein Leben in den nächsten Wochen war ein Traum. Mallettini hielt vier Vorträge in Los Angeles. Ich war immer dabei. Er war für mich eine göttliche Gestalt, was immer die anderen über ihn sagen mochten. Jedes seiner Worte erschien mir als eine wunderbare Erleuchtung. Als er verkündete, daß er nach New Orleans und dann nach St. Louis und Chicago gehen wolle, begleitete ich ihn zum Zug und bat ihn, mich zu küssen. Er tat es. Ich hatte das Gefühl, nie zuvor hätte ich wirklich gewußt, was es heißt zu küssen und geküßt zu werden. Dann sagte ich ihm, daß ich ihn in New Orleans wiedersehen würde und in St. Louis auch.

Am nächsten Tag fragte ich Ena, ob sie in Los Angeles bleiben und sich Arbeit suchen oder mit mir nach New Orleans kommen wolle, und sie antwortete, indem sie das alte Lied summte: »O Jesus, ich folge dir, wohin du gehst.«

Obwohl wir viel davon geredet hatten, daß wir auf Güterzüge aufspringen würden, und unser ganzes Leben lang Leute gekannt hatten, die das konnten, hatte ich doch das Gefühl, daß ich mich für diese Reise ein wenig informieren müßte, und so gingen wir hinüber zum Hobo-College, um uns nach der besten Route zu erkundigen. Das Hobo-College war damals an der Mexican Plaza, ein großer Raum mit Landkarten und Broschüren und Bildern von Karl Marx und Lenin, Jack London und J. Eads How. Alle Arten von Landfahrern gingen hier ein und aus, Männer und Frauen. An dem Tag, an dem wir hinübergingen, waren nur drei Männer dort. Alle waren gerne bereit, uns Tips zu geben.

»Die Southern Pacific ist die beste Route«, sagte einer, »aber die ist teuflisch, Schwester. In den Depots sind sie feindselig, und die Bahnpolizei schnappt euch unter Garantie, wenn ihr nicht unverschämtes Glück habt.«

Ein zweiter versuchte alles, uns davon abzubringen.

»In diesen Zügen gibt es kaum leere Wagen, und ihr werdet auf den Puffern oder auf dem Dach fahren müssen. Eine schwere Frau wie du kann sich nicht unter den Wagen hängen, und die Kühlwagen sind ganz vereist. Wenn man zäh ist, schafft man es, aber ihr seid nicht zäh genug.

Für euch Mädels ist es viel besser, wenn ihr per Anhalter fahrt. Das dauert länger, aber es ist sauberer und sicherer. Und ihr könnt es sogar noch besser haben. Geht zur Wohlfahrt und sagt ihnen, ihr seid pleite und eure Mutter wohnt in New Orleans. Die zahlen euch die Fahrt.«

Aber ich hatte mir in den Kopf gesetzt, als Hobo zu fahren, und es sollte ein Güterzug sein. Ein kleiner dicker Mann von ungefähr vierzig, der uns erzählte, er sei schon seit fünfundzwanzig Jahren auf der Straße, kam zu uns herüber und bot uns seine Hilfe an.

»Mädels«, sagte er, »eigentlich wollte ich erst nächste Woche wieder in Richtung Osten, aber wenn ihr zwei Hübschen heute schon fahren wollt und die Dienste eines erfahrenen Mannes braucht, dann will ich euer Führer sein und zeige euch alle Tricks. Bevor wir in New Orleans ankommen, habe ich erstklassige Hobos aus euch gemacht. Das wäre doch gelacht, Alles, war ihr zwei tun müßt, ist sagen, ich wäre euer Vater, die Klappe zu und die Beine gekreuzt halten. Und laßt mich nicht wegen irgendeinem Scheich stehen.«

In dem Schnellfrachtzug, der an jenem Abend den Güterbahnhof der Southern Pacific in Richtung Osten verließ, gab es einen leeren Wagen – das heißt leer bis auf vierzehn Hobos, nicht gerechnet den Dicken, Ena und mich.

3

Es war keine Mühe hineinzukommen. Der Dicke hatte einen Bremser ausfindig gemacht, der sagte, er sei auf Seiten der I. W. W., und kurz vor Mitternacht nahmen wir eine Straßenbahn hinaus zum Southern Pacific-Güterbahnhof. Der Dicke hatte jegliches Gepäck verboten. Ena und ich hatten uns die Taschen mit dem Notwendigsten vollgestopft, Papier und Bleistift, einer Nagelfeile und Seife. Wir trugen unsere Wollröcke mit Schottenmuster, Pullover und Wollmützen, und das wenige Geld, das wir hatten, steckten wir mit Sicherheitsnadeln in unserer Unterwäsche fest. Wir verließen die Straßenbahn und trieben uns ein paar Minuten lang am Geräteschuppen der Streckenkontrolle herum, während der Dicke sich mit ein paar anderen Männern unterhielt, die dort warteten, und dann sagte er uns, wir sollten uns still verhalten und ihm folgen. Das taten wir, schlichen uns an einer Reihe stinkender schwarzer Viehwaggons und verschlossener Kühlwagen vorbei, dann kletterte er plötzlich ohne Vorwarnung durch die offene Tür in einen Güterwagen. Wir folgten ihm schweigend, und fast noch bevor wir unser Gleichgewicht wiedergefunden hatten, gab es einen Ruck, und er zog uns hinunter und zur Vorderseite des Wagens. Und nachdem der Zug noch ein paarmal geruckt und wieder angehalten und zurückgesetzt hatte, ging es los.

Ena und ich waren so aufgeregt, daß wir uns gar nicht

rühren konnten. Wir konnten im Dunkeln erkennen, daß andere Gestalten im Wagen waren, sie kauerten in den Ekken oder standen an die Seiten gelehnt. Dann und wann beleuchtete eine Zigarette das Gesicht eines Mannes. Wir wußten, daß es noch einige andere Frauen gab, wir erkannten es an den Stimmen. Doch alle hielten sich zurück, denn wir kamen noch immer an Lampen vorüber. Die Straßen und Häuserzeilen flogen schneller und immer schneller vorbei, und bald erwachte alles zum Leben und jeder versuchte, es sich gemütlicher zu machen, und wir waren draußen auf dem Land, Orangenhaine und Palmendickichte blitzten vorüber. Nach einer Weile schien ein wenig Mondlicht.

Gegen drei Uhr morgens hielten wir an, und der Bremser und der Zugführer kamen mit einer Laterne in den Wagen geklettert. Die Hobos gerieten in Aufregung.

»Die Fahrkarten!« sagte der Zugführer.

»Und schaut gut in euren Taschen nach«, fügte der Bremser hinzu. »Zwei Dollar pro Kopf bis zur nächsten Haltestelle.« Er ging zum Ende des Wagens und nahm sich einen schlaksigen jungen Burschen vor.

»Wieviel hast du?« fragte er.

»Keinen Cent. Wenn ich Geld hätte, säße ich in den weichen Polstern.«

»Na, dann fahr draußen!« Und er versetzte ihm einen Tritt in den Hintern, daß er im hohen Bogen hinausflog. »Und wenn noch jemand hier glaubt, das hier sei ein Wohltätigkeitsbasar, dann geht's ihm genauso. Zwei Dollar. Wer die nicht hat, wartet auf den nächsten Zug.«

Vier Männer im Wagen hatten zwei Dollar. Einer trennte sich von seiner Uhr. Außer Ena und mir waren noch fünf weitere Frauen da. Eine von ihnen zog eine Fünfdollarnote aus dem Schuh und sagte mit betörender Stimme: »Wir sind drei Collegemädchen, Herr Schaffner, auf dem Rückweg nach Madison, Wisconsin, und wir haben nur noch ein paar Dollar, die uns für den ganzen Weg reichen müssen. Könnten Sie nicht uns drei für einen Fünfer mitnehmen?«

Der Zugführer schaute sie an und grinste.

»Na klar, Frau Professor, machen wir!«

Die beiden anderen Frauen regten sich nicht. Der Dicke ergriff das Wort.

»Hör mal, Kumpel«, säuselte er, »ich bin Gewerkschaftsmitglied. Früher war ich Weichensteller im Lehigh Valley. Hab in Los Angeles gearbeitet und meine Stelle verloren. Gerade hab ich meine Frau begraben, und jetzt bringe ich meine zwei Töchter hier zurück zu meiner Schwester nach New Orleans. Habt doch Mitleid. Wir haben nicht mal zusammen zwei Dollar.«

»Klar hab ich Mitleid mit dir, du blöder Schwätzer!« antwortete der Bremser, und seine Faust kam hervor und zielte auf das Kinn des Dicken. Doch unser Beschützer duckte sich und rannte zur Tür, und der Bremser, dem das nur recht war, machte von seinem Fuß Gebrauch wie schon beim letzten Mal, und der Dicke landete draußen bäuchlings auf der Trasse. Dann scheuchten die beiden Eisenbahner die zwei Männer, die sie hinausgeworfen hatten, davon, um sicherzugehen, daß sie nicht zurückkamen. Einer der beiden warf uns noch einen Blick zu, bevor er aus dem Wagen sprang.

»Ihr Mädels rührt euch nicht von der Stelle«, rief er. »Um euch kümmere ich mich später.«

Die Mädchen waren alle in heller Aufregung, außer den beiden älteren, die nicht mit dem Bremser gesprochen hatten. Wir duckten uns in das Halbdunkel des Wagens, schlotterten und sagten kein Wort. Ena weinte ein wenig. Einige der Männer hatten Schnaps und boten ihn uns an. Die Collegemädchen lehnten ab, aber die älteren Frauen nahmen an, und ich flößte Ena ein wenig ein und nahm selbst einen großen Schluck, und gleich fühlte ich mich besser. Die Männer waren wütend.

»Diese Pfennigfuchser!« sagte einer. »Die Bremser können mit uns umspringen, wie sie wollen, weil wir nicht organisiert sind. Gott sei Dank fahre ich auf dieser Strecke nur bis Tucson. Habe eine Stelle in New Mexico, und schaut euch das Bündel hier an!« Er hielt eine Handvoll Dollarnoten hoch. »Wenn der Bremser die gesehen hätte, hätte er uns zehn pro Kopf abgeknöpft. Wenn ihr Mädels Geld braucht, stecken wir euch was zu.«

Wir saßen die ganze Nacht über da und warteten, daß die Bremser zurückkamen, und malten uns aus, was geschehen würde, wenn es soweit war, während der Zug durch das Dunkel ratterte und uns auf unseren unbequemen Sitzen schüttelte und hin und her warf. Doch zu unserer Verwunderung ließen sie sich nicht mehr blicken.

Als wir gegen Morgen am nächsten Bahnhof hielten, versorgte der Mann mit den Dollarnoten den ganzen Wagen mit Essen und bestand darauf, jedem Mädchen einen Overall samt Jacke und Mütze zu kaufen. Die anderen Mädchen waren ähnlich angezogen wie wir, ausgenommen die beiden älteren. Eine von ihnen trug zerschlissene Männerhosen und ein Hemd. Die andere hatte ein braunes Wollkostüm an, das furchtbar schmutzig war. Beide trugen ihr Haar so kurz wie Männer, und auf den ersten Blick sahen sie kaum wie Frauen aus. Nach dem Essen gingen die Collegemädchen in die Stadt, doch Ena und ich blieben bei den Männern und den beiden Frauen. Nahe der Schienen waren neue Autoreifen aufgestapelt, hinter denen man sich gut verstecken konnte. Die beiden Frauen warteten auf einen Güterzug, mit dem sie zu einem Städtchen nördlich von hier fahren wollten, hatten aber noch ein paar Stunden Zeit.

Diejenige im Kostüm hieß Maggie. Sie war groß und ziemlich hager, mit dunklen Ringen unter den Augen. Ihr

Haar wurde schon grau, obwohl sie sagte, sie sei erst fünfundzwanzig. Das Mädchen in Hosen verriet uns seinen Namen nicht. Sie war kleiner und dicker und lachte viel, wenn sie über sich sprach, und sie sagte, sie beneide uns zwei, die wir gerade erst anfingen. Maggie war sich nicht so sicher, ob es wirklich eine gute Sache war, und fragte uns, was unsere Mutter davon halte. Dann taute sie auf und erzählte uns von sich.

Wir redeten lange miteinander, und die beiden erzählten uns ihre ganze Lebensgeschichte. Ich weiß noch, daß ich das furchtbar aufregend fand. Sie waren die ersten Hobo-Frauen, die wir trafen, seit wir selbst dazugehörten.

Maggie sagte, sie sei schon ihr ganzes Leben auf der Straße. Sie sei in London geboren und im Waisenhaus großgeworden. Verwandte hätten sie nach Amerika geholt, als sie sechzehn war. In New York habe sie einige Hobo-Frauen kennengelernt und sei mit zweien davon auf Achse gegangen. Seitdem war sie unterwegs, hatte gebettelt und gestohlen und dann und wann ein wenig gearbeitet. Für kurze Zeit war sie Komparsin in Hollywood gewesen, aber nicht lange. Sie machte keinen Hehl aus ihrer Promiskuität und gestand offen, daß sie sich mit einer Geschlechtskrankheit angesteckt habe. Sie fand sich damit ab, daß es für eine Frau unterwegs einfacher war, wenn sie die Dinge nicht zu genau nahm, und ihren Körper betrachtete sie schlicht und einfach als Arbeitskapital.

Das Mädchen in den Hosen stimmte zu, daß es überhaupt keine Mühe mache, auf der Walz zurechtzukommen. Sie sagte, daß sie sich schon oft, wenn sie in einer fremden Stadt angekommen sei, auf den Bahnhöfen herumgetrieben habe, bis sie jemanden kennengelernt habe.

»Wenn das nicht funktioniert, gehe ich in eine der Kneipen und setze mich an einen Tisch, und schon lädt mich jemand auf ein Gläschen ein. Ja, ich trinke ziemlich viel. Ich vertrage alles. Wenn sich keiner um mich kümmert, frage ich den Barmann, ob ich tanzen kann. Normalerweise bricht das das Eis.«

Die beiden Frauen waren zufällig im Winter zuvor im selben Güterwagen nach San Diego gekommen und waren seither zusammengeblieben. Nun waren sie unterwegs in eine Stadt, wo die in Hosen eine Tante hatte.

Man könnte denken, daß mich das, was sie uns erzählten, angewidert hätte und mich davor gewarnt hätte, auf die Straße zu gehen, aber das war nicht so. Ich fand es einfach aufregend und wünschte mir nur immer mehr weiterzumachen.

Als ihr Zug einlief, fanden sie einen leeren Güterwagen, und schon bald kamen die Collegemädchen aus der Stadt zurück und brachten uns Schokolade mit. Sie, die Männer, Ena und ich stahlen uns gegen fünf Uhr nachmittags die Schienen entlang und kletterten wieder in denselben Güterwagen, mit dem wir gekommen waren. Der neue Bremser und der Zugführer taten uns nichts.

Die Mädchen kamen tatsächlich von einer Universität im Mittelwesten. Eine, die ich Jean nennen will, kam aus Indianapolis. Ihr Vater war ein Kaufmann. Ida stammte aus New York. Margaret kam aus Michigan. Ihr Vater war Pfarrer. Sie waren alle im dritten Collegejahr. Sie hatten beschlossen, daß sie zum Spaß einmal etwas anderes kennenlernen wollten und hatten ihren Eltern eingeredet, daß sie für ihren Professor verschiedene Menschentypen studierten. Sie seien ohne ein einziges unangenehmes Erlebnis als Hobos nach Kalifornien und bis hierher zurück gefahren, sagten sie. Sie seien zu dem Schluß gekommen, daß das Leben eines weiblichen Hobos so sicher sei wie das einer Studentin am College.

Sie trugen ähnliche Kleider wie wir. Ein wenig besserer Stoff vielleicht, aber schon sehr zerknittert und schmutzig.

Sie sagten, ihre Unterwäsche würfen sie lieber fort und kauften neue, als daß sie sie mitnähmen und am Abend wüschen. Sie hatten genug Geld, und auch wenn sie sich dabei großartig fühlten, wenn sie etwas schnorren könnten, hätten sie ihr Essen doch fast immer selbst bezahlt.

Das ist natürlich schon lange her, aber was das Essen angeht, trifft es noch heute für die meisten Frauen zu, die das College mit dem Güterwagen tauschen – als Experiment oder nur zum Spaß. Mit dem Fahren kommen sie meistens zurecht, aber sie bekommen nur selten eine kostenlose Mahlzeit, es sei denn, sie zahlen es denen, die es ihnen ausgeben, mit dem, was jeder Mann von einer Frau will.

Unsere männlichen Begleiter forderten allerdings an diesem Abend von keiner von uns etwas. Sie waren guter Dinge. Sie hatten an der Ostküste viel Geld verdient. Sie bestanden darauf, daß sie ihre neue Stellung ohne einen Cent in der Tasche antreten wollten. Damals traf man unterwegs viele solche Hobos; es machte ihnen Spaß, von einer Arbeitsstelle zur anderen durchs ganze Land zu ziehen, gut zu verdienen und das Geld durch die Finger rinnen zu lassen. Sie zahlten einfach aus Prinzip nichts für ihre Fahrt. Als diese Männer uns in Tucson verließen, bestanden sie darauf, daß jede von uns fünf Dollar annahm. Wir taten es.

Wir trieben uns einen Tag lang in Tucson herum, und die Nacht verbrachten wir in einem Wohltätigkeitshotel, damit wir ein Bad nehmen konnten. Früh am nächsten Abend fanden die Collegemädchen, Ena und ich wieder einen leeren Güterwagen. Wir waren ja noch unerfahren in diesen Dingen, aber die Collegemädchen genierten sich nicht, nicht einmal, als die Bahnarbeiter uns beim Einsteigen sahen. Mir fiel auf, daß das Zugpersonal darauf achtete, daß keine männlichen Hobos zu uns in den Wagen kamen. Wir fuhren allein, bis es dunkel wurde, dann hielt der Zug, um Wasser aufzutanken. Es kamen fünf Männer zum Wagen marschiert und sprachen uns an.

»Mädels, steigt mal aus und streckt euch ein wenig. Wir gehen ein bißchen spazieren, drüben zu den Büschen, und rauchen eine Zigarette und trinken ein Schlückchen.« Sie plauderten so dahin, aber wir wußten, worauf sie hinauswollten. Jeder der Männer packte ein Mädchen beim Arm und versuchte, es davonzuzerren. Aber ich wehrte mich und fixierte den einen, der mich wegziehen wollte.

»Hör mal, großer Junge«, sagte ich, »weißt du eigentlich, in was du da hineinschlitterst? Du bist gerade dabei, dir eine Menge Ärger einzuhandeln. Wenn ihr uns hier etwas antut, werdet ihr es mit unserer Familie und unseren Freunden zu tun bekommen. Ihr habt doch alle Frauen und Kinder zu Hause und wollt denen nicht weh tun. Laßt uns etwas zusammen trinken, und dann vergessen wir das Ganze.«

Der Älteste der Gruppe, der Jean bei sich hatte, ergriff das Wort.

»Die Kleine hat recht«, sagte er. »Hier, nehmt die Flasche. Steigt wieder in den Wagen. Wir wollen Freunde sein.«

Und so ging das erste Mal, daß ein Bremser von mir Bezahlung forderte, vorüber, ohne daß etwas geschah. Aber die Collegemädchen hatten einen Schrecken bekommen, und da sie Geld genug hatten, ihre Fahrt zu bezahlen, stiegen sie in Bowie, Arizona, aus und kauften Fahrkarten nach El Paso, wo wir uns später treffen wollten.

Wir fanden sie im Sheldon-Hotel, wo sie uns ein Zimmer mit Bad und weichen Betten spendierten. Jeans Vater war ziemlich reich, und sie hatte offenbar immer bekommen, was sie wollte. Sie mochte mich und bot mir an, mir durchs College zu helfen. Einen Moment lang war die Versuchung groß, mit ihr mitzugehen – jedenfalls für ein Weilchen, um eine neue Erfahrung zu sammeln, doch dann dachte ich wieder daran, daß Mallettini in ein paar Tagen in St. Louis sein würde und ich da sein wollte, wo er war. Was ich an der Fahrt im Güterwagen, die ich gerade hinter mir hatte, bedauerte, war, daß es so langsam gegangen war. Es war nun zu spät, um ihn noch in New Orleans zu hören. Also sagte ich Jean, wir wären ihr dankbar, wenn sie Ena und mir möglichst bald zu einer Fahrt nach St. Louis verhelfen könnte.

Sie war einverstanden und fuhr mit uns nach St. Louis in einem Privatabteil – das erste Mal, daß ich in so etwas fuhr –, und dann gab sie uns noch ein wenig Geld und reiste dann weiter.

Ena und ich mieteten in St. Louis ein billiges Zimmer an der Washington Street, und am nächsten Abend gingen wir zu Mallettinis Vortrag. Er sprach in einem großen Saal voller Menschen und hatte bereits begonnen, als wir eintraten, aber er erkannte uns und bestand darauf, daß wir neben ihm auf dem Podium Platz nahmen. Er sprach auf Italienisch. Ich verstand nicht, was er sagte, aber ich konnte die Gefühle verfolgen, die auf den Gesichtern der Zuhörer spielten, während er seine wunderbare Stimme erhob und wieder dämpfte.

Plötzlich hörte man hinten im Saal Stimmen. Ein Dutzend Polizisten preschte zum Podium vor. Die Zuhörer griffen sich Stühle und gingen auf die Polizisten los. Sie schlugen zu, und Männer gingen mit eingeschlagenen Köpfen zu Boden. Einer der Polizisten wollte eben Mallettini mit dem Knauf einer Pistole niederschlagen. Mit aller Kraft stürzte ich mich auf ihn und riß sie ihm aus der Hand. Ich bekam einen Schlag von hinten, und das nächste, was ich weiß, ist, daß Ena, Mallettini, vier weitere Männer und ich im Polizeiwagen saßen.

Wir Mädchen wurden nicht vernommen, aber sie brachten uns zum Frauengefängnis, wo wir durchsucht wurden.

Ich bat die Aufseherin, einen Zettel an Mallettini schreiben zu dürfen, aber sie weigerte sich, bis ich ihr drei Dollar dafür bot. Dann brachte sie ihm den Zettel. Wir alle verbrachten die Nacht im Gefängnis. Außer uns war nur noch eine weitere Frau dort, und auch die wurde nicht vernommen, sondern durfte lediglich dort schlafen bis zum Morgen. Sie war eine alte Negerin, die den ganzen Weg von Mt. Meigs, Alabama, zu Fuß gekommen war. Sie war auf der Suche nach ihrem Sohn Joe. Sie hatte Joe auf das Talladega-College geschickt. Ihr Haar war kraus. Ihre wenigen Besitztümer trug sie in einem Bündel über der Schulter. Alles war makellos. Ihre alten Füße waren voller Narben von den Baumwollfeldern. Leute hatten sie im Auto mitgenommen und ihr zu essen gegeben. Seit acht Monaten hatte sie nichts mehr von Joe gehört, aber sie war sicher, daß er in St. Louis war. Sie vertraute darauf, daß die Polizei ihn für sie finden würde. Sie wußte, er brauchte sie.

Ich unterhielt mich lange mit ihr, und als ich sie ein wenig damit aufzog, daß sie eine Landstreicherin sei genau wie ich, widersprach sie mir würdevoll und erklärte mir mit kühler Stimme, daß sie gezwungen gewesen sei, auf diese Weise zu reisen, um ihren Jungen wiederzufinden.

Diese alte Frau habe ich niemals vergessen, denn sie war die erste Frau, mit der ich mich in St. Louis unterhielt, wo ich binnen kurzer Zeit mehr weibliche Hobos kennenlernte als in irgendeiner Stadt sonst. Und sie war die einzige, die ich jemals getroffen habe, die das Bedürfnis hatte, sich dafür zu rechtfertigen, daß sie über Land fuhr.

Ein Sozialarbeiter in einer Unterkunft in Alabama, die ich später besuchte, zeigte mir einen Regierungsbericht über die Nichtseßhaften. Darin hieß es, daß sechsundachtzig Prozent der Nichtseßhaften, die heute unterwegs sind (das heißt derjenigen, die sich in den amtlichen Lagern und Unterkünften registrieren lassen), Weiße und Einheimische sind, und nur acht Prozent Farbige. Offenbar teilt die gesamte schwarze Rasse die Einstellung dieser alten Frau!

Nachdem wir uns am nächsten Morgen im Gefängnis von ihr verabschiedet hatten, wurden wir von zwei fähigen Anwälten, die im Namen der I. W. W.-Liga für die Redefreiheit eintraten, vor dem Untersuchungsrichter verteidigt, und alle wurden freigelassen außer Ena, die der Jugendbehörde übergeben wurde. Als ich die Anwälte bat, etwas für ihre Freilassung zu unternehmen, sagten sie mir, ich solle mir keine Sorgen machen; das Gericht habe Mutter verständigt, und wahrscheinlich werde Ena nach Hause geschickt.

Das Telegramm, das Mutter der Polizei zur Antwort schickte, war ein Gedicht.

»Meine Tochter ist alt genug, um auf ihre Schwester aufzupassen«, telegrafierte sie. »Das einzige, was ich fürchte, sind die Brutalität der Polizei, die Dummheit der Sozialarbeiter und die Einmischung der Reformer. Lassen Sie meine Tochter frei, dann ist für mich alles in Ordnung.«

Doch das sollte über zwei Monate dauern, und inzwischen hatte sie sich im Jugendgefängnis mit Scharlach angesteckt. Ich war hin und her gerissen zwischen meiner Sehnsucht nach Mallettini, der nach Chicago weitergereist war, und meiner Pflicht, bei Ena zu bleiben. Ich schrieb ihm, und er antwortete mir: »Bleib bei Ena«, und das machte ich dann auch.

4

Ich sah mich nach einer Arbeit um. Am Ende wandte ich mich an den Anwalt, der mich verteidigt hatte, und er bot mir eine Stelle als seine Haushälterin an.

Er war ein bemerkenswerter Mann. Er hieß Lowell Schroeder. Er wog über zweihundert Pfund und war sechs Fuß groß, mit verträumten braunen Augen und eher langem schwarzem Haar, das die ersten grauen Strähnen zeigte. Er war ein erfolgreicher Anwalt und hatte in Missouri im Staatsdienst gearbeitet. In den letzten Jahren hatte er sich hauptsächlich für die Verteidigung von Arbeitern und ähnlich Unpopuläres eingesetzt. Zu der Zeit, als ich ihn kennenlernte, beschäftigte er sich speziell mit Arbeitslosigkeit, insbesondere unter alleinlebenden Frauen.

Als ich die Stelle in seinem großen Haus antrat, war seine Frau schon seit mehreren Jahren tot, und er lebte mit seiner Mutter und seinem fünfzehnjährigen Sohn zusammen. Die ersten beiden Wochen, die ich dort war, kümmerte er sich, wie ich fand, nur wenig um mich. Seine Mutter kochte, und ich besorgte den Rest der Arbeit. Als ich drei Wochen dort war, reiste seine Mutter in den Osten, um einen zweiten Sohn zu besuchen – ob auf Schroeders Anregung, weiß ich nicht. An dem Tag, an dem sie aufbrach, erklärte er mir sanft, aber ganz beiläufig und sachlich, daß er mich wolle, und ich verbrachte die erste einer langen Reihe von Nächten mit ihm. Keiner von uns kam auf den Gedanken, daß es eine feste Beziehung werden könnte. Im Augenblick wollten wir uns, und wir nahmen uns. Keiner von uns tat verliebt deswegen oder redete von einer gemeinsamen Zukunft oder dachte auch nur daran.

Nach einer Weile kam Lowells Mutter zurück. Sie war siebzig, mit blauen Augen, freundlich, streng, der tyrannische Boß des ganzen Haushalts. Ihre Sorgen galten hauptsächlich der Küche, und sie kochte mit Begeisterung und war ärgerlich, als ich ihr helfen wollte. Manchmal war sie bitter und unleidlich, doch ich begriff, daß ich eine Fremde war, die auf bestimmte Zeit bleiben durfte, und gab mir große Mühe, geduldig und freundlich zu sein. Am Ende wurden wir gute Freundinnen.

Lowell junior war ein ansehnlicher, großgewachsener, schweigsamer Bursche, der seinen Vater verehrte und großen Respekt vor ihm hatte. Der Junior und ich machten zusammen Ausflüge, wir gingen spazieren und schwammen; er wollte Anwalt werden, genau wie sein Dad. Er war stets sanft und rücksichtsvoll zu seiner Großmutter, und sie vergötterte ihn.

Die ersten Wochen, nachdem ich Schroeders Geliebte geworden war, blieb ich in meinem Zimmer, bis die übrigen Familienmitglieder schliefen, und ging dann zu ihm hinüber. Doch nach einer Weile gingen wir gemeinsam zu Bett, und niemand sagte etwas dazu.

Während meiner Zeit bei ihm lernte ich eine Reihe von Männern kennen, deren Namen in der Welt der Arbeitslosen und Hobos in aller Munde waren. Die beiden bekanntesten darunter waren der General Jacob S. Coxey aus Massillon, Ohio, der 1894 den berühmten Coxey Army March angeführt hatte, und Dr. James Eads How, den man den Hobo-Millionär nannte und der überall in Amerika Hobo-Colleges eingerichtet hatte.

Von Schroeder lernte ich die ersten Fakten über das

Hobo-Problem. Er erzählte mir, daß zwischen anderthalb und zwei Millionen Hobos durchs Land ziehen, die meisten davon Männer und Jungen. Nach vorsichtigen Schätzungen sind etwa ein halbes Prozent davon Frauen und Mädchen, das heißt, auf ungefähr zweihundert Männer kommt eine Frau.

Er erklärte mir auch, wie man die Fahrenden in verschiedene Gruppen einteilt: Hobos, die ungebundenen Männer und Frauen, die auf der Suche nach Arbeit durchs Land reisen; Tramps, die ungebundenen Mittellosen, die aus Abenteuerlust unterwegs sind, so wie ich selbst; und die Penner, die dritte, kleinste Gruppe der Landstreicher, die jedoch den meisten Ärger macht, diejenigen, die Drogen nehmen und trinken und jedes Gefühl von Anstand verloren haben. Das sind die, die sich in den Spelunken herumtreiben, die, die man auf der Gasse und im Park und in den Kneipen herumhängen sieht. Ein Penner, sagte er mir, das ist kein Landstreicher, der mal ein Gläschen zuviel trinkt. Die meisten Landstreicher trinken ein wenig. Aber ein Penner trinkt den ganzen Tag über und schert sich einen Dreck um Arbeit und die Gesellschaft. Zum Glück ist diese Gruppe sehr klein, und Frauen gibt es darunter kaum.

General Coxey war siebzig Jahre alt, als ich ihn dort kennenlernte. Aber er war das blühende Leben selbst. Er hatte funkelnde blaue Augen und hielt sich aufrecht, was ihm allenthalben Respekt einbrachte.

Er erzählte mir die Geschichte des berühmten Marsches von »Coxeys« Armee. Im Herbst des Jahres 1893 war er von Massillon, Ohio, über eine schlammige Straße zu einem etwa fünf Meilen entfernten Steinbruch gefahren. Die Straße war in einem dermaßen schlechten Zustand, daß die Pferde den Zweispänner nur mit Mühe durch den Schlamm ziehen konnten. Da ging ihm auf, wie unglaublich es war, daß die Arbeitskraft von drei Millionen Männern brachlag, wo sie doch gute Straßen bauen und auch sonst zum Wohl der Allgemeinheit arbeiten konnten.

Als er von dieser Fahrt zurück war, setzte er sich an seinen Schreibtisch und erstellte ein Programm, wie der Bau befestigter Straßen und anderer öffentlicher Einrichtungen zu finanzieren sei. Er baute es auf der Verfassung der Vereinigten Staaten auf, erster Artikel, Absatz acht, Paragraph fünf, wo es heißt, daß der Kongreß die Befugnis hat, Geld zu münzen und dessen und den Wert fremder Währung sowie die Gewichts- und Maßeinheiten festzusetzen. Sein Plan sah vor, daß von der Regierung eingerichtete Gemeindebanken Bauern, Kaufleuten, Fabrikanten, Partnerschaften, Firmen, Trusts oder Trustmitgliedern zinsfreie Darlehen für den Ausbau des Gemeinwesens, Handelsstraßen, Arbeitsbeschaffung und Wohnungsbau zur Verfügung stellen sollten, finanziert durch staatliche, nicht verzinsliche Wertpapiere mit einer Laufzeit von fünfundzwanzig Jahren.

Der nächste Schritt sollte sein, die Aufmerksamkeit der Öffentlichkeit für diesen Plan zu gewinnen. Im Herbst 1893 besuchte er die Weltausstellung in Chicago, wo er Carl Brown kennenlernte, einen Karikaturisten, der in ökonomischen Fragen sehr versiert war. Gemeinsam entwickelten sie das Projekt, daß die Arbeitslosen einen Marsch auf Washington veranstalten sollten, beginnend am 25. März 1894; er sollte am 1. Mai anlangen, und auf den Stufen des Capitols sollte eine Kundgebung stattfinden.

Kaum wurden ihre Pläne publik gemacht, machten sich Vereinigungen an der pazifischen wie auch der Atlantikküste daran, ähnliche Märsche nach Washington zu organisieren. Zwar kamen sie nicht mehr am 1. Mai an, aber doch später, insgesamt etwa fünftausend Mann. Die

Hauptgruppe brauchte fünfunddreißig Tage für ihren Marsch; sie brachen am 25. März in Massillon, Ohio, auf und trafen am 30. April in Washington ein, rechtzeitig, um am 1. Mai an den Stufen des Capitols zu erscheinen.

Sie wandten sich mit einer Petition an den Sprecher des Repräsentantenhauses, Crips, und an den Vizepräsidenten Stevenson, Coxey solle die Erlaubnis erhalten, am Mittag des 1. Mai von den Stufen des Capitols zu sprechen. Die Bitte wurde nicht gewährt. Doch wurde sie auch nicht abgeschlagen, und am nächsten Tag zog ihre Armee die Pennsylvania Avenue entlang zum Capitol und hielt in einer Seitenstraße, während Coxey auf die Treppen des Capitols zuging.

Als er die Treppe erreichte, traf er auf einen Trupp Polizisten, der ihm den Zugang verwehrte. »Sie können hier keine Rede halten«, erklärten sie ihm. Er versuchte eine Protestnote zu verlesen, die er vorbereitet hatte, doch sie ließen es nicht zu und führten ihn vom Gelände des Capitols hinunter, wo sie ihn wieder gehen ließen.

Carl Brown und Christopher Columbus Jones verhafteten sie, weil sie das Gelände des Capitols betreten hatten, und drei Tage später wurde auch Coxey verhaftet, und alle drei Männer wurden angeklagt, das Gras zertreten und das Buschwerk beschädigt zu haben. Sie kamen vor Gericht und wurden zu je fünf Dollar Strafe verurteilt, außerdem zu zwanzig Tagen Gefängnis.

Eine Gesetzesvorlage, die nach Coxeys Plan entworfen worden war, wurde dem Repräsentantenhaus vorgelegt und kam am 8. Januar 1895 zur Debatte. William Jennings Bryan, der damals Vorsitzender des Subkomitees des Ways-and-Means-Committee im Repräsentantenhaus war, ließ die Vorlage zur Debatte zu.

Es war der erste jemals unternommene Versuch in diesem Lande, sich zur Linderung des Leids der Bevölkerung an die

Gesetzgeber zu wenden und die Arbeitslosen planmäßig zu öffentlichen Arbeiten heranzuziehen, wenn in der Industrie zeitweise keine Arbeitskräfte gebraucht wurden.

Im Jahre 1914 organisierte Coxey einen zweiten Marsch nach Washington. Diesmal wurde ihm der Zugang zum Gelände des Capitols gewährt, und er sprach vor dem Kongreß und dem Senat zum selben Thema und zum selben Gesetz; und bis heute ist dieser Gesetzentwurf elf Kongressen nacheinander vorgelegt worden.

Dr. J. Eads How war ein runzliger Schmerzensmann mit fahler Gesichtsfarbe und einem kurz getrimmten Bart. Seine Augen waren hellblau und ängstlich und täuschten gemeinsam mit seiner sanften, fast zarten Stimme über den Sarkasmus und die Strenge seiner Worte hinweg. Sein Großvater Eads hatte in St. Louis die große Eads-Brücke über den Mississippi gebaut. Sein Vater war Präsident der Wabash Railroad gewesen.

Er hatte aus Liebe zu den mittellosen, arbeitslosen, heimatlosen Männern und Frauen das Geld gegeben, um alte Säle zu mieten, in denen sie sich versammeln konnten, und hatte sie mit Professoren, Arbeiterführern, den Vordenkern radikaler Bewegungen, Doktoren, Anwälten, Ökonomen – den besten, die es gab – bekannt gemacht, die zu ihnen über soziale und wirtschaftliche Fragen und über ihre eigene Notlage sprachen. In Chicago, in Los Angeles, in St. Louis, in Pittsburgh und New York – wo immer Dr. How jemanden finden konnte, der die Organisation der Vorträge übernahm und Milch und Kekse oder Kaffee und Brötchen besorgte, die es dazu gab, zahlte er die Rechnung. Er gab den Arbeitslosen ein Forum, einen Ort, an dem sie sich an die Öffentlichkeit wenden konnten. Er hatte den Arbeitslosen zu Bewußtsein gebracht, daß sie ihre Sache in Worte fassen mußten. Er hatte den Arbeitslosen klargemacht, daß sie sich bilden mußten. Er hatte dafür gesorgt, daß sie begriffen, daß die einzige Macht, mit der sie sich befreien konnten, diejenige war, informiert zu sein.

Ich lernte auch eine Reihe von Hobo-Frauen kennen, und die drei interessantesten darunter waren vielleicht Dorothy Mack, Lena Wilson und Eineinhalb-Bein-Peggy.

Dorothy Mack war ein stämmiges Mädchen von vierundzwanzig mit dunkelbraunen Augen und Haar, das sie zurückgekämmt trug wie ein Mann. Sie war schon seit über fünf Jahren als Hobo unterwegs. Meist reiste sie als Anhalterin. Sie sagte, die meiste Zeit sei es einfach und mache Spaß, obwohl sie oft Schwierigkeiten mit Männern habe. Mehr als einmal war sie auf dem platten Land aus dem Wagen geworfen worden, weil sie Männern nicht gab, was sie wollten. Sie hatte für alle möglichen Firmen gearbeitet, sie hatte Möbel vorgeführt, Kosmetika, Staubsauger und andere Dinge, die in Warenhäusern oder Drugstores verkauft wurden. Sie sagte, es spiele keine Rolle für was sie Werbung mache, sie brauche nur ein wenig Platz in einem Laden, dann könne sie jede Menge Frauen um sich versammeln und ihnen alles verkaufen. Aber sie blieb nicht gern lange an einer Stelle. Wenn sie ein paar Monate gearbeitet hatte, wurde sie unruhig und war wieder unterwegs.

Lena Wilson war groß und rothaarig mit freundlichen blauen Augen. Sie war die typische Agitatorin, die an den Straßenecken redet und in den Güterwagen Propaganda macht. Seit fast einem Vierteljahrhundert war sie Mitglied der sozialistischen Partei und sagte, sie sei rund um die Uhr damit beschäftigt. Es gab kaum einen Staat, in dem sie noch nicht als Rednerin aufgetreten war. Wie die meisten Agitatoren zahlte sie in der Regel nicht für ihre Zugfahrten.

»Die Eisenbahnen bestehlen die Arbeiter«, sagte sie. »Warum sollen wir da nicht die Eisenbahnen bestehlen?«

Sie war seit fünfunddreißig Jahren auf der Straße und war

mit den zähesten und wildesten Männern zusammen gereist. Sie hatte im Güterwagen und im Freien übernachtet – mit Ganoven und mit Mördern.

Eineinhalb-Bein-Peggy war zusammen mit zehn Geschwistern in den Slums von Chicago aufgewachsen. Der Fuß war ihr von der Schraube eines Schnellboots abgetrennt worden, aus dem sie herausgefallen war. Sie erzählte mir ausführlich alles über sich, aber es war eine Bettgeschichte nach der anderen, und es würde wohl kaum etwas zu meinem Bericht über die Schwestern der Straße beisteuern, wenn ich sie hierher setzte. Peggy war nicht nur ein Tramp, sondern auch eine Prostituierte, und wann immer sie ein wenig Geld brauchte, verkaufte sie ihren armen verstümmelten Körper an einen Mann. Und offenbar hatte sie reichlich Kundschaft.

Jahre später bin ich Peggy zufällig in einem Warenhaus in Chicago begegnet. Sie war gut angezogen, sie strahlte und war glücklich. Sie hatte das »Anschaffen« aufgegeben, war fest mit einem Mann zusammengeblieben, hatte ihn schließlich geheiratet und schien überhaupt kein Bedürfnis mehr zu haben, auf Tour zu gehen.

Eines Frühlingsmorgens, als wir gerade beim Frühstück saßen, kam Ena hereinspaziert, und sie sah gut und kräftig aus. Seit ich sie zuletzt gesehen hatte, hatte sie sich gut entwickelt und war bester Dinge. Das Jugendgericht hatte sie einige Monate zuvor nach Hause geschickt, aber sie war nicht lange geblieben. Mittlerweile hatte sie sich ihren ersten Liebhaber genommen, einen jungen Dichter, und die beiden waren zusammen als Hobos nach St. Louis gekommen. Sie wollten, daß ich mit ihnen nach New York ging, wo der junge Dichter eine Anstellung und einen Verlag für seine Gedichte zu finden hoffte.

Die Idee gefiel mir. Schon seit Wochen war Schroeder zu Versammlungen und geselligen Ereignissen ohne mich gegangen, und einige Male war er die ganze Nacht fortgeblieben, ohne mir eine Erklärung zu geben. Ich wußte also, daß er meiner müde geworden war oder eine andere Frau hatte oder beides, und als ich ihm sagte, daß ich fortgehen würde, waren wir beide erleichtert.

5

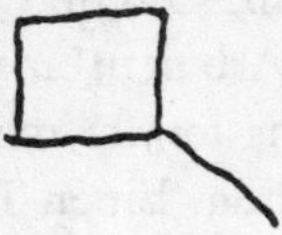

Eine Woche später nahm die Schwester eines Mannes, der in Mr. Schroeders Büro arbeitete, Ena, ihren Liebhaber – den jungen Dichter – und mich im Auto bis nach Alton, Illinois, mit; in Alton fanden wir zusammen mit zwei männlichen Hobos einen leeren Güterwagen im Mitternachtszug.

Es war eine ungemütliche Fahrt; in jedem kleinen Nest in Illinois hielten wir an, ein ständiges Herumgescharre und Herumgestoppe. Gegen Morgen wurden wir von einem Bremser entdeckt, aber wir gaben ihm fünfzig Cents pro Kopf, damit er den Mund hielt. Auf dieser Fahrt begegneten wir nur einer einzigen Frau, aber ihre Geschichte wog alle Unannehmlichkeiten auf, die wir auf uns genommen hatten. Als wir an einem kleinen Ort anhielten und rangierten, war sie mit zwei großen, schlaksigen Hobo-Männern zugestiegen, alle drei sprachen den breiten Singsang der Südstaaten. Der Bremser hatte uns Bescheid gesagt, daß es ungefähr eine Stunde dauern würde, und wir waren ausgestiegen, um uns die Füße zu vertreten. Es wurde gerade hell, und wir spazierten durch die stillen Straßen, vorbei an den kleinen Läden aus Backstein, über den Platz mit dem Gerichtsgebäude, das damals noch mit Pflöcken zum Anbinden der Pferde umgeben war. Als wir zu unserem Wagen zurückkamen, fanden wir darin das Mädchen und die beiden Männer.

Sie hieß Virginia Hargreaves. Sie war schmal, knochig, recht attraktiv in ihrem Overall und dicken Jungenpullover. Ihr Mann hatte sie verlassen, und sie hatte sich den beiden älteren Hobos angeschlossen und wollte nach Chicago, wo eine Freundin von ihr Arbeit in einem »Etablissement« hatte. Sie sagte, die beiden hätten ihr schon die ganze Strecke von Alabama herauf geholfen. Einen Teil der Reise hatten sie in Güterwagen gemacht, einen Teil auf der Straße als Anhalter. Die Männer hatten Essen für sie organisiert, und sie hatte ihnen als Gegenleistung die Liebesdienste gegeben, die sie sich wünschten. Männern gegenüber war sie grundsätzlich ziemlich zynisch eingestellt. Als der Zug ins Rollen gekommen war, erzählte sie mir, wie sie auf ihrer ersten Hobo-Fahrt ihren Ehemann verloren habe, am Hochzeitsabend.

Virginia war damals siebzehn und hatte ihr ganzes Leben in einer Kleinstadt in Georgia verbracht. Hargreaves war der Sohn eines enteigneten Farmers. Sie kratzten fünf Dollar zusammen, erwarben die Heiratslizenz, gaben dem Pfarrer fünfzig Cents dafür, daß er sie traute, und unmittelbar nach der Trauung nahmen sie einen Güterzug, denn die Flitterwochen wollten sie bei Verwandten in Alabama verbringen.

Sie sprangen auf den bereits rollenden Zug auf und kletterten über die Leiter auf das Dach eines leeren Wagens. Es begann zu regnen, bald goß es in Strömen. Sie beschlossen, sich vom Dach herunterzulassen und in den Wagen zu springen, ein Kunststück, das die meisten Hobos und Schwestern der Straße beherrschen.

Hargreaves hielt seine Frau an den Händen fest, während sie sich über das Wagendach schwang und nach unten glitt. Sie trug einen Overall. Als ihre Beine nach unten reichten, wurde sie von zwei Händen ergriffen, und jemand half ihr in den Wagen. Ihr Ehemann wollte nachkommen, doch der Zug hatte inzwischen Fahrt gewonnen und rüttelte so heftig, daß er Angst hatte, es nicht zu schaffen. Er ließ vorsichtig ein

Bein baumeln, dann rief er ihr zu: »Ich kann's nicht. Ich falle herunter.« Er schwang sich wieder nach oben, legte sich flach auf das Dach und hielt sich an den Kanten fest. Dann schob er den Kopf über den Wagenrand und blickte ins Innere. Was er sah, brachte ihn in Rage.

Die Arme, die seiner Frau heruntergeholfen hatten, gehörten einem männlichen Hobo und schlangen sich nun um Virginia, sie rangen miteinander. Doch Hargreaves war nicht Manns genug, einen zweiten Versuch zu wagen. Er lag einfach nur da und schaute zu, wie der Hobo seine Frau vergewaltigte.

Hundert Meilen weit donnerte der Zug durch die Berge. Endlich, als sie sich einer Kleinstadt näherten und der Zug auf etwa zwanzig Meilen die Stunde abbremste, sprang der Hobo ab. Als der Zug hielt, kam Hargreaves zu seiner Frau heruntergeklettert. Er war außer sich vor Wut.

»Du hattest kein Recht, mich auf dem Wagendach zu lassen«, brüllte er. »Es war deine Schuld. Jetzt kannst du sehen, wo du bleibst. Ich fahre zurück.«

Und das hat er getan.

Virginia und ihre Männer waren bereit, es mit den Bahnpolizisten in Chicago aufzunehmen, doch Enas Dichter war schon zweimal auf dem Bahnhof aufgegriffen worden, also sprangen wir ab, als der Zug in Berwyn sein Tempo verlangsamte, und fuhren mit der Straßenbahn in die Stadt. Wir hatten unser Gepäck mit American Express vorausgeschickt und spazierten durch das Loop-Viertel, um es an der Randolph Street abzuholen. Enas Dichter schlug vor, daß wir an die Near North Side gehen sollten, in die Gegend des Dill Pickle Club und Bughouse Square. Hier fanden wir eine kleine Dreizimmerwohnung mit zwei Betten, ließen uns dort nieder und machten uns daran, die Stadt zu erkunden.

Als erstes suchte ich nach Mallettini. Ich fand keine Spur

von ihm. Ich schrieb an die Zeitung, deren Herausgeber er war, und bekam nur eine ausweichende Antwort: »Als wir zuletzt von unserem Genossen hörten, war er im Süden unterwegs.«

Ich hatte fünfzig Dollar, die Schroeder mir gegeben hatte, und ungefähr einen Monat lang trieben wir uns in der Stadt herum und taten gar nichts. Viel Zeit verbrachten wir auf dem Vorplatz des Drake, jenes Hotels, das später noch eine wichtige Rolle in meinem Leben spielen sollte. Abends zog es uns zum berühmten Bughouse Square von der Newberry Library am Walton Place, zwischen der Clark Street und der Dearborn Street, wo es stets aufregende Straßenredner gab, die sagten, was ihnen gerade einfiel, und die immer ein Publikum fanden.

Nicht weniger als zehn Männer, die im Laufe meines ersten Sommers dort sprachen, erhoben Anspruch auf den Titel eines Königs der Hobos. Einer davon, ein Ire mit noblen, fein geschnittenen Zügen, der mit Dan O'Brien, Rex, zu unterschreiben pflegte und damals siebzig Jahre alt war, sagte immer, er werde sich als Präsidentschaftskandidat aufstellen lassen. Doch an dem Abend, an dem ich ihn hörte, gestand er, daß er, wenn die Zuhörer nicht bei der Kollekte etwas springen ließen, »unter die Brücke« müsse.

Ein anderer König der Hobos, den ich reden hörte, war Al Kaufman, ein stotternder, gutaussehender Jude von fünfundzwanzig Jahren, der behauptete, er habe 300000 Meilen mit dreißig Cents und einer guten Portion Dreistigkeit zurückgelegt. Ein weiterer war Thomas Fitzgerald, ein runzliger Hobo von fünfzig Jahren, der sämtliche Staaten Amerikas bereist und in fünfzig Gefängnissen eingesessen hatte. Mit Abstand der eindrucksvollste dieser Könige war Gus Schaffy, ein Gelehrter, Schauspieler und Impresario. Wenn jemand ihm seinen Titel streitig machte, antwortete er mit dem Zitat: »Sie können meine Schiffe kopieren, doch nicht meinen Verstand!«

Der bekannteste unter den Königen war Jeff Davis aus Cincinnati. Er war groß, schlaksig, halb glatzköpfig, sein Gesicht und seine Sprache waren voller Humor – und er war ein leidenschaftlicher Organisator. Er hatte ein Talent, alle anderen Könige anzuschwärzen und dafür zu sorgen, daß sein Name in Zeitungen und Filmen auftauchte. Später besuchte ich mehrere Hobo-Treffen, die er veranstaltete; noch vor ein paar Monaten habe ich ihn in Pittsburgh gesehen, wo er den großen Hobo-Karneval organisierte, der zur 27. Versammlung der International Itinerant Workers Union stattfand.

In jenem Sommer gab es auch eine Reihe von Frauen, von denen jede den Titel der »Königin der Hobos« beanspruchte. Darunter waren zwei ältere Frauen, die nicht nur Königinnen waren, sondern auch Vorkämpferinnen der Arbeiterklasse. Beide waren Witwen von Anarchisten, die am 11. November 1887 nach dem Chicagoer Haymarket-Aufstand gehängt worden waren. Die bekanntere von beiden war Lucy Parsons, die mich zu sich nach Hause einlud und mir ein Exemplar ihres Buches *Das Leben des Albert Parsons* schenkte. Ihre Haut war olivfarben wie die einer Mexikanerin, und später erfuhr ich, daß sie in El Paso geboren und daß ihr Vater ein reinrassiger Indianer gewesen war. Sie ging vom Alter gebückt, aber ihr Haar zeigte noch kaum graue Spuren. Es war ungeheuer aufregend für mich, wenn sie die Reden vorlas, die die älteren Anarchisten von Chicago, ihr Mann und Louis Linggs vor Gericht gehalten hatten, als es um ihren Kopf ging.

Die andere Anarchistenwitwe war Nina Van Zandt Spies, eine große, energische Frau, die mehrere Unterröcke trug, sich beim Gehen auf einen Stock stützte und unter deren abgewetztem Hut stets Haarsträhnen hervorlugten.

Früher sei sie eine Schönheit gewesen, erzählte man mir. Als ich sie kennenlernte, trug sie eine Zweistärkenbrille und schaute einen streng über den Rand hinweg an. In ihrer Wohnung beherbergte sie zahlreiche herrenlose Hunde und Katzen, und es hieß, sie habe dort sogar ein Pferd gehalten, bis die Gesundheitsbehörden eingeschritten seien. Ihre Stimme klang aristokratisch, und wann immer sie auf dem Bughouse Square eine Rede hielt, hörte das Publikum ihr gebannt zu, »wie sie meinen armen, unschuldigen Mann umgebracht haben«.

Die beliebteste unter den Königinnen war die »rote Martha«, die die berühmte Pension Martha Biegler führte. Das erinnerte mich an die Zeit, als meine eigene Mutter »Mutter Thompsons Pension« hatte. Die rote Martha stammte ursprünglich aus einer Kleinstadt in Illinois und war Lehrerin in der sozialistischen Liga gewesen. Als ich sie kennenlernte, war sie klein und dick, und ihr rotes Haar wurde allmählich grau. Sie war Schriftsetzerin gewesen. Unter den mehr oder weniger intellektuellen Hobos und Schwestern der Straße sind praktisch alle, die in den letzten zwanzig Jahren in Chicago gewesen sind, bei ihr abgestiegen. Wenn eine von uns Hobo-Mädchen pleite oder hungrig war, wußte sie immer, wo ohne viel Herumgefrage ein Bett und etwas zu essen zu bekommen waren.

Bei weitem die bekannteste unter den Königinnen war Lizzie Davis. Ich traf sie in jenem ersten Sommer und später in New York, und Jahre später habe ich den Rest ihrer Geschichte wiederum in Chicago erfahren.

Lizzie war ein kräftiges Mädchen, mit Schultern so breit wie ein Mann. Sie sah nicht schlecht aus, aber sie war nicht gerade die Art von Mädchen, die Männer beim Tanzen als erstes auffordern. In den späten Neunzigern in Tennessee als Abkömmling einer beneidenswert reinrassig amerikanischen Sippe zur Welt gekommen, stammte sie doch aus einem Milieu, das, wie die Professoren sagen, so oft Unangepaßte und Unzufriedene hervorbringt, aus einem Zuhause, das von zerrütteten Ehen und verlassenen Familien gezeichnet war. Zudem hatte sie eine ängstliche, puritanische, unerfahrene Mutter gehabt, die schwer hatte kämpfen müssen, um ihre Kinder durchzubringen.

Als Kind war Lizzie schüchtern, phantasievoll und von allen unverstanden gewesen. Von Anfang an war sie von einem Drang nach Liebe und Leben, von dem Wunsch nach Freiheit und Abenteuer durchdrungen gewesen. Und in einer kleinen Stadt auf dem Lande gab es keine Möglichkeit, dies zu verwirklichen. Mit siebzehn suchte sie in der Mutterschaft einen Ausweg und mußte, wie schon so viele Frauen zu ihrem Kummer, feststellen, daß diejenigen, die heiraten, um dem Elend und der Monotonie ihres Lebens zu entgehen, sich nur in einer noch schlimmeren Klemme wiederfinden. Auf verschlungenen Pfaden war sie als Hobo auf die Straße gekommen und hatte so ziemlich jede Art gesellschaftlich Aussätziger kennengelernt, die im Polizeibericht zu finden ist. Sie hatte auch sozial Höherstehende und Angesehene getroffen, darunter Studenten, Professoren, freudianische Analytiker und Romanciers. »Liebe Güte, was habe ich nicht alles getan«, zitierte sie oft, »um ein wenig Abenteuer, Liebe und Frieden zu finden!«

Sie erzählte mir ihre Geschichte vor einigen Jahren, als ich ihr zufällig in Cleveland begegnete:

»Ich bin als Hobo überall gewesen«, sagte sie, »bin auf den Ladeflächen gefahren, in den Güterwagen, auf den Puffern, auf Lokomotive und Kuhfängern. In den Passagierzügen habe ich sie übers Ohr gehauen und dem Schaffner erzählt, daß ich meine Fahrkarte verloren habe, habe mich in der Damentoilette versteckt, bin in Gepäckwagen und auf dem Dach gereist. In den Twentieth Century bin ich schon im Grand-Central-Depot eingestiegen.

Per Anhalter zu fahren, da ist nichts dabei. Jeder, der einen Rock anhat, kann per Anhalter fahren. Ich pendle zwischen New York und Chicago hin und her genau wie ein Geschäftsmann. Ich brauche niemals länger als drei Tage, und am Ende habe ich immer mehr Geld in der Tasche als bei der Abfahrt. Ich reise im Automobil hinunter nach Palm Beach und Muscle Shoals, als ob ich einen ganzen Wagenpark hätte. Ich bin keine Schönheit und ich trage nie sonderlich gute Kleider, aber ich wette, genauso viele Männer machen mir den Hof und wollen mit mir schlafen wie bei einer Schönheit.«

Es gab verschiedene Gründe für Lizzies Berühmtheit. Sie war anders als viele Frauen auf der Straße, die ihren Platz an der Sonne dem Ruhm ihrer Liebhaber verdankten. Und sie hatte eine Reihe von Verehrern, eine so prächtige Sammlung, wie je eine dem Galgen entgangen ist.

Auf ihre Weise war Lizzie ein Genie. Sie war eine große Klatschtante, und sie erzählte nicht gern aus zweiter Hand. Sie war gern selbst dabei. Sie wußte bei jedem, welchen Dreck er am Stecken hatte. Sie wußte, ob ein Mann »schwul« war oder ob eine Frau Geld oder Drinks für ihre Gunst nahm. Sie kannte die besten Plätze für einen Bettler und wußte, wann feindselige Bullen unterwegs waren. Die Lesben und die Schwulen und die »Tunten« konnten nichts vor ihr verbergen.

Wenn es irgend etwas Radikales, Zwielichtiges, Gefährliches oder Schmutziges in einem Viertel gab, dann spielte Lizzie dabei immer eine Rolle. Wenn neue perverse, gemeine, hinterhältige, asoziale und angsteinflößende Männer in einer Gemeinde auftauchten, dann wollte Lizzie sie als Liebhaber. Ihre Liebe zum Abnormalen, zum Schrägen und Verkommenen fand ihr Gegengewicht nur in der Bewunderung, die sie für gute Literatur hegte und für die psychoanalytische Forschung. Der einzige, dem sie ebenso ergeben war wie einem notorischen Gangster, das war ihr Sohn.

Denn Lizzie hatte einen Sohn. Genauer gesagt, sie hatte einen Sohn zur Welt gebracht. Denn wirklich bei sich hatte sie ihn eigentlich nie. Der Vater dieses Sohnes kannte Lizzie viel zu gut, als daß er ihr die Erziehung des Jungen überlassen hätte. Lizzies Sohn wuchs in Privatschulen auf, in ganz besonderen Schulen. Er war auf vierzig Schulen in zwanzig Staaten gewesen, und in den meisten davon hatte man ihn mit einem Fußtritt vor die Tür gesetzt. Er war Lizzies Sohn und wollte bei seiner Mutter sein, aber der Vater, der ebenfalls ein zwielichtiger Bursche war und irgendwelche krummen Geschäfte machte, gab sein Geld für die Schulbildung des Jungen aus und hatte immer eine Fünf- oder Zehndollarnote für Lizzie.

Sie erinnerte mich immer an eine riesige Dampfturbine, wie sie so vor sich hinpuffte. Sie hatte unglaublichen Sex-Appeal, obwohl sie hundertsiebzig Pfund wog und immer schlecht passende, schäbige Kleider trug. Sie stahl ein neues Kleid, und nach zwei Tagen sah es aus, als ob sie einen Monat lang darin geschlafen habe. Mehr als einmal habe ich Frauen sagen hören: »Was zum Teufel finden all die gutaussehenden jungen Männer an dieser Frau?« Ihr Hauptkapital und überhaupt das Bemerkenswerteste an ihr war ihre Natürlichkeit. Sie brachte es gar nicht fertig, gekünstelt oder konventionell zu sein. Sie hatte ein unglaubliches Talent, die Psyche und das Verhalten von Außenseitern der Gesellschaft zu verstehen. Sie spazierte eine Straße hinunter und stieß auf ein Grüppchen Perverser, und nach fünf Minuten standen sie auf der Straße beisammen, und sie erzählten ihr alles, was sie wußten. Sie vertrauten ihr ihre Schandtaten und ihre Sehnsüchte an.

Oft traf sie eine Prostituierte, freundete sich mit ihr an, ging mit ihr nach Hause und verbrachte eine ganze Nacht oder einen ganzen Tag damit, mit ihr zu reden. Oft sah sie zu, wie das Mädchen arbeitete. Sie wußte alles über das Gewerbe, obwohl sie selbst nie eine Prostituierte gewesen war.

Bei der I. W. W. und den Arbeiterführern war sie vielgeliebt und vielgehaßt. Sie wurde oft zu ihren Versammlungen eingeladen. Männer redeten ohne Hemmungen und schütteten ihr Herz aus, wenn sie im Raum war. Die Säufer hatten sie gern bei sich, denn sie blieb stets nüchtern, und wenn sie kein Geld mehr hatten, wußte sie, wie man eine Flasche auf Pump bekam.

Eine Gangsterbande, die Pläne für einen Raubmord schmiedete, fand nichts dabei, daß Lizzie im Zimmer war, denn sie waren sich hundertprozentig sicher, daß Lizzie sie niemals verraten würde. Sie kannte keine Furcht und kein Mißtrauen, und ihre Überzeugung, daß sie aus jeder Klemme herauskäme, hätte selbst einen Adventisten vor Neid erblassen lassen.

Einmal brach sie in ein Haus ein und wurde von einem Polizisten auf frischer Tat ertappt und mit auf die Polizeiwache genommen. Am nächsten Morgen blickte sie dem Richter geradewegs ins Gesicht und erklärte: »Jawohl, ich habe in dieses Haus eingebrochen, aber ich tat es, um die Briefe zurückzubekommen, die mein Liebhaber einer Ihrer Lehrerinnen geschrieben hatte.« Der Richter glaubte ihr, ließ sie laufen, und am nächsten Tag setzte die Schulbehörde eine Lehrerin vor die Tür.

Sie stahl in Geschäften und stellte sich so ungeschickt dabei an, daß jeder sich wunderte, warum sie nicht erwischt wurde, aber sie wurde es nie. Sie ging in ein Warenhaus, befühlte einen ganzen Berg hübscher Handschuhe, fand ein Paar, das ihr paßte, klemmte sie sich unter den Arm und spazierte davon. Sie stahl nicht nur ihre eigenen Kleider; wenn sie einen abgerissenen Herumtreiber fand, ganz gleich ob Mann oder Frau, sagte sie: »Komm mit, ich besorge dir etwas Neues zum Anziehen«, und sie hielt ihr Versprechen stets.

Auch als Bettlerin hatte sie keine Raffinesse. Sie sah mehr als wohlgenährt aus, war arrogant und beleidigte oft die Leute. Ihre Technik war einfach.

»Mister, wollen Sie mir nicht fünfundzwanzig Cents geben?« flötete sie dann und näherte sich lächelnd einem Fremden. »Ich brauche fünfzig Cents, sonst kann ich mein Zimmer nicht bezahlen.«

Obwohl sie es nicht mochte, bettelte sie oft. Sie folgte ganz ihren natürlichen Impulsen. Ihre Familie lebte seit vier Generationen in Amerika, und die Frauen hatten hart gearbeitet. Auch sie arbeitete, wenn ihr danach zumute war. Sie war Stenotypistin. Meist fand sie eine Anstellung in den besseren Läden und Büros, wo jemand gebraucht wurde, der die Umschläge adressierte. Lizzie brachte es auf zweitausend Umschläge pro Tag. Sie konnte sich an eine Maschine setzen und fünfzehn Stunden lang ohne Unterbrechung tippen. Irgendwann hatte sie dann von der Arbeit genug und lebte eine Weile als Hobo, und dann hatte sie vom Hobo-Leben genug und ging wieder an die Arbeit.

Sie fand niemals Ruhe, ganz egal was sie tat. Kein Mann konnte sie befriedigen, ganz gleich wie sehr sie ihn liebte.

In diesem Sommer begegneten wir einer ganzen Reihe von Homosexuellen, männlichen wie weiblichen. Im Norden Chicagos gab es etliche Teestuben und Flüsterkneipen, in denen Lesben verkehrten. Aber die meisten dieser Frauen mochte ich nicht. Nur eine einzige lernte ich näher kennen, und sie erzählte mir ihre Geschichte.

Sie nannte sich »Yvonne la Tzigane«. Sie sagte, sie sei eine Zigeunerin und stamme aus einer Familie von Jahrmarktskünstlern aus Paris in Frankreich. Ihre Mutter war eine russische Tänzerin, ihr Vater ein bekannter Maler. Sie hatte eine Ausbildung als Spagattänzerin und war 1921 mit einer Truppe nach Amerika gekommen und in sämtlichen Theatern des Keith-Konzerns aufgetreten – heute heißen sie Orpheum. Aber sie hatte genug vom Theater, und 1925 war sie auf die Straße gegangen. Auf der ersten Reise, die sie 1925 unternommen hatte, war sie in achtzehn Tagen von Küste zu Küste gefahren. Als sie dreizehn war, war sie von einer Frau verführt worden und hatte zwei Jahre lang mit ihr zusammengelebt. Seitdem hatte sie eine Reihe von lesbischen Beziehungen, teils längere, teils flüchtigere. Einmal war sie auch mit einem Mann zusammengewesen und hatte ein Kind von ihm gehabt, doch das Kind war gestorben. Offenbar fand sie, daß es kaum Unterschiede zwischen einer heterosexuellen und einer homosexuellen Beziehung gebe. Alles in allem, meinte sie, sei eine heterosexuelle Beziehung besser für eine Frau, denn Männer waren für ihre Begriffe verläßlicher als Frauen.

Sie sagte, es sei eine Reihe lesbischer Frauen auf der Straße, und in der Regel reisten sie in Grüppchen. Offenbar hatten sie keine Schwierigkeiten, mitgenommen zu werden oder etwas zu essen zu bekommen. Die meisten Autofahrer, sagte sie, spürten deren Homosexualität, und dann sei ihnen an Vertraulichkeiten nichts mehr gelegen.

Sie erzählte mir, daß unter den Lesben der Straße immer etliche bisexuelle seien, das heißt Frauen, die ebenso an Männern wie an anderen Frauen Gefallen fänden, andere seien Prostituierte und verkauften sich an Männer, hätten jedoch Frauen als Geliebte.

Die Chicagoer Lesben waren oft in Gruppen unterwegs oder fuhren in Automobilen. Eine davon hatte eine großartige Wohnung an der North Dearborn Street nahe beim Park. Ich lernte einige an einem Abend kennen, den sie »Mickymaus-Party« nannten. Ein halbes Dutzend wohlhabender Frauen war darunter. Vier davon waren verheiratet, zwei hatten Kinder. Angeblich waren sie nur als Zaungäste da, doch in Wirklichkeit hatten sie mehr als nur ein oberflächliches Interesse an diesen lesbischen Mädchen. Aber sie wurden ausgenommen. Die Lesben ließen sich ihre Namen und Adressen geben, und dann borgten sie Geld bei ihnen und sagten: »Wir kennen uns von der Mickymaus-Party.«

Neben den Königen und Königinnen sprachen auf dem Platz Hunderte – nicht Dutzende, sondern Hunderte – redseliger Hobos. Ob nüchtern oder betrunken, ob zerlumpt oder ob sie das Englische nur radebrechen konnten, es fand sich immer ein Grüppchen, das hören wollte, was sie zu sagen hatten. Viele Reden begannen mit »Als ich in Leavenworth war« oder »Als ich in Detroit im Kittchen saß« oder »Als sie mich in New York ins Loch gesteckt hatten.« Und: »Genossen! Ich bin gerade in einem Güterwagen angekommen.« Oder: »Seit siebzehn Jahren habe ich keine Arbeit mehr gehabt. Ich wohne unten im Asyl.« Und viele begannen: »Die letzten drei Wochen habe ich im Grant Park geschlafen.«

Nicht nur die Hobos selbst, auch alle anderen redeten von Hobos und Arbeitslosigkeit. Unter denen, die regelmäßig kamen, waren einige brillante Redner. John Burns, groß, schmal, mit scharf geschnittenen Zügen, schlug seine Zuhörer in den Bann. Er hatte die Art eines Politikers, und ich erfuhr, daß er oft als Wahlkampfredner für die Republikaner auftrat. Er verstand, was in den Köpfen von Hobos, Gangstern und Kriminellen vorging, und konnte es erklären. Happy Jimmy Rowan, ein I. W. W.-Mann der ersten Stunde, erzählte mitreißend von dem schweren Leben der ersten Hobos. David Tullman, ein kleiner, stämmiger Jude mit Hornbrille, wußte viel über Geschichte, Ökonomie und Psychologie und redete darüber witzig, humorvoll und mit vielen gelehrten Worten. Über Hobos wußte er viel zu sagen. Für mich war das alles Bildung. Nicht nur am Bughouse Square, auch an vielen anderen Orten, wo Leute zusammenkamen, waren Hobos und Landstreicherei die Hauptgesprächsthemen.

Nach einem solchen Treffen auf der Straße, am Square, im Bug Club im Washington Park oder wo man sonst zusammengekommen war, fand sich meist ein Grüppchen aus Rednern und Eingeweihten in der Penny Cafeteria oder in der Wohnung eines unserer Freunde ein. Wir diskutierten stundenlang, oft die ganze Nacht hindurch. Nur wenige Redner arbeiteten, und morgens schliefen wir lange. Wir Hobo-Frauen verbrachten oft die ganze Nacht auf dem Rasen oder wo wir sonst einen Platz zum Schlafen fanden. Ena und ich müssen in jenem ersten Sommer in zwei Dutzend verschiedenen Häusern und Sälen geschlafen haben, obwohl wir doch unser eigenes Zimmer hatten. Oft brachte ich ein paar Mädchen mit nach Hause, und dann und wann auch einen Mann.

Offenbar war Chicago für die verschiedensten Mädchen und Frauen das Hobo-Zentrum. Sie kamen in Khaki-Anzügen, sonnengebräunt vom Anhalterleben. Sie kamen in zerschlissenen Männer-Overalls, in denen sie in Güterzügen gefahren waren, auf den Dächern der Postzüge, auf Kühlwagen oder in Gepäckwagen. Sie kamen am Steuer eigener auseinanderfallender Fords oder in den klapprigen Beiwagen der Motorräder ihrer Hobo-Männer. Ein paar kamen gar auf Fahrrädern. Sie kamen aus dem Westen, Süden, Osten und Norden, einige sogar aus Kanada. Sie alle zog es zur Near North Side, zum Bughouse Square, zu den billigen Pensionen und Wohnheimen, sie erbettelten sich einen Platz oder übernahmen ihn von Männern und Frauen, die vor ihnen angekommen waren. Manche hatten die Reise mit Bussen oder Personenzügen bezahlt und kamen nun ohne einen Cent in der Tasche an und erbettelten sich Nahrung und Unterkunft von jemandem, der sie sich gerade leisten konnte. Ein paar waren als blinde Passagiere auf Schiffen über den See gekommen; an eine kann ich mich erinnern, die sagte, sie habe sich in einem Flugzeug aus Philadelphia versteckt gehabt. Nicht wenige hatten sich die Reise von wohltätigen Vereinen bezahlen lassen, die auf ihr Märchen hereingefallen waren, daß sie hier Verwandte hätten, bei denen sie unterkommen könnten.

Bei ihrer Ankunft waren die meisten abgerissen, schmutzig und hungrig. Die Hälfte von ihnen war krank. Manch mitleiderregende Alte war mit höllischen Zahnschmerzen auf Güterwagen durchs halbe Land gefahren. In Chicago gingen sie zum Arzt, und auch wenn kein Zahnarzt ihnen eine Füllung umsonst machte, zogen sie ihnen doch meistens die verrotteten Stümpfe. Einige hatten sich offensichtlich mit etwas infiziert, und die meisten kümmerten sich gar nicht um ihre Krankheit, solange die Schmerzen nicht unerträglich wurden.

Der größte Teil, und ich würde sagen fast alle, die überhaupt unterwegs waren, kamen zu zweit, entweder mit einem Mann, dem sie sich aus Zuneigung oder aus Zufall angeschlossen hatten, oder mit einer anderen Frau. Ein paar kamen mit Mann und Kindern. Etliche reisten mit Brüdern. Dann und wann sah man ein Grüppchen Collegemädchen. Nur wenige Frauen waren mit Banden oder Gruppen von Männern unterwegs. Das waren hartgesottene, vorlaute Frauen, die meist ohne Unterschied mit allen in ihrer Gruppe schliefen und sich deshalb um Nahrung oder Unterkunft keine Sorgen zu machen brauchten. Ich kann mich nicht erinnern, damals viele lesbische Paare gesehen zu haben, die zusammen reisten, aber heute sieht man natürlich häufiger Frauen, die eine Beziehung zueinander haben, auch wenn sie auf der Straße und dort, wo sie Halt machen, ihren Körper Männern oder anderen Frauen für Nahrung, Reisegelegenheit oder Unterkunft überlassen.

Diese Frauen stammten aus allen möglichen Familien. Aber schon in jenem ersten Sommer fiel mir auf, was ich heute nach so vielen Jahren weiß, nämlich daß die Frauen, die auf die Straße gehen, meist aus zerrütteten Verhältnissen kommen, aus Familien, wo die Eltern geschieden sind, wo es Stiefmütter oder Stiefväter gibt, wo beide Eltern gestorben sind und sie bei Tanten und Onkeln oder Großeltern leben müssen. Mindestens die Hälfte der Frauen, die auf der Straße sind, kommen aus solchen Verhältnissen.

Viele andere sind, wie ich festgestellt habe, in Waisenhäusern aufgewachsen. Von der Welt und allen Unternehmungen ausgeschlossen, haben solche Mädchen ihre ganze Kindheit über davon geträumt, zu reisen und die Welt zu sehen. Sobald sie entlassen werden, nehmen sie den schnellsten Weg, ihre Träume in die Tat umzusetzen, und werden Hobos. Nicht wenige kommen aus Gefängnissen oder Erziehungsheimen, und auch für sie bedeutet die Straße die Freiheit, ganz gleich wie schwer das Leben dort ist. Tatsächlich hatte man auch viele auf Probe aus Irrenhäusern oder Pflegeheimen entlassen.

In den Jahren, in denen ich immer wieder einmal nach Chicago gekommen bin, habe ich mich mit Hunderten dieser Frauen unterhalten. Wie sie auf der Straße ohne Geld zurechtgekommen sind, hat mich immer fasziniert. Viele arbeiteten von Zeit zu Zeit. Viele schrieben Schreibmaschine, manche arbeiteten in Registraturen und trugen Empfehlungsbriefe von Firmen bei sich, für die sie gearbeitet hatten. Eine habe ich in jenem ersten Sommer kennengelernt; sie war ausgebildete Krankenschwester. Das einzige, was sie auf ihren Fahrten bei sich hatte, war ein biederes Kleid, das sie anziehen konnte, wenn sie sich um eine Stelle bewerben wollte. Sie blieb bei einem Kranken oder einer Reihe von Kranken, bis sie wieder ein wenig Geld hatte, dann packte sie das gute Kleid ein und stellte sich in Hosen an die Straße, bis ein Autofahrer sie mitnahm.

Der größte Teil der Frauen dachte jedoch nicht daran zu arbeiten, selbst wenn sie für Wochen oder gar Monate blieben, wie sie das in Chicago und den anderen großen Zentren taten. Ich habe schon berichtet, wie sie sich mit Betteln, Diebstahl und Prostitution durchschlugen oder die Wohlfahrtsvereine ausnutzten.

Heute gibt es natürlich im ganzen Land staatliche Heime, staatliche Büros für die Nichtseßhaften, Anlaufstellen für die Fahrenden, aber damals halfen nur die Missionen und die private Wohlfahrt den Landstreichern, besonders den Frauen. Einige Mädchen entwickelten sich zu Spezialistinnen und wußten genau, was man tun und sagen mußte, um sich »retten zu lassen«, und erwarben sich damit die dünne Suppe und den Kaffee und das Brot, das die Missionen im Namen des Herrn an sie austeilten. Einige – es waren Irinnen – erfanden Lügengeschichten über ihre jüdische Herkunft, und bekamen Unterstützung vom jüdischen Wohlfahrtsverein. Oder sie waren jüdisch und erfanden eine katholische Familie und ließen sich von den katholischen Missionen aushalten. Wieder andere hatten sich das Vokabular von Logen und Geheimbünden angeeignet, und im Namen von Vätern, Brüdern und Onkeln, die Freimaurer, Mitglieder des Moose-Ordens, des Woodmen-Clubs oder Kiwanier waren, bekamen sie Essen oder Kleider oder Reisegeld.

Doch nur ein kleiner Teil der Hobo-Frauen arbeitete mit solchen Tricks. Die meisten waren dazu nicht raffiniert genug. Sie bettelten statt dessen in Läden und Restaurants, sie sprachen Leute auf der Straße oder auf den Bürgersteigen der Städte an. Die meisten machten sich nicht die Mühe, sich Unterkunft zu erbetteln. Wenn das Wetter gut war, schliefen sie mit oder bei den Männern im Park und wuschen sich am Morgen in den Toiletten der Büchereien und anderer öffentlicher Gebäude. Und auf der Near North Side gab es Dutzende von Leuten, die Wohnungen oder Ateliers hatten und ihnen erlaubten, bei ihnen ein Bad zu nehmen oder sich zu waschen.

Eine der unordentlichsten, schmutzigsten und verrufensten Wohnungen, in der wir uns trafen, gehörte Tobey. Tobey betrieb eine Flüsterkneipe an der Hill Street nahe der Hochbahn, und diesseits der Hölle konnte man sich keine Ansammlung üblerer Gestalten vorstellen als seine Gäste. Tobey war ein Unruhestifter und Freidenker. Er war roh und gemein, ein hinterhältiger, durchtriebener, angsteinflößender Mann. Die widerwärtigen, schmutzigen Ausdrücke, die aus ihm hervorsprudelten, und die beschämende Art, wie er mit seinen Frauen umsprang, sind kaum in Worte zu fassen, und doch bezweifle ich, ob es irgendwo in der Stadt eine hochanständige Wohnung eines wohlhabenden Junggesellen gab, die ein solches Maß an Verstand und Talent anzog, wie Tobeys verlaustes Appartment.

Viele der bekanntesten Arbeiterführer, diejenigen, die Gewalt nicht nur predigten, sondern sie auch praktizierten, kamen zu den lärmenden Gelagen in seiner Wohnung, und oft fand sich dort eine ansehnliche Zahl bekannter Professoren und Literaten ein. Die Dichter, die echten Dichter, deren Bücher etwas für die Gesellschaft wert waren, kamen oft.

Ich werde nie den ersten Abend vergessen, an dem Lucille Donoghue, die Frau des Starreporters Terry Donoghue, mich zu Tobey mitnahm. Die Wohnung war stickig und vollgestopft mit halb betrunkenen Männern und beschwipsten Frauen. Zwei »schwere Jungs«, die ich an jenem Abend kennenlernte (es waren Einbrecher), wurden kurz danach von Polizisten erschossen.

Tobey mit seinem vorgereckten Kinn und den stechenden Augen war mir vom ersten Augenblick an widerwärtig. Er beäugte mich lüstern, und es vergingen keine fünf Minuten, bis er versuchte, mir seine dreckige Hand unter das Kleid zu stecken. Gegen Mitternacht kamen zwei Taxis mit einer Reihe von Schauspielern und Zeitungsleuten. Darunter waren Earl Ford, der damals in *The Front Page* spielte, und einige Stars aus *My Maryland*.

Es gab kein Klavier, aber trotzdem Musik. Keiner schien Bescheidenheit oder Anstand zu kennen, doch es herrschte ein wirklich intellektuelles Klima. Ich war verblüfft, wie klar der betrunkene, gewalttätige Tobey denken konnte. Nachdem Earl Ford ein Pint vom Schwarzgebrannten hinuntergestürzt hatte, rezitierte er ein Stück aus der *Ballad of Reading Gaol*. Ich verließ die Party zusammen mit einigen Schauspielern. Ena weigerte sich mitzukommen, und als ihr Dichter versuchte sie herauszuzerren, zerschlug Tobey einen Spucknapf aus Porzellan auf seinem Schädel.

In praktisch jeder großen Stadt, in der ich gewesen bin, mit Ausnahme der Städte im Süden, habe ich Colleges, Anlaufstellen für Arbeitslose und radikale Treffpunkte gefunden, die speziell für Hobos und Arbeitslose eingerichtet waren. Das war nichts Neues für mich. Doch das interessanteste von allen war das College in Chicago, das in einem alten Bankgebäude Ecke Washington Street und Desplaines Street lag. Als Direktor fungierte ein Arzt, und Hausverwalter war John Burns, der Redner am Bughouse Square, von dem ich vorhin gesprochen habe. Monatelang ging ich zu jeder Veranstaltung. Es fanden drei pro Tag statt, um zehn Uhr morgens, drei Uhr nachmittags und acht Uhr abends.

Der Lehrkörper des Hobo-Colleges kam aus allen möglichen Lebensbereichen, und manche hatten nichts mit dem Hobo-Leben zu tun. Hier hörte ich den Schauspieler Richard Bennett nicht nur, sondern lernte ihn auch kennen. Er hielt einen wunderbaren, witzigen Vortrag und lud das ganze Publikum ein, sich sein Stück anzusehen. Wir fanden ihn wunderbar in *They Knew What They Wanted*, und nach der Aufführung drängten wir uns alle in seine Garderobe und hatten großen Spaß dabei. Mary McCormic sang für uns am College, und danach gab sie dem Hausverwalter fünfzig Dollar und schickte ihn los, um für das Publikum etwas zu essen zu kaufen. Die Tänzerin Gilda Gray und ihr Ehemann und Manager kamen vorbei und tanzten und sangen für uns. Der Ehemann nahm sich ein Taxi und holte uns ein paar wunderbare Kuchen vom schicksten Bäcker der Stadt und eine ganze Milchkanne voll mit dampfendem Kaffee.

Eine ganze Reihe von Schriftstellern lehrte am College. Jim Tully kam und hielt uns einen hochnäsigen Vortrag. Er war ein kleiner, wütender Rotschopf und hatte einen sehr dramatischen Auftritt. Er brachte Daniel Hennessy mit, einen Journalisten, der für die »Little Blue Books« von Haldeman Julius mehrere gute Bücher über Hobos geschrieben hatte. Auch Professor Nels Anderson, der Verfasser von *The Hobo* und etlichen weiteren soziologischen Lehrbüchern, sprach zu uns. Er hatte ein kräftiges, verwittertes, zielstrebiges Gesicht und ein seltenes Talent, lustige Geschichten zu erzählen, aber was mir am besten von ihm im Gedächtnis blieb, ist eine gewisse Freundlichkeit und Toleranz, die um seine Lippen spielte und in seiner Stimme zum Ausdruck kam, wenn er von dem Leben auf der Straße erzählte und den Dingen, die er und wir getan hatten und noch taten. Professor Edwin Sutherland, Verfasser einer ausgezeichneten Studie über Kriminelle, hielt uns ebenfalls einen guten Vortrag.

Außer diesen Männern hörten wir noch einige der bekanntesten Professoren und Soziologen Amerikas – Professor E. A. Ross aus Madison, Professor E. W. Burgess von der Universität von Chicago und Professor Herbert Blumer,

Sekretär des amerikanischen Soziologenverbandes. Professor Blumer war am College ein berühmter Fußballspieler gewesen, äußerlich war er wuchtig und angsteinflößend, doch hatte er kluge Augen und eine ruhige Art.

Ich führe all diese illustren Namen hier auf, um ein für allemal klarzustellen, daß die Hobos keine Bande von ignoranten Dummköpfen sind und daß sie Interesse an guten Vorträgen und solider intellektueller Nahrung haben und die Fähigkeit, sie zu verstehen und zu verdauen. Die Hobos trafen an ihrem College nur die besten Lehrer, die profundesten Professoren und die fähigsten Kräfte der Erwachsenenbildung, und sie, die Studenten, lernten klarer zu denken und zu reden. Mit Abstand die besten Lehrer und die eindrucksvollsten Redner am College aber waren welche von uns, standen mitten in dem Leben, das wir kannten. Einer davon war Franklin Jordan, der Mann, der später »mein Schatz« werden sollte. Obwohl ich Jordan jeden Tag sah und mich auf den ersten Blick in ihn verliebte, entwickelte sich erst viel später eine Beziehung zwischen uns.

In jenem ersten Jahr hatte ich in Chicago eine Menge Arbeitsstellen. Einmal arbeitete ich als Schreibkraft in einem großen Versandhaus. Einmal adressierte ich Briefumschläge für einen Politiker. Und zuletzt arbeitete ich als Büromädchen bei einer Ärztin, Dr. Hope Stone.

Dr. Stone und ich lernten uns auf einem der radikalen Foren kennen und fanden einander auf Anhieb sympathisch. Sie war klein, energisch, mit klar geschnittenen Zügen. Sie fragte mich, ob ich für sie arbeiten wolle. Sie hatte eine riesige Praxis und eine ganze Flucht von Büros in einem großen Gebäude in der Innenstadt. Zur Belegschaft gehörten außer mir eine Sekretärin, eine Krankenschwester, eine persönliche Assistentin, Dr. Stones Schwester, die sich um die Finanzen kümmerte, und zwei Assistenzärzte.

Dr. Stone war eine Abtreibungsärztin und führte nun ihre eigene Praxis, nachdem sie die Assistentin eines gewissen Dr. Cooper gewesen war. Der alte Dr. Cooper hatte dreißig Jahre lang Abtreibungen vorgenommen, und das Gerücht ging, während all dieser Zeit habe er im Schnitt zehn Operationen pro Tag durchgeführt. Man kann das nicht beweisen, doch wenn es stimmt, dann hat er die Weltbevölkerung im Laufe seines Lebens um hunderttausend Seelen erleichtert. Doch selbst wenn es nur die Hälfte oder ein Viertel waren, dann gehen mehr als 25 000 Abtreibungen auf sein Konto. Eine Reihe von Leuten, die sich mit dem Abtreibungsgeschäft in Amerika auskennen, haben mir gesagt, bei anderen sei die Zahl gar noch höher gewesen.

In den sechs Wochen, die ich für Dr. Stone arbeitete, verging kein Tag, an dem nicht mindestens fünfundzwanzig Patientinnen kamen. Es wurden nicht alle operiert, doch gewiß zwei Drittel davon – im Schnitt sicher fünfzehn Operationen pro Tag. Auf derselben Etage wie Dr. Stone arbeiteten noch zwei andere Abtreibungsärzte, und im selben Gebäude gab es vier weitere.

Niemand sah Dr. Stone je bei der Operation. Eine Patientin betrat das Büro. Ich nahm ihren Namen und ihre Adresse auf und fragte, von wem sie geschickt sei. Ein Großteil der Patientinnen wurden ihr von anderen Ärzten überwiesen. Sie hatte ein gemütliches kleines Büro am anderen Ende des Ganges, weit fort vom Operationszimmer, wo sie sich mit den Ärzten, die ihr die Patienten überwiesen, traf, ihnen etwas zu trinken anbot und ihre Kommissionen auszahlte.

Nachdem ich mit der Patientin gesprochen hatte, führte ich sie ins Büro der Sekretärin, wo Patientin und Sekretärin sich über die geschäftliche Seite ihres Besuches verständigten. Es wurde Barzahlung verlangt, doch war nichts Schmutziges daran. Dr. Stone war eine freundliche Frau und operierte oft kostenlos, und manchmal gab sie einer mittellosen Patientin sogar etwas Geld aus ihrer eigenen Tasche. Nachdem die finanzielle Seite zur Zufriedenheit geregelt war (und wir legten alles daran, das Geld in bar zu bekommen ... im voraus), wurde die Patientin zur Untersuchung geschickt. Ich habe über sechshundert Patientinnen in den sechs Wochen, die ich da war, gesehen. Das Durchschnittshonorar war $ 50. Oft waren es allerdings nur $ 25. Nicht selten waren es $ 75, manchmal sogar $ 100. Es war nichts Ungewöhnliches, daß $ 150 oder $ 200 gezahlt wurden. Ebensooft kam es vor, daß wir $ 10 nahmen. Oder gar nichts.

Dr. Stone untersuchte alle Patientinnen persönlich.

»Eine solche Praxis ist völlig ungefährlich, wenn man sich seine Patientinnen richtig aussucht«, erklärte sie mir. »Die meisten Todesfälle bei Schwangerschaftsabbrüchen werden durch Infektionen verursacht, und in meiner Praxis hat es noch keine einzige Infektion gegeben. Niemand geht in das Operationszimmer, ohne daß er steril ist, und die Patientinnen werden mit äußerster Sorgfalt vorbereitet. Ich untersuche jede Frau und mache einen Abstrich. Wenn sie eine Infektion hat, operiere ich nicht. Und ich nehme keine, die über viereinhalb Monate hinaus ist, es sei denn, sie kann anschließend ins Krankenhaus. Frauen, die zu schwach sind, die Tumore oder Krankheiten haben, operiere ich nicht. Ein halbes Dutzend Fälle pro Tag lehne ich ab, ganz gleich, wieviel Geld sie bieten oder wie einflußreich sie sind.«

Dr. Stone unterhielt sich mit jeder, die kam, persönlich. Ich habe gesehen, wie Polizisten ihre Frauen brachten und Beamte ihre Stenographinnen. Es machte ihr nichts aus, wer dabei erfuhr, daß sie Abtreibungsärztin war. Sie nahm jede, die das Geld für die Operation hatte und bei der es keine medizinischen Einwände gab. Jeder im Haus wußte, welchen Beruf sie hatte, und offenbar wußte es sogar jeder in der Stadt. Ich fragte Miss Jensen, eine der Krankenschwestern, ob das nicht gefährlich sei.

»Klar ... gefährlich ist das schon«, antwortete sie mir. »Die Polizei und die Stadtverwaltung wissen, was wir hier machen. Aber fast jeder dieser Männer braucht irgendwann einmal einen guten verläßlichen Abtreibungsarzt. Dr. Stone ist sorgfältig und geschickt, und ihre Honorarforderungen sind niedrig. Wenn irgend jemand vom Polizeigericht oder von der Staatsanwaltschaft eine Freundin hat, die operiert werden muß, schicken sie sie zu uns, und der Doktor versorgt sie kostenlos. Es heißt, sie müsse hohe Schmiergelder zahlen ... aber ich glaube, diese Gefälligkeiten gegenüber den herrschenden Mächten sind alles, was sie für ihren Schutz bezahlt. Ich bin seit fünf Jahren hier, und in all der Zeit haben wir nur vier Todesfälle gehabt. Das ist viel weniger, als ein normaler Arzt gehabt hätte, wenn er auch nur halb so viele Patienten legal betreut hätte. Und nicht einmal ein Fünftel dessen, was ein Geburtshelfer bei der gleichen Zahl von Patientinnen gehabt hätte.«

Es ist schwer zu sagen, wie viele von Dr. Stones Patientinnen verheiratet waren. Fast alle logen in diesem Punkt. Die Verheirateten behaupteten, sie lebten allein, und die Alleinlebenden sagten, sie seien verheiratet. Aber ich denke mir, es dürfte etwa halbe-halbe gewesen sein.

Ich hatte immer geglaubt, Dr. Stone nehme alle Operationen selber vor. Doch zu meiner Überraschung erfuhr ich, daß sie es kein einziges Mal selbst tat. Sie untersuchte die Patientin, und wenn alles zufriedenstellend war, brachte sie sie in einen anderen Raum, wo ihr ein Tuch über den Kopf gebreitet wurde. Dann führte einer ihrer Assistenten die Operation durch. Oft wurden die Patientinnen mit Gas betäubt, und in diesem Falle konnten sie niemals sagen, wie lange eine Operation gedauert hatte.

6

Ena und ich tranken damals eine Menge und trieben uns oft bei Tobey herum. Durch Tobey hatte sie ihren Liebhaber eingebüßt, und ihre New Yorker Pläne waren vollkommen vergessen. Doch mit einem Male waren ihr Tobeys schmutzige Reden zuwider.

»Ich habe die Nase voll von Chicago«, klagte sie. »Laß uns in den Süden gehen oder wo immer du hinwillst, ja? Wir wollen uns die Zeit nehmen, mit einem Güterzug.«

Auch ich war inzwischen unruhig geworden. Ich war zu lange an einer Arbeitsstelle geblieben, und so stimmte ich zu.

Die letzte Nacht verbrachte ich in Franklin Jordans Armen – eine einzige, glückliche Nacht.

Am 15. Dezember, einem bitterkalten Tag, nahmen Ena und ich einen Zug der Illinois Central, in dem wir zusammen mit vier männlichen Hobos einen leeren Güterwagen gefunden hatten, und zwei Tage später waren wir in Nashville. Von dort fuhren wir im Gepäckwagen eines Personenzuges nach Chattanooga. Als der Schaffner uns halb erfroren dort fand und uns fragte, wohin wir wollten, antworteten wir: »Chattanooga«. Er nahm uns mit in den Wagen, und wir durften uns setzen. Die Reisenden veranstalteten eine Sammlung und bezahlten unsere Fahrkarten, und eine ältere, schlicht gekleidete Frau lud uns in ihr Haus in Chattanooga ein. Wir nahmen an und blieben drei Tage bei ihr. Dann fiel mir auf, daß sie ein wenig zuviel Interesse an Ena hatte, und ich behielt sie abends vom anderen Ende des Wohnzimmers aus im Auge. Eines Abends wollte sie Ena mit ins Bett nehmen, und Ena weigerte sich unter einem Vorwand; am nächsten Tag verließen wir die Stadt.

Bei einem Rundgang am Tag zuvor hatten wir Zwillinge kennengelernt, Pauline mit den Raffzähnen, das war das einzige, woran man sie von ihrer Schwester unterscheiden konnte, und May. Sie lebten unten hinter Jacksonville, Florida, und drängten uns, mit ihnen per Anhalter dorthin zu fahren. Auf dieser Fahrt hielten wir an einem großen Hobo-Camp ein wenig außerhalb Jacksonvilles. Die Mädchen waren schon einmal dort gewesen.

Camp Abgebrannt, wie es genannt wurde, lag etwa drei Meilen außerhalb der Stadt an den Ufern eines Baches, vor Bahntrasse und Straße durch eine kleine Baumgruppe verdeckt. Als wir gegen vier Uhr nachmittags dort ankamen, waren bereits dreißig Männer, fünfzehn Frauen und achtzehn Kinder da, allesamt weiße. Am Rande des Camps waren vier oder fünf klapprige Automobile und ein Lastwagen abgestellt. Auch Motorräder und ein paar Fahrräder standen dort.

»Wir sind gerade dabei, etwas zum Abendessen zu besorgen«, sagte eine große Frau im Overall mit fettglänzendem Gesicht. »Habt ihr Mädels irgendwelche Lebensmittel dabei oder Geld, das ihr in die gemeinsame Kasse stecken könnt? Wenn ihr nichts habt, seid ihr trotzdem willkommen. Aber 's gibt noch viele Sachen, die wir zum Abendessen brauchen. Gemüse haben wir genug, aber wir brauchen Butter und Kondensmilch und etwas zum Nachtisch. Und wenn ihr Geld habt, wir bräuchten Musselin und Watte für ein paar von den Damen hier. Und jemand muß zum Arzt oder zur Apotheke und 'ne Flasche Hustensaft holen.«

»Und wenn ihr Kinder betteln könnt«, meldete sich ein dürrer, abgearbeiteter, glatzköpfiger Mann von fünfzig namens Tulliver zu Wort, »wünscht ich, ihr könntet irgendwo 'ne Achse für mich schnorren. Mein alter Chevy da ... wenn Mr. Jamieson mit seinem Lastwagen nicht gewesen wäre, wären meine Frau und die zwei Kinder in dem Morast verhungert.«

May faßte mich an der Hand und sagte: »Boxcar, wir gehen in die Stadt und besorgen, was sie brauchen.«

Don, ein Junge von ungefähr fünfzehn, bot an, uns hinzufahren. Als wir bereit waren, kam seine Schwester Susie noch dazu.

»Laß dir 'ne Quittung für das Benzin geben«, sagte sie und drückte ihm ein Stück Gummischlauch in die Hand.

Wir ließen Don auf dem Parkplatz, wo er Benzin aus dem Tank eines Peerless absaugte und in eine Milchflasche füllte.

»Ich klaue nie Benzin von einem, dessen Wagen nicht mindestens zweitausend kostet«, erzählte er uns. »Die Leute mit den Fords und den Chevies, die sind genauso arm wie wir.«

»Verstehst du dich aufs Betteln, Bertha?« fragte May.

»Nicht allzugut, fürchte ich.«

»Dann paß auf, wie ich es mache.«

Der erste Laden, in den wir gingen, war ein großer Drugstore.

»Ich möchte den Geschäftsführer sprechen«, sagte May.

»Sehr wohl, die Damen. Und was kann ich für Sie tun?«

»Wir beide sind krank und haben kein Geld. Würden Sie uns ein paar Kotex-Binden auf Kredit geben?« fragte sie ohne jede Scheu.

Der Geschäftsführer wurde puterrot und druckste herum.

»Aber gewiß doch«, sagte er, ohne uns anzusehen. »Sonst noch etwas, was die Damen wünschen?«

»Tja, wenn Sie uns eine Limonade gäben, das wäre sehr nett. Und ein wenig Puder würde auch nicht schaden.«

Als wir gingen, flüsterte ich ihr zu: »Hast du den Hustensaft vergessen?«

»Nein. Hab ich nicht. Aber ich finde, man soll nicht alles im gleichen Laden nehmen.«

Als nächstes besuchten wir den »Famosen Gemüse- und Fleischmarkt«.

»Hallo«, sagte May zum Geschäftsführer. »Wie gehen die Geschäfte?«

»Ich kann nicht klagen, Miss, danke. Was darf es sein?«

»Wir sind pleite. Wir kommen von draußen vom Hobo-Camp, und wir brauchen eine Menge Sachen.«

Seine Augen wurden hart, und er kniff die Lippen zusammen.

»Dann geht zum Wohltätigkeitsverein und erzählt das denen«, entgegnete er. »Und wenn ihr euch nochmal hier blicken laßt, lasse ich euch einsperren.«

»Schon gut, mein Hübscher«, antwortete May keß, und wir spazierten hinaus.

Als wir auf dem Bürgersteig waren, grinste sie mich an.

»Geiziger alter Bastard, was?« meinte sie. »Was hast du erwischt, Bertha?«

»Wie meinst du das?« fragte ich.

Sie blickte mich erstaunt an und hantierte dabei in den Falten ihres Kleides.

»Soll das heißen, du hast dem alten Gauner nichts geklaut?« fragte sie. »Na, ich habe zwei Stückchen Seife und eine Dose Tomaten, und ich weiß nicht, was das hier ist ...«

Es stellte sich heraus, daß es Zahnstocher waren!

Wir betraten einen weiteren Lebensmittelladen.

»Ich hätte gern einen großen Korb«, sagte sie, »ich brauche eine Menge Sachen. Zwei Pfund Butter, sechs Dosen Kondensmilch, fünf Pfund Zucker ... Und haben Sie schönen frischen Käse? Tun Sie ein Pfund dazu. Eier nehme ich wohl lieber zwei Dutzend. Und eine Flasche Schuhwichse ... schwarz.«

Der Verkäufer packte alles in einen Korb, und ich sah mit großen Augen zu. May besah sich alles noch einmal, dann wandte sie sich an den Kaufmann.

»Mein Bruder kommt gleich mit dem Wagen vorbei und holt die Sachen«, sagte sie, »und er bezahlt sie dann. Lassen Sie sie einfach vor dem Laden stehen.«

Sie betrachtete mich ohne auch nur den Anflug eines Lächelns. Wir verabschiedeten uns und stiegen zu einer Arztpraxis hinauf, die über einer Bank lag. Der Doktor war an seinem Schreibtisch beschäftigt.

»Hallo, Doc. Haben Sie Hustensaft?« fragte sie.

»Erzählen Sie mir erstmal, worum's geht«, sagte er.

»Ach, draußen im Camp, da sind ein paar Kinder, die sind krank, und die brauchen Hustensaft. Wir haben kein Geld, und Sie sehen aus, als ob Sie ein freundlicher Mensch sind. Ich dachte, Sie haben vielleicht Proben oder sowas ...«

Er gab ihr nicht nur, worum sie gebeten hatte, sondern dazu noch Pillen und fünfzig Cents. Wir dankten ihm und gingen hinunter zu Don.

»Da drüben vor der Tür steht ein Korb mit Lebensmitteln«, sagte May zu ihm. »Die sollst du für mich holen.«

Und das tat er ... ging einfach hinüber zur Tür, paßte den richtigen Augenblick ab, griff sich den Korb, stellte ihn in den Wagen und fuhr davon.

»Findest du das richtig, so einen Korb Lebensmittel zu stehlen?« fragte ich May.

»Fändest du es richtig, wenn wir die Leute draußen im Camp hungern ließen?« konterte sie. Aber mir war das gar nicht recht.

»Mir wäre wohler, wenn ich sie bezahlt hätte«, sagte ich. »Ich habe ja ein wenig Geld.«

»Sei kein Dummkopf«, sagte May.

»Irgendwann werde ich vielleicht stehlen, aber im Augenblick noch nicht ... Ich glaube nicht, daß meine Mutter oder meine Großmutter begeistert wären, wenn ich ihnen erzählte, daß ich die Lebensmittel gestohlen habe«, beharrte ich.

Ich wollte tatsächlich hinübergehen und sie bezahlen, doch sie hielt mich fest.

»Warum gehst du denn dann nicht rüber zum Bahnhof und bezahlst der Bahngesellschaft die ganzen Fahrten, die du ihr gestohlen hast?« fuhr sie mich an. »Ist das etwa schlimmer, etwas zu essen zu stehlen, als der Bahngesellschaft Fahrten zu stehlen?«

So hatte ich das noch nie gesehen. Ich war noch nie auf die Idee gekommen, daß ich die Bahn bestahl, wenn ich in einem Güterwagen fuhr. Das hatte May mir nun klargemacht.

»Fahr weiter, Don. Fahr zum größten Süßigkeitenladen der Stadt. Ich werde ein paar Süßigkeiten und Eiscreme für die Kinder besorgen«, sagte ich. Und als ich wieder herauskam, hatte ich zwei Viertelpfundpackungen Eiscreme und eine große Schachtel Bonbons, für die ich nichts bezahlt hatte.

»Was ist schlimmer«, fragte May, »Betteln oder Stehlen?«

Wir hatten ein sehr fröhliches Abendessen. Die alte Mrs. Heaton, die Köchin, bereitete uns ein fürstliches Mahl in mindestens einem Dutzend Töpfen und Pfannen. Alle, die in Autos gekommen waren, und auch manche »Tippelbrüder« – die Hobos, die ihr eigenes Kochgeschirr und eine Decke in einem Bündel auf dem Rücken trugen – ließen sich ihre Töpfe füllen. Ein Eintopf aus gestohlenen Hühnern bildete das Hauptgericht, und es wurde auf Blechtellern serviert, auch das meiste andere gab es in Blechgeschirr. Ich habe in der ganzen Gesellschaft nur vier oder fünf Tassen und Untertassen aus Porzellan gesehen. (Die übliche Ausstattung eines Tippelbruders bestand aus einer kleinen Bratpfanne, einer Kasserolle für Eintöpfe, Tee oder Kaffee, einer Blechtasse, Messer, Gabel und Löffel.)

Nach dem Essen halfen wir Mädchen beim Abwasch und scheuerten die Töpfe und Pfannen blank, dann halfen wir, die Kinder zu Bett zu bringen. Eine Mutter hatte vier Kleine, zwei hatten drei, drei zwei, und zwei hatten jeweils eines. Alle Familien bis auf zwei kamen im eigenen Wagen, und das Motorrad gehörte einer Frau, die ihr zwölfjähriges Mädchen dabeihatte. Drei Paare fuhren gemeinsam im Lastwagen. Eines davon hatte zwei Kinder. Die Kinder schliefen im Wagen oder auf kleinen Strohsäcken am Boden. Dann setzten wir Älteren uns für den kühlen Abend an einem großen Feuer zusammen.

Es war ein buntes Völkchen. Die Männer waren für das Leben auf der Straße gekleidet, trugen Overalls und Jacken, und die meisten Frauen hatten sich für die Rast in buntbedruckte Kleider, Baumwollstrümpfe und einfache Halbschuhe umgezogen. Nur ein paar wenige besaßen Mäntel. Drei Männer holten ein Akkordeon, eine Fiedel und eine Querpfeife hervor, und als die Musik richtig in Gang kam, kamen ein paar der älteren Kinder in ihrem Nachtzeug wieder dazugekrochen, um bei dem Singen und dem Spaß dabeizusein. Zigaretten und Tabak wurden herumgereicht, und fast alle rauchten. Drei Frauen pafften Maiskolbenpfeifen, und eine kleine, grauhaarige Frau von ungefähr sechzig holte aus ihrer Tasche eine Handvoll Zigarrenstummel hervor und begann daran zu kauen, wobei sie die größten an ihre Freundin »Sunshine Molly« weitergab. Molly war groß, von der Malaria gezeichnet und kam aus South Carolina; sie war mit ihrem erwachsenen Sohn Slim unterwegs. Sie kaute die Zigarrenstummel nicht, sondern steckte sie an.

»Mam«, bettelte Slim, »kann ich die Reste haben, wenn du fertig bist?«

Erzählt wurde hauptsächlich von den Reisen. Die, die im Auto fuhren, hatten viel zu berichten. Das Benzin war teuer, ihre Wagen waren Schrottmühlen, die dauernd Ersatzteile brauchten, die sie sich nicht leisten konnten.

»Wenn die bei den Wohlfahrtsvereinen hören, daß du 'nen Wagen hast, helfen sie dir nicht«, klagte einer der Männer. »›Warum verkaufen Sie ihn nicht?‹ fragen die dann immer. ›Sie würden fünfzig oder fünfundzwanzig Dollar dafür bekommen, oder mindestens zehn.‹ Na, ich hab vier Kinder, und alles, was wir auf der Welt besitzen, ist in dem Auto drin. Mehr als zehn Dollar würde ich nicht dafür bekommen ... und es ist unser Zuhause. Die kämen ja auch nicht auf die Idee, von einem zu verlangen, daß man sein Haus für zehn Dollar verkauft.«

»Seht ihr den Schraubenschlüssel hier?« meldete sich ein junger Italiener zu Wort. »Es gibt keine Tankstelle, bei der ich damit nicht die Pumpen aufbekomme.«

»Wißt ihr, wie ich mir Benzin verschaffe?« fragte eine Mutter, die ein Kleines an der Brust hatte. »Ich fahre einfach zum Rathaus. Meinen Mann und den Jungen lasse ich im Wagen. Und dann gehe ich mit dem Baby auf dem Arm hinein und suche den Sheriff oder den Bürgermeister oder den Polizeichef. Ich sage ihnen, wir sind pleite und wir brauchen Benzin und Öl oder womöglich sogar einen neuen Reifen. Würden sie uns das geben, wären wir sofort wieder weg. Wenn nicht, dann müßten sie sich um uns kümmern, denn wir hätten keinen Cent mehr. Ich erzähle ihnen immer, daß wir hundert Meilen weiter Verwandte haben und daß wir's nur bis dahin schaffen müssen.«

»Das funktioniert bei den kleinen Käffern hier«, wandte

Don ein. »Aber in den großen Städten wird man nur zur Wohlfahrt geschickt. Und die lassen sich immer die ganze Lebensgeschichte erzählen.«

»Mein Alter, ich und die Kleine, wir sind aus Muncie und wollten nach Florida«, steuerte eine vierschrötige Frau von vierzig bei, »und wir haben auch immer in den Kleinstädten am Rathaus angehalten und uns helfen und Benzin geben lassen. Aber in einem kleinen Nest in Kansas haben wir's versucht, und sie schickten uns zum Wohlfahrtsamt. Dort haben sie den Wagen durchsucht und zwei Viertelflaschen Whiskey gefunden. Sie haben uns festgenommen und gesagt, wir könnten die Verantwortung für das Kind nicht tragen. Sie haben uns unser Baby weggenommen, es für eine Weile ins Waisenhaus gesteckt und dann nach Indiana zurückgeschickt. Jeder, der einen Funken Verstand im Kopf hat, würde nie zur Wohlfahrt oder zur Polizei gehen. Die können die Armen nicht leiden, und die haben ihnen noch nie was Gutes getan. Lieber stehle ich und bettle auf der Straße. Und ich habe feststellt, daß ich in den Städten auch fast immer Arbeit für einen Tag bekommen kann.«

May erhob sich und streckte sich.

»Diese Plutokraten mit ihren Autos gehen mir auf die Nerven«, sagte sie. »Laß uns mal ein Weilchen nach da drüben gehen.«

Sie zeigte auf ein zweites Feuer in der Nähe, das fünf oder sechs junge Männer entfacht hatten. Die Zwillinge, ein Mädchen aus Chicago namens Sue, Helen, eine New Yorker Jüdin, und Ena und ich schlossen uns der neuen Gruppe an.

Wir wurden mit Zigaretten begrüßt, und als die Gespräche allmählich persönlicher wurden, erzählte uns Sue ihre Geschichte.

»Ich bin aus New York mit meinem Schatz aufgebrochen, Fred Hardy«, begann Sue. »Er war ein wunderbarer

Mensch, und bevor er krank wurde, hat er in einem Buchladen gearbeitet, und wir sind prima zurechtgekommen. Aber er wurde immer schwächer und machte ein kleines Restaurant auf, einen Treffpunkt. Er nannte es ›Das Nagelbrett‹, und abends, wenn ich von meiner Arbeit in der Telefonvermittlung kam, habe ich ihm da geholfen. Er wurde so krank, daß ich dachte, Florida wäre gut für ihn, und wir machten uns auf nach Miami, teils in Güterwagen, teils per Anhalter. Als wir in einer kleinen Stadt nahe Birmingham anlangten, hatten wir gerade noch einen Dollar. Wir nahmen ein Hotelzimmer für fünfundsiebzig Cents, und Fred ging hinaus, um Zigaretten zu holen. In einer Gasse beim Hotel wurde er von einem Farbigen überfallen, und der schoß ihm in den Bauch, als er sich wehrte. Ein Polizist klopfte an meine Tür, und ich fand Fred, wie er sich auf der Straße wand. Er kam ins Krankenhaus, doch drei Tage später starb er.«

Diese Geschichte brachte uns auf andere Geschichten über Liebe und Sex. Viele der ledigen Hobos stießen zu unserem Grüppchen dazu. Keine Frage, sie hatten es auf uns abgesehen. Pauline und May setzten sich mit zwei jüngeren Hobos ab. Georgia Jim versuchte die Jüdin zu umgarnen, der er eine Menge Fragen stellte, doch sie wollte nichts mit ihm zu tun haben und sagte: »Laß deine widerlichen dreckigen Finger weg von mir.« Ena hatte sich an einen blonden jungen Norweger gekuschelt und schien alles um sich herum vergessen zu haben.

Und dann kamen aus dem Schatten des Gebüschs an der Straße zwei weitere Männer. Einer war groß, stattlich, in einem Khaki-Anzug. Der andere war klein und muskulös. Plötzlich schlug mein Herz wild vor Freude, und ich sprang auf. Der kurze Bart, diese Schultern ... Das konnte nur Mallettini sein! Ich warf mich ihm in die Arme.

Er war überrascht, mich zu sehen, und freute sich. Und

für mich verloren all die Leute am Feuer ihre Bedeutung, ich sah nur einen – Mallettini. Wir machten einen langen Spaziergang durch die Wälder, an der Hauptstraße entlang. Er hatte die italienischen Köche und Kellner zu einem Streik aufgewiegelt und wollte am nächsten Morgen nach Miami fahren, von wo er ein paar Tage darauf ein Schiff nach New York nehmen wollte.

»Ich komme mit«, sagte ich.

Er betrachtete mich ein wenig nachdenklich und zögernd.

»Aber ich habe nicht genug Geld, um dich mitzunehmen«, sagte er.

»Keine Sorge ... Das bekommen wir schon!« beharrte ich.

Früh am nächsten Morgen fuhr Dan mich zum Telegraphenamt. Ich schickte Telegramme an E. A. O. in Seattle und Lowell Schroeder in St. Louis ... »Brauche dringend Geld ... wenn irgend möglich, schicke mir fünfzig Dollar.« Am folgenden Abend hatte ich hundert Dollar, und Ena und ich nahmen den Bus nach Miami. Als das Boot nach New York ablegte, waren wir zusammen mit Mallettini an Bord.

Ich hatte mich auf ein großartiges Erlebnis mit ihm gefreut. Ich kannte ihn nun schon so lange, und wir schienen uns wie selbstverständlich gegenseitig anzuziehen, ich wußte, ich liebte ihn, und ich spürte, daß ich so sehr die seine war, daß er auch der meine sein mußte. Es war ein Irrtum, wie er menschlicher nicht sein konnte, und zu meiner Überraschung weigerte er sich, in meine Kabine zu kommen, und verwehrte mir auch den Zutritt zu der seinen. Wir gingen auf Deck spazieren. Er schwieg unglücklich.

»Liebling«, sagte ich. »Warum sprichst du nicht mit mir? Warum darf ich dich nicht lieben? Was bedrückt dich? Warum bist du so unglücklich? Man muß das Leben leben.«

»Kleines, das verstehst du nicht«, antwortete er. »Meine

Liebe gehört dem Volk, nicht mir selbst oder einer Frau. Überall auf der Welt gibt es hungernde Menschen. Tyrannen, Könige, Diktatoren, Päpste, Priester, Kapitalisten versklaven das Volk. Ich kämpfe dafür, sie zu vertreiben. Da bleibt nichts mehr übrig, um eine Frau zu lieben.«

Aber ich verstand doch. Als ich ihm in die Augen blickte, spürte ich, wie er litt. Ich kam mir ganz klein vor, und aller Wunsch, seinen Geist mit meiner Lust auf seinen Körper zu behelligen, verschwand. Ich wollte ein Teil seiner Arbeit werden und Anteil nehmen an seinem Leid. Als er mich in New York am Kai zurückließ, drückte ich seinen Kopf an meine Brust, und wir nahmen Abschied voneinander. Mallettini wollte nur ein paar Tage – arbeitsreiche Tage – in New York bleiben, dann sollte es weiter nach Chicago gehen.

7

Ena und ich nahmen uns ein Zimmer in Greenwich Village. Ich wollte mich nur ein wenig umsehen, doch Ena machte sich auf die Suche nach Arbeit und fand auch welche als Dienstmädchen bei einer jungen Frau, die am Washington Square wohnte; ich trieb mich im Village herum. Doch länger als eine Woche hielt ich es nicht aus. Ich dachte nur an Mallettini. Ich beschloß ihm zu folgen, auch wenn er mich nicht wollte. Ich hatte ein wenig Geld übrig, und ich nahm einen Bus nach Trenton, wo ich einen Güterzug nach Chicago fand. Außer daß mich ein Bremser in Buffalo, der sich wichtig machen wollte, ausschimpfte und ich eine ruhige Nacht in einem Hobo-Camp in Erie verbrachte, geschah nichts, bis ich in Cleveland anlangte.

Ich hatte gehört, daß der Güterbahnhof dort ein heißes Pflaster sei, also sah ich zu, daß ich aus dem Waggon herauskam und mich zwischen den Zügen versteckte. Ich war kaum von den Schienen weg, da trat mir ein gefährlich aussehender Bahnpolizist in den Weg.

»Wo willst du hin?« fragte er.

»Ich gehe nach Hause«, antwortete ich.

»Lüg mich nicht an«, knurrte er. »Wo wohnst du denn? Du weißt ganz genau, daß du gerade mit dem Güterzug angekommen bist. Du kommst ins Kittchen.«

Er faßte mich am Arm, führte mich zu einem Weichenstellerhäuschen und schloß die Tür hinter uns.

»Wenn ich dich rüber zur Polizei bringe, bekommst du sechzig Tage«, sagte er. »Aber wenn du nett zu mir bist, lasse ich dich gehen und gebe dir sogar noch ein wenig Kleingeld.«

Er sah mich mit widerlicher Miene an. Er war gewohnt zu bekommen, was er wollte. Ich stellte mir vor, wie all die Mädchen, die unterwegs waren, von ihm abgefangen und hierher in dieses Häuschen geschleppt wurden, bevor sie Cleveland passieren konnten. Ich sah rot, und ich holte aus und versetzte ihm eine Ohrfeige.

»Ich nehme die sechzig Tage«, sagte ich.

Mit grimmigem und zornesrotem Gesicht griff er zum Telefon und ließ einen Polizeiwagen kommen. Dann saß er da und funkelte mich an, während wir warteten. Wenn Blicke töten könnten, wäre keiner von uns lebend aus diesem Schuppen herausgekommen.

Sie nahmen mich mit auf die Polizeiwache, und am nächsten Morgen wurde ich Richter Dan Cull vorgeführt.

»Haben Sie einen Verteidiger?« fragte er mich.

»Nein.«

Woraufhin Martin Eisler, ein junger Anwalt, vortrat und sagte: »Euer Ehren, es wird mir ein Vergnügen sein, die junge Dame zu verteidigen.«

Der Gerichtsdiener reichte mir eine Bibel.

»Ich will nicht auf die Bibel schwören«, sagte ich zu ihm.

»Warum nicht?« fragte der Richter.

»Warum nicht?« plapperte ich ihm gedankenverloren nach. Ich wußte es nicht. Aber es machte mich wütend, daß mir in jenem Augenblick die Bibel in die Hand gedrückt wurde. Die Worte meiner freidenkerischen Freunde kamen mir in den Sinn, und ich antwortete ihm damit.

»Weil die Bibel ein Haufen Lügen ist. Weil es ein Haufen dummes Geschwätz ist, mit dem der Verstand der Arbeiterklasse unterdrückt wird.«

Der Richter sah mich finster an.

»Fahren Sie mit der Verhandlung fort«, wandte er sich an die Anwälte.

Die beiden Bahnpolizisten schworen, sie hätten gesehen, wie ich aus einem mit Gütern beladenen Wagen gekommen sei, und folglich sei keine Frage, daß ich die Plombe des Wagens gelöst hätte, um hineinzukommen. Außerdem sagten sie aus, daß ich sie unflätig beschimpft und mich der Verhaftung widersetzt hätte und daß ich versucht hätte, sie zu schlagen. Mr. Eisler tat für mich, was er konnte, doch es half nichts.

»Bertha Thompson, ich verurteile Sie zu sechzig Tagen im Arbeitshaus Warrensville. Es soll Ihnen nicht an Zeit mangeln, in Ihrer Bibel zu lesen.«

Ein großer Bus brachte sieben von uns vom Gefängnis in Cleveland zur Besserungsanstalt Warrensville, wo uns sämtliche Kleider abgenommen wurden und wir uns duschen mußten. Als wir die Dusche verließen, mußten wir ein Stück, vielleicht drei Meter, splitternackt gehen, die Arme erhoben, die Hände und sogar den Mund weit geöffnet, so daß die Aufseherin alles sehen konnte. Jede Körperöffnung und die Zwischenräume zwischen den Zehen und das Haar wurden untersucht, damit niemand Drogen hineinschmuggeln konnte.

Im Ankleideraum bekamen wir unsere eigenen Schuhe und Strümpfe und Unterwäsche zurück, dazu saubere Uniformen. Es war zu spät für das normale Abendessen, und wir sieben, die sie »frischen Fisch« nannten, bekamen ein eigenes Essen. Dann wurden uns Betten im Schlafsaal angewiesen, und wir kamen auf den Gefängnishof, wo wir die zwei Stunden bis zur Schlafenszeit bleiben durften.

Ich sah mir meine Mitgefangenen an. Keine davon machte einen niedergeschlagenen Eindruck. Die Mädchen plauderten und lachten. Die älteren Frauen – und ein gutes

Drittel schien über fünfzig zu sein – saßen friedlich auf den Bänken und unterhielten sich. Fast die Hälfte der Gefangenen waren Farbige.

Big Mamie, eine stämmige Irin, begrüßte mich mit einem breiten Grinsen.

»Willkommen in unserem Hotel. Weswegen bist du hier?«

»Der Richter sagt, wegen Landstreicherei«, antwortete ich. »Aber ich glaube, es ist, weil ich einem Mann nicht gegeben habe, was er wollte. Weswegen kommt man denn so hierher?«

Sie zuckte die Schultern.

»Ach, Alkohol ... Randale ... Diebstahl. 'ne ganze Menge hier wegen Drogen.«

Ein Wort Franklin Jordans kam mir in den Sinn: Alles, was Frauen tun, läuft auf drei Dinge hinaus: Vergnügen, Profit und Macht.

»Wer ist denn die da drüben, die so tragisch dreinblickt?« Ich zeigte auf ein Mädchen mit traurigen Augen, das dastand und die Hände rang und vor sich hin murmelte.

»Oh, das ist irgendeine Mieze, die die Bullen auf der Straße aufgelesen haben, und sie sagt immer: ›Er hat mich gemordet ... er hat mich gemordet mit seiner Liebe.‹ Wenn du mich fragst, die hat 'ne Schraube locker, aber der Richter war anderer Meinung und hat sie für dreißig Tage hergeschickt, damit sie sich wieder beruhigt. Aber statt dessen heult sie nur die ganze Nacht ... ›er hat mich gemordet mit seiner Liebe.‹

Das Grüppchen da drüben, die nehmen Drogen.« Sie wies auf einige abgerissen wirkende Frauen. »Die machen allen das Leben schwer, fuhr sie fort. »Laß dich nicht mit denen ein, wenn sie dich bitten, etwas für sie zu besorgen. Wenn sie wollen, daß jemand dir einen Brief für sie schickt, sage nein. Ein Arbeitshaus wäre ein schöner Ort, wenn es die Drogensüchtigen nicht gäbe. Wegen denen darf man sich nichts schicken lassen, kein Essen und keine Kleider oder sonst irgendwas, was das Leben ein bißchen angenehmer machen würde. Und siehst du die beiden Mädchen mit den kurzen Haaren, Schwester?« Sie zeigte mir zwei Frauen mit einem jungenhaften Bubikopf. »Denen gehst du auch besser aus dem Weg. Die mögen gern Frauen. Und wenn du nicht aufpaßt, versuchen sie, dich dazu zu zwingen.«

Big Mamie war, wie ich am nächsten Tag herausfand, Kollegin an der Wäschemangel, an der ich arbeiten sollte. Ihre Schwäche war der Alkohol. Sie war dreiundzwanzig Mal in Warrensville gewesen, und zwanzig Mal davon war sie vom selben Polizisten aufgegriffen worden. Sie hatte eine Art Komplex. Jedes Mal, wenn sie sich in einer Kneipe namens Cassidy's Saloon vollaufen ließ, wollte sie den Laden »aufräumen«. Zwei Tage, nachdem ich angekommen war, war ihre Zeit im Arbeitshaus um.

Meine nächste Arbeitskollegin war Lucille, eine grauäugige Schönheit. Sie wurde an jenem Tag vom Haushalt des Gefängnisvorstehers Burns zu uns versetzt. Sie war noch keine zwanzig Minuten in der Wäscherei, da summte der ganze Laden vor Getuschel. Die Stelle als Hausmädchen in der Wohnung des Gefängnisvorstehers war die begehrteste Arbeit überhaupt. Man bekam gutes Essen und hatte relativ viel Freiheit. Es hieß, diese Stelle bekomme man nur, wenn jemand von draußen dafür sorge. Manche sagten, Lucille sei fortgeschickt worden, weil sie zu faul gewesen sei. Andere sagten, sie habe Drogen genommen. Doch die Älteren betrachteten ihre hübsche Figur und meinten, die alte Mrs. Burns sei wohl eifersüchtig geworden.

Wir Frauen schliefen alle zusammen in einem Raum, einem riesigen Schlafsaal mit sechzig Betten auf jeder Seite, nach jedem zweiten Bett kam ein großes Fenster. Der Saal hatte eine hohe Decke, und die Luft war gut. Ich bekam ein

Bett ganz am Ende. Lucille lag neben mir. Der Gang zwischen den beiden Bettreihen war fünf Meter breit, der Zwischenraum zwischen den Betten einen.

Lucille und ich arbeiteten fast eine Woche lang zusammen. Sie war nicht unfreundlich oder abweisend, aber sie weigerte sich, etwas von sich preiszugeben. Ich erzählte ihr von meinen Erfahrungen im Güterwagen. Ich stellte ihr Fragen. Sie schüttelte gutmütig den Kopf, stets mit demselben Lächeln. Ihre Philosophie schien zu sein: »Ich habe hier sechzig Tage abzusitzen. Je weniger ich darüber sage, desto schneller sind sie vorbei«, und das akzeptierte ich.

Von Zeit zu Zeit durchsuchten die Aufseher das Gefängnis. Die Gefangenen nannten das »Razzia«. Jeder wurde sorgfältig abgesucht. Auch die Betten und die Schränke, in denen wir die persönlichen Besitztümer aufbewahrten, wurden durchstöbert. Sinn dieser »Razzia« war es festzustellen, ob jemand irgend etwas eingeschmuggelt hatte, Waffen, Messer, Sägen, Alkohol, Zigaretten, Tabak, Streichhölzer, Kleider, die aus der Wäscherei gestohlen waren, zusätzliche Nahrung. Besonders wurde auf Dinge geachtet, die die Mädchen sich eventuell untereinander gestohlen hatten.

Die meisten Gefangenen fürchteten diese »Razzia« nicht, weil sie nichts zu verbergen hatten. Es galt nicht als großes Verbrechen, wenn ein Mädchen einem anderen einen Lippenstift mopste, und es galt auch nicht als anstößig, Unterwäsche oder Taschentücher zu nehmen. Den Aufseherinnen oder dem Personal Kleider zu stehlen galt hingegen als schweres Vergehen. Ich erinnere mich noch, daß eines der Mädchen mir eines Tages einen hübschen Büstenhalter schenkte. Ein paar Tage darauf sah eine Aufseherin, daß ich ihn anhatte, und fragte, woher ich ihn hätte. Ich begriff rasch, daß er gestohlen war, und sagte, ich hätte ihn gefunden. Sie arbeite seit fünfundzwanzig Jahren hier und hätte noch nie etwas gefunden, sagte sie gutmütig und konfiszierte den Büstenhalter.

Der Sonntag war allgemeiner Besuchstag. Jeder, der an einem anderen Tag kommen wollte, brauchte einen Passierschein vom Direktor des Wohlfahrtsamtes oder vom Gefängnisvorsteher. Mich besuchte keiner. Niemand wußte, daß ich hier war. Doch Lucille bekam ein paarmal Besuch außerhalb der üblichen Zeit.

Samstags arbeiteten wir nur den halben Tag. Am Samstagnachmittag, noch vor Ende der Mittagspause, kam Sadie, das »Sprachrohr«, in den Schlafsaal und verkündete, Lucille habe einen Besucher. Während sie mit ihrem Besucher draußen war, kam Mr. Burns mit drei Aufseherinnen und zwei Wachen herein und befahl uns allen, uns am Kopfende unseres Bettes an die Wand zu stellen. Es war eine »Razzia«.

Eine Aufseherin und ein Wachmann durchsuchten zusammen mit zwei männlichen Helfern sorgfältig jedes Bett. Sie zogen die Laken und Kissenbezüge ab und schüttelten sie gründlich, tasteten jede Matratze ab und stachen hinein. Sie achteten auf kleine Verwerfungen oder neue Nähte. Oft machten die Gefangenen kleine Schnitte in ihre Matratzen, versteckten darin, was sie zu verbergen hatten, und nähten sie wieder zu. Doch die Leute, die die »Razzia« durchführten, kannten so gut wie alle Tricks. Die Schränke, wo die Mädchen ihre Kämme, Rouge, Puder und Schmuckstücke aufbewahrten, wurden aufs feinste »durchgekämmt«. Bei denen, die nach Drogen aussahen, drückten sie sogar die Zahnpastatuben aus. Jedes Kleidungsstück sahen sie sich an, und dicke Nähte wurden sogar aufgetrennt.

Die »Razzia« war eben bei Lucilles Bett angelangt, als sie von ihrem Besuch zurückkam. Sie fuhr zusammen. Sofort wandte sie sich um und bat die Aufseherin, auf die Toilette zu dürfen, doch diese verweigerte es ihr. Das Fenster zwischen unseren Betten stand offen. Mir fiel auf, daß sie etwas in der Hand verbarg. Sie fuchtelte herum, und am Ende verschränkte sie die Hände auf dem Rücken. Dann versuchte sie das, was sie in der Hand hatte, zum Fenster hinauszuwerfen. Sie verschätzte sich, und der Gegenstand flog gegen das Fensterbrett, schnellte zurück und fiel auf mein Bett neben das Kissen. Der Suchtrupp war gerade am anderen Ende des Bettes beschäftigt, doch sie ergriffen unverzüglich den Fingerling aus Gummi, der mit Heroin gefüllt war. Burns sah mich an.

»Da hast du uns also die ganze Zeit an der Nase herumgeführt, du Brauereipferd.«

Ich spürte, wie ich rot wurde. Ich blickte Lucille an und wartete darauf, daß sie zugeben würde, daß es ihr gehörte, doch ihr Gesicht war ausdruckslos. Sie packten mich am Arm und setzten mich auf einen Stuhl in der Mitte des Saales, während sie Lucilles Bett und sie selbst filzten. Burns ging ans Telefon, und eine halbe Stunde später trafen zwei Männer von der staatlichen Rauschgiftfahndung ein.

Burns nahm mich mit in sein Büro.

»Miss Thompson, dies hier sind zwei Bundesbeamte, und ich möchte, daß Sie ehrlich und ohne Furcht mit ihnen sprechen. Sie sind ein anständiges Mädchen. Wir können uns einfach nicht vorstellen, daß Sie Drogen nehmen, und wenn Sie die Wahrheit sagen, lassen wir Sie gehen. Sie haben nur noch ein paar Tage zu verbüßen, und hier haben Sie die Gelegenheit, etwas für Ihre Regierung zu tun. Sie lieben doch Ihr Land, Sie sind ein braver Bürger, und Sie können uns helfen.«

Doch ich sagte nichts. Da versuchte es der Bundesbeamte.

»Nun hören Sie mir mal zu, mein Kind, das ist kein Witz hier. Das ist ein Verstoß gegen Bundesgesetze. Wir haben das Zeug auf Ihrem Bett gefunden, und wenn Sie uns nicht die Wahrheit sagen, dann blühen Ihnen fünf Jahre Zuchthaus. Wenn Sie Ihrer Mutter und Ihrer Familie keine Schande machen wollen, dann sagen Sie uns die Wahrheit. Wenn Sie es selber nicht dorthin gesteckt haben, dann wissen Sie, wer es war. Dieses Luder Lucille meint es nicht ehrlich mit Ihnen. Die würde Ihnen keinen Pfennig geben, und wenn Sie verhungerten. Wollen Sie so dumm sein und sich fünf Jahre lang für sie ins Loch stecken lassen? *Sie* wissen, daß diese Lucille drogensüchtig ist, und *wir* wissen, daß Sie das Zeug für sie versteckt haben.«

»Ich weiß nichts davon«, sagte ich, und ich wiederholte es hundertmal. »Ich nehme keine Drogen. Ich hab's noch nie in meinem Leben getan. Ich wüßte gar nicht, wie man das macht.«

Sie redeten mir gut zu. Sie versuchten mich zu bestechen. Sie drohten mir, hielten mir die Fäuste unter die Nase, schrien mich an, verfluchten mich. Am Ende war ich so wütend, daß ich der Aufseherin ins Gesicht schlug, und daraufhin kamen zwei Aufseherinnen und drei Wachen und schleppten und zerrten mich hinab in den Keller, wo ich ins »Loch« gesteckt wurde, die entsetzliche dunkle Zelle, in die man zur Einzelhaft kam.

Ich sank erschöpft zu Boden. Es muß Stunden später gewesen sein, daß die Tür sich öffnete und die Wachen eine zweite Person auf den Boden warfen. In der Zelle war es stockfinster. Ich hörte ein Stöhnen, und dann vernahm ich Lucilles Stimme.

»Bist du hier drin, Kleines?« fragte sie.

Ich kroch hinüber und legte meinen Arm um sie. Sie litt Qualen und schluchzte bitterlich.

Sie sagte nichts, und auch mir war zu elend zumute, um zu sprechen, und so saßen wir beide auf dem Boden und hielten uns schluchzend in den Armen. Nach einer Weile schliefen wir beide ein. Ich weiß nicht, wie lange wir geschlafen haben. Als ich aufwachte, hatte ich den Kopf in Lucilles Schoß.

»Wie fühlst du dich?« fragte sie. »Die sagen, du hättest mich verpfiffen, aber ich weiß genau, daß das nicht stimmt. Du bist in Ordnung. Du solltest etwas Besseres mit dir anfangen, als in Güterwagen spazierenzufahren. Mit sowas kommt man nicht zu Geld.«

»Manche Leute machen sowas«, sagte ich. »Es spielt ja wohl keine Rolle. Warum nimmst du Drogen?«

Sie lachte bitter.

»Das ist gut für mein Asthma«, sagte sie.

Dann wurde sie ernst.

»Der Stoff hat noch nie jemandem etwas Gutes getan, außer den Händlern, und wenn du mir's heute noch nicht glaubst, dann wirst du's übermorgen glauben, wenn's mit der Entziehung losgeht. Zum Glück kommen wir ja beide am Freitagmorgen aus diesem Loch hier raus.«

In den nächsten zwei Tagen machte ich eine der schlimmsten Erfahrungen meines ganzen Lebens – ich mußte zusehen, wie eine Frau den »cold turkey« durchmachte, wie der Entzug der Droge ihren Körper quälte. Lucille machte in dieser Zelle alles durch, alles außer dem Sterben. Zuerst war sie reizbar und redselig. Sie lief unruhig auf und ab. Dann schüttelte sie sich und stampfte mit den Füßen und erbrach sich. Sie klagte über Schmerzen im Unterleib und Muskelschmerzen. Sie bat mich, ihr die Arme und Beine zu reiben. Sie betete und sie fluchte. Wir wußten nicht mehr, wieviel Zeit vergangen war, denn es war stets stockfinster dort unten. Lucille begann immer mehr zu schreien. Stunden und Stunden vergingen, bis der Wachposten und die Aufseherin, die offenbar schon eine ganze Weile vor der Zelle gestanden hatten, plötzlich die Tür öffneten.

»Na, was haben wir denn – ist dir etwa zu warm hier drin, Schwester?« fragte der Wärter.

»Um Himmels willen, schickt mir einen Quacksalber«, flehte Lucille ihn an. »Ich sterbe – ich sterbe!«

»Du weißt doch, wo man einen Doktor findet«, antworteten sie ihr. »Du weißt genau, daß niemand außer den Bundesbehörden dir helfen kann. Warum läßt du nicht den Doktor kommen, der dich am Samstag besucht hat? Sie haben ihn geschnappt, und er hat alles gestanden.«

Doch selbst unter Qualen konnte Lucille sich noch wehren.

»Wenn er was gestanden hat, dann lügt er«, sagte sie.

Die nächsten drei Tage zogen sich hin. Lucille lag schwach und erschöpft da, doch hatte sie keine Schmerzen mehr. Wir versuchten Pläne zu schmieden. Sie erzählte mir kaum etwas von sich, doch als sie mich fragte, wohin ich wolle, und ich ihr erzählte, daß ich nach Chicago wolle und einen Güterzug nehmen würde, sagte sie: »Ich bin noch nie in einem Güterzug gefahren, Boxcar, aber einmal habe ich etwas getan, was du noch nicht getan hast, da wette ich. Ich bin schwarz gefahren, auf der Damentoilette, die ganze Strecke von Omaha bis Cedar Rapids, Iowa. Ich war in Omaha gestrandet. Tut nichts zur Sache weswegen. Ich kannte einen Handlungsreisenden, der sein Hauptquartier in einem Hotel in Cedar Rapids hatte. Ich wußte, wenn ich bis zu dem kam, der würde mir weiterhelfen. Die Idee mit der Toilette hatte ich noch aus meiner Kinderzeit. Meine Mutter und ich waren gerade auf der Toilette, als der Schaffner durchkam, und er ist nicht noch einmal zurückgekommen, um unsere Karten zu knipsen. Wir haben sie nach der Fahrt zurückgegeben und bekamen unser Geld wieder.

Ich wußte, daß es gefährlich war, aber ich war verzweifelt und bereit, alles zu riskieren. Ich suchte mir einen Wagen ohne Schlafabteile und hielt mich in der Nähe einer Gruppe von Studenten, die Päckchen für ein Mädchen hineinreichten, das abreiste. Ich hatte Glück. Die Toilette war frei. Ich wartete über eine halbe Stunde, bis der Zug anfuhr und der Schaffner durch war, und dann spazierte ich hinaus und setzte mich zu dem ersten Mann, der mir einen Blick zuwarf. Er hatte die kleine gelbe Fahrkarte an das Abteilfenster geklemmt, zum Zeichen, daß sie geknipst war. Es war Abend. Nach und nach ließen sich alle tiefer in ihre Sitze sinken und zogen die Schuhe aus, wie das so üblich ist. Ich sah, wie der Schaffner unsere Wagentür öffnete, und lehnte mich diesem Burschen an die Schulter. Er hatte schon, seit ich mich gesetzt hatte, versucht, die Hand auf mein Knie zu bekommen, und wies mich nicht ab.«

Ich fragte sie, wohin sie gehe, wenn sie aus dem Arbeitshaus entlassen würde.

»Ich fahre nach Chicago, und ich zahle dir die Fahrkarte.«

Ich dachte plötzlich daran, wie schlecht ich angezogen war, und sagte es ihr.

»Zum Teufel mit deinen Kleidern«, antwortete sie. »Das hat gar nichts zu bedeuten. Ich find das in Ordnung, Kleines. Wenn du gut genug warst, für mich ins Loch zu gehen, dann bist du auch gut genug, um mit mir im Pullman zu fahren.«

Am Donnerstagnachmittag wurde ich wieder den Bundesbeamten vorgeführt, die mir, wie sie sich ausdrückten, eine letzte Chance geben wollten, jenen fünf Jahren zu entgehen – wenn ich zugeben würde, daß ich gesehen hätte, wie Lucille den Stoff auf mein Bett geworfen habe.

»Ich weiß nichts davon«, sagte ich. »Ich nehme keinen Stoff. Ich will keinen Stoff. Ich weiß nicht, wie er da hingekommen ist. Ich will nichts damit zu tun haben.«

Sie versuchten mich zu verwirren und drohten mir, am Ende sagten sie, am Morgen würden sie bereitstehen, mich ins Gefängnis zu überführen. Aber wir kamen nicht wieder ins Loch. Lucille und ich durften uns baden und bekamen ein gutes Abendessen, und in jener Nacht schliefen wir wieder in unseren eigenen Betten. Lucille konnte noch nichts hinunterbringen. Sie gab mir ihre Portion, und ich verschlang sie zusammen mit meiner eigenen. Nach dem Frühstück kamen wir zum »Auskleiden«.

Bei meiner Verhaftung hatte ich elf Cents gehabt, und diese wurden mir wieder ausgehändigt. Lucille unterschrieb eine Quittung über fünfundsechzig Dollar. Wir nahmen die Straßenbahn, und als wir etwa eine Meile gefahren waren, sah Lucille ein Taxi. Wir riefen es an und wurden zum Hotel Statler in Cleveland gefahren, wo Lucille uns einschrieb und sich Post aushändigen ließ, die dort für sie bereitlag. Wir gingen auf das Zimmer und Lucille gab mir Geld und schickte mich, eine Zeitung und ein paar Orangen zu besorgen.

Als ich eine Viertelstunde später zurückkam, war sie in besserer Laune, als ich sie je gesehen hatte, und ich wußte, daß sie mit Heroin vollgepumpt war, das sie mit ihrer Post bekommen hatte. All ihre Sorgen und die qualvollen Tage waren vergessen. Sie ließ Essen aufs Zimmer bringen, und wir aßen und lachten und vergnügten uns, als hätten wir keinen Kummer auf der Welt.

Wir nahmen den Nachtzug, und am nächsten Morgen um acht Uhr waren wir in Chicago und fuhren im Taxi zu Lucilles Wohnung. Sie lag in einem unauffälligen Apartmenthaus, doch war sie teuer möbliert. Anna, mit der Lucille sich die Wohnung teilte, begrüßte uns. Aus einem andern Zimmer kamen zwei verschlafen wirkende Männer, Jake und Jimmie. Jimmie war mittelgroß mit bleichem Gesicht und schmutzigbraunem Haar. Jakes Haar war tiefschwarz, und er sah aus wie ein Italiener. Beide waren in Unterhemd und Hosen. Neuankömmlinge schienen ihnen nichts auszumachen.

Anna gab mir eins von ihren Kleidern nebst Unterwäsche und ließ mir ein Bad ein. Ich hatte eben gebadet und mich angezogen, als es klingelte und ein Mann eingelassen wurde, den sie mir als Big Otto vorstellten. Ich erfuhr sogleich, daß Otto frisch aus dem Gefängnis Bordeau in Montreal kam, wo er zwei Jahre abgesessen hatte. Später fand ich heraus, daß es für Ladendiebstahl gewesen war, daß er ein »Langfinger« war, wie sie es nannten.

Ich fand es merkwürdig, mit welchem Gleichmut alles aufgenommen wurde. Niemand schien sich groß darüber aufzuregen, daß Big Otto und Lucille eben aus dem Gefängnis kamen. Alles war ausgesprochen sachlich.

Big Otto faszinierte mich auf den ersten Blick. Er war groß und muskulös und hatte, obwohl er von der Gefängnisluft bleich war, einen dunklen Teint. Er sah mich mit seinen tiefliegenden Augen an und sagte: »Wie geht's, großes Mädchen? Du siehst gut aus. Wollen wir uns nicht alle zusammen einen genehmigen?«

Annas Kleid stand mir gut, und mit Hüft- und Büstenhalter fühlte ich mich wohl und bequem. Ich hatte das Haar zurückgekämmt, und Anna, die mir in das Kleid geholfen hatte, hatte darauf bestanden, daß ich einen Lippenstift benutze, und sie hatte mir die Augenbrauen nachgezogen. Ich blickte lächelnd in mein Glas und bewunderte mich selbst.

Beim Essen ging es munter zu. Das Gespräch drehte sich nur ums Geschäft. Otto sagte, die französisch-kanadischen Wärter hätten etwas gegen Amerikaner, besonders, wenn sie im Gefängnis säßen. Er habe dort im Badesaal gearbeitet und eine ganze Reihe alter Bekannter getroffen. Niemand zeigte Mitgefühl oder Anteilnahme. Es schien sie eher zu langweilen, wenn er vom Gefängnis erzählte. Es war keiner im Zimmer, der das nicht selbst schon durchgemacht hatte. Wenn es nicht Bordeau war, dann war es Leeds Farm in Kansas City, die Beanery in Chicago, Down Duck in Boston oder die Insel in New York. Das Gespräch wandte sich bald den Plänen für ihre nächste Gaunerei zu.

Otto verkündete, er müsse eben hinüber zum Sheridan Plaza, um für Jimmie Doyle, den er in Montreal zurückgelassen hatte, eine Nachricht zu überbringen, und fragte mich, ob ich mitkommen wolle. Als wir uns dem Hotel näherten, bat er mich, im Drugstore zu warten, bis er zurückkam. Eine Viertelstunde später war er wieder da, und ich fragte ihn, ob wir nicht zum See hinuntergehen wollten.

»Heute nicht, Kleines. Ich hab noch zu tun.«

Wir hielten bei einem Damenausstatter an, und er sagte, ich solle warten, während er hineinging, um dort mit jemandem zu sprechen. Als er wieder da war, hielten wir noch am Drugstore an der Ecke, und ich mußte wiederum warten. Als wir zurück in der Wohnung waren, trat er an den Tisch, und auf geheimnisvolle Weise zog er von irgendwo zwei wunderschöne Hemdhöschen hervor, sechs Paar Strümpfe und eine Flasche Parfüm, ein wenig Puder und eine Dose Gesichtscreme.

»Hier, Kleines, das kannst du doch sicher brauchen. Aber versuche nicht, es umzutauschen – das war ein Ausverkauf.«

Zuerst wußte ich nicht, was ich sagen sollte, und schaute die Sachen, die Otto mir geschenkt hatte, einfach nur an. Ich war ziemlich sicher, daß sie gestohlen waren, und das gefiel mir nicht, aber ich fand, daß ich nicht das Recht hatte, mich als sein Richter aufzuspielen, also dankte ich ihm kurz und ließ es dabei bewenden.

»Schon gut, Kleines«, sagte er. »Denk einfach nicht mehr dran, und ich besorge dir auch noch ’n paar Taschentücher, damit du immer ’ne saubere Nase behältst.«

An dem Abend, als ich schon zu Bett gegangen war, kam er in mein Zimmer, und ich war glücklich.

Er war ein eigenartiger Liebhaber. Er sagte mir nichts Persönliches. Er vermied alle Zärtlichkeit. Doch als ich am Morgen aufwachte, hatte er seine Arme um mich geschlungen. Seine Wangen waren bleich und ein wenig eingefallen. Als ich ihn küßte, fuhr er zusammen, dann öffnete er langsam die Augen.

»Bist du das, Prachtstück?« fragte er sanft. »Mein Gott, ist das schön, aufzuwachen und Tapete an den Wänden zu sehen. Zwei Jahre lang hab ich auf Eisenstangen und Kalk geblickt.«

8

Die nächste Woche über war das Grüppchen sehr beschäftigt. Ich war so hingerissen von Otto, daß ich gar nicht mitbekam, was vorging. Nachts ließ Otto mich spüren, daß er mich liebte. Doch tagsüber tat er, als kenne er mich kaum, und vermied es, seine Zuneigung zu zeigen, und jedes persönliche Wort. Von den Geschäften der Bande erzählte er nichts. Und auch kein anderer tat das. Sie kamen und gingen mit Koffern und Handtaschen. Dann und wann erschien ein Mann, der, wie ich später erfuhr, ein Hehler war, und sie feilschten um den Preis von Waren, die sie ihm am Ende verkauften. Ich habe nicht groß auf die Preise geachtet. Ich weiß noch, einmal hatten sie ein wunderschönes Samtkleid mit Spitzen, das mit fünfundachtzig Dollar ausgezeichnet war, und sie ließen es ihm für fünfundzwanzig. Der Hehler beharrte immer wieder, daß er ja auch seinen Profit machen müsse und ihnen nicht mehr dafür geben könne. Soweit ich sah, verlangten sie jeweils ein Drittel des angegebenen Preises, doch gab ihnen der Käufer oft weitaus weniger dafür.

Nachdem sie eine Woche lang in Chicago ihren Geschäften nachgegangen waren, verkündeten sie, wir würden mit Jimmie und Jake, die beide eigene Wagen besaßen, auf Reisen gehen.

Am nächsten Morgen verließen wir Chicago per Automobil, Anna und Jake im einen, Lucille, Jimmie, Otto und ich im anderen Wagen. Wir hielten in Bloomington und Springfield, in beiden Städten stahlen sie Waren aus den Geschäften. In Springfield besorgte Otto mir eine schöne Handtasche, die mit $ 50 ausgezeichnet war. Es schien so einfach zu sein! Sie gingen einfach weg, und später kamen sie mit Sachen zurück. Ich selbst wollte kein Dieb werden, aber ich erfuhr doch gerne, wie es gemacht wird.

Als wir nach St. Louis kamen, mieteten wir uns im Hotel Statler ein und ließen uns alle Zimmer auf derselben Etage geben. Der folgende Tag war ein Samstag, und von elf Uhr an waren alle in den Läden unterwegs. Ich blieb im Hotel. Gegen drei kam Lucille mit drei Kleidern über dem Arm herein und sagte, Anna sei eben im Famous Barr Store »gekäscht« worden, und sie müsse sich ans Telefon klemmen, um sie wieder freizubekommen.

Wir gingen zu einem Drugstore, wo sie eine Nummer wählte und sich einen Mr. Miller geben ließ, dem sie erzählte, daß Anna in Schwierigkeiten sei; er solle etwas unternehmen, und seine Moneten lägen bereit, sobald Anna wieder auf freiem Fuß sei.

Wir gingen zurück zum Hotel, wo wir die anderen vorfanden. Als Lucille ihnen erzählte, was vorgefallen war, schien das niemanden zu beunruhigen. Sie machten weiter, als sei nichts geschehen, und sagten, daß es niemand helfen würde, im Zimmer herumzuhocken, und ebenso könnten sie in der Zwischenzeit draußen ein wenig Geld verdienen. Ich fragte Otto, ob ich ihn begleiten könne. Zunächst lehnte er ab, doch ich klagte, daß ich nicht nur im Hotelzimmer sitzen wolle, und beteuerte, daß ich mich nicht einmischen würde und einfach nur dabei sein wolle.

»Gut, du kannst mit in die Läden kommen«, sagte er, »aber halte dich immer abseits von mir, ganz gleich was du siehst und was geschieht.«

Er ließ mich bei Stix, Baer, Fuller's, und ich kaufte ein

paar Ansichtskarten an der Ecke und ging hinüber zum Postamt, um sie aufzugeben. Als ich wieder hinaustrat und die Straße überquerte, sah ich, wie er aus dem Laden kam und in Richtung Hotel davonging. Er sah mich nicht, und ebensowenig sah er die zwei Männer, die ihm aus dem Laden und auf der Straße folgten. Ich fing an zu laufen, um ihn noch zu erreichen und ihn zu warnen, doch dann fiel mir wieder ein, was er mir eingeschärft hatte, und ich sagte nichts, obwohl wir mit einem halben Meter Abstand das Hotel betraten.

Otto sprang in den Aufzug, der eben aus dem Erdgeschoß abfuhr. Die beiden Verfolger blieben stehen und sprachen mit dem Hoteldetektiv, und ich machte mir diese Verzögerung zunutze, griff zum Haustelefon und rief in Lucilles Zimmer an. Jimmie nahm ab.

»Zwei Männer sind im Hotel, die sind hinter Otto her«, sagte ich und legte dann sofort wieder auf. Als die Beamten unser Zimmer durchsuchten, fanden sie nichts außer den zwanzig Dollar, die Jimmie ihnen gab.

Draußen vor dem Hotel traf ich alle wieder bis auf Otto, der sich, nachdem er noch mit Lucille einen Treffpunkt in Indianapolis ausgemacht hatte, in aller Eile verabschiedet hatte, und wir fuhren gemeinsam zum Jefferson Hotel, wo wir uns mit Miller treffen sollten, der für uns »etwas arrangiert« hatte. Es war schon nach sieben, als er mit Anna vorfuhr. Lucille, Anna und Miller gingen ins Restaurant, um die finanzielle Seite von Annas Freilassung zu regeln, die Jungs und ich warteten im Wagen. An jenem Abend fuhren wir nach Indianapolis weiter, wo wir am frühen Morgen anlangten und feststellten, daß Otto sich bereits unter dem verabredeten Namen im Claypool-Hotel eingemietet hatte.

Während wir durch die Dunkelheit von St. Louis nach Indianapolis fuhren, ging mir durch den Kopf, daß ich in einer Falle saß. Es war eine aufregende Falle, es war immer etwas los, und ich hatte einen Liebhaber, der mich reizte. Aber mir wurde klar, daß ich nicht gern zu einer Gaunerbande gehören wollte. Irgend etwas in meinem Inneren wehrte sich dagegen.

Als wir uns an der Rezeption eintrugen, sah ich, daß Otto mich schon als seine Frau eingeschrieben hatte. Er schlief, als ich auf unser Zimmer kam. Ich weckte ihn, und er sagte: »Oh, hallo, komm und leg dich hin«, und dann drehte er sich auf die andere Seite und schlief weiter. Ich wollte mit ihm reden. Ich war enttäuscht und wütend und schüttelte ihn und sagte: »Otto, freust du dich denn gar nicht, daß ich da bin?«

»Klar freu ich mich, aber ich wäre froh, wenn du jetzt auch schlafen gingest.«

Ich betrachtete ihn, wie er schlief. Sein Gesicht war fahler denn je, und es wirkte angespannt und sorgenvoll. Als ich ihn so betrachtete, dachte ich bei mir, daß ich ihm nicht sehr wichtig bin. Ich überlegte, ob er mir wohl viel bedeute oder ob es nur das Neue daran war, mit einem Dieb zusammenzuleben, was mich faszinierte. Als ich mich neben ihm schlafen legte, war ich fest entschlossen, ihn entweder dazu zu bringen, ein neues Leben anzufangen, oder von ihm fortzugehen. Doch bevor es Morgen wurde, wandte er sich im Schlaf zu mir um, und als ich ihn in die Arme nahm, da wollte ich nichts anderes auf der Welt, als ihn vor Gefahr zu schützen.

»Otto, meinst du, es ist richtig, noch lange so weiterzumachen?« fragte ich ihn am nächsten Morgen am rosigschimmernden Frühstückstisch des Hotels.

»Was hast du denn?« fragte er mich. »Wir kommen doch prima zurecht, oder? Hast du nicht alles, was du brauchst? Was willst du denn noch? Wenn ich's dir nicht stehlen kann, dann kaufe ich's dir.«

»Ich mag deine Art zu leben nicht«, wandte ich ein. »Ich

mag es nicht, immer nur um Haaresbreite davonzukommen.«

»Weißt du, Kleines, wenn ich für den Rest meines Lebens um Haaresbreite davonkomme, dann will ich zufrieden sein«, antwortete er grimmig. »Um Haaresbreite davonkommen, das macht mir nichts. Nur das Geschnapptwerden, das macht mir was aus.«

Aber die Liebe zu ihm war plötzlich so stark, daß ich nicht nachgeben konnte.

»Liebling, warum suchst du dir denn nicht eine Arbeit, und dann können wir beide uns irgendwo niederlassen.«

Doch er blickte mich so teilnahmslos an, als ob ich ihm gar nichts bedeutete.

»Was hast du denn in letzter Zeit so gelesen ... *Frau und Familie?*« fragte er verächtlich.

Die nächsten Tage in Indianapolis verliefen genauso wie die vorangegangenen. Doch nachdem Otto mich so hatte abblitzen lassen, konnte ich nicht mehr sagen, daß er es aufgeben solle. Ich saß in den Hotelzimmern herum und machte mir Sorgen, daß meinem Mann etwas zustoßen könnte. Von Indianapolis fuhren wir nach Pittsburgh und von dort nach New York. Und hier fiel mir zum ersten Mal auf, daß sie vor mir weniger über ihre Geschäfte sprachen als sonst. Eines Morgens, als wir aufbrachen, überraschte Otto mich damit, daß er mir einen Pelzmantel zuwarf und sagte: »Schau mal, ob du da reinpaßt.« Es war mein erster Pelz, und ich war überglücklich, bis mir einfiel, daß es irgendwo eine Frau gab, die nun keinen mehr hatte. Als ich ihn umarmte, machte er ein gelangweiltes Gesicht.

»Laß das«, sagte er schroff. »Wohl schon wieder im Kino gewesen?«

Sechs Monate lang zog ich mit der Bande umher. Wir fuhren von Küste zu Küste, und allmählich wurde es langweilig. Alle paar Wochen gab Otto mir Geld, das ich Mutter und Ena schicken konnte. Aber ich konnte ihnen nicht schreiben, woher ich das Geld hatte, und das machte mich unglücklich. Niemals zuvor hatte ich vor meiner Mutter etwas verheimlichen müssen. Und doch habe ich in dieser Zeit mit der Bande viel gelernt. Ich hatte das Leben der Kriminellen bis in alle Einzelheiten kennenlernen wollen, und nun kannte ich es. Die Bücher, die ich gelesen und die Professoren, mit denen ich gesprochen hatte, stellten es dar, als seien die berufsmäßigen Kriminellen vollkommen anders als andere Menschen. Sie machten uns glauben, Ganoven sähen anders aus, kleideten sich anders und hätten eine eigene Sprache, doch meine eigenen Erfahrungen bestätigen dies nicht.

Als Lucille mich das erste Mal ihren Freunden und später vielen Freunden von Freunden vorstellte, die in ihrem Geschäft arbeiteten, fand ich das aufregend und nahm mir vor, so viel über diese Gruppe herauszufinden, wie ich nur konnte. Zunächst einmal war ich verblüfft. Sie sahen aus und sie kleideten sich wie anständige Männer und Frauen.

Die Anfänger unter den berufsmäßigen Dieben haben einen Hang zum Grellen und Auffälligen. Die Frauen tragen gern theatralisch wirkende Kleider und das eine oder andere Schmuckstück, das sie gestohlen haben. Die Amateurinnen darunter machen sich zurecht und malen sich an wie Animiermädchen, doch sie machen bald die oft schmerzliche Erfahrung, daß so etwas nicht nur von schlechtem Geschmack zeugt, sondern auch ausgesprochen unvernünftig ist.

Wenn ein Dieb, ob Mann oder Frau, über längere Zeit erfolgreich arbeiten will, muß er in jeder Beziehung unauffällig sein. Instinktiv wissen sie, daß schreiende Kleidung nur in den Halbweltvierteln angebracht ist. Doch innerhalb der Bande wird es nicht einmal gern gesehen, wenn eine Frau etwas Auffälliges überhaupt auch nur besitzt.

9

Die Wochen vergingen, und die Disziplin der Bande, die ständige und absolute Geheimhaltung erforderte, wurde mir immer langweiliger. Ich war zu dem Schluß gekommen, daß es aussichtslos war, Otto zur Aufgabe seines Gangsterlebens zu bewegen, und auch wenn ich ihn liebte, wußte ich doch, daß seine Lebensweise mich auf Dauer nicht zufriedenstellen konnte. Nicht nur, daß ich nichts für Verbrechen und das unsichere, ziellose Leben des Kriminellen übrighatte, ich wußte auch, daß ich niemals die lässige, unpersönliche Einstellung würde teilen können, die alle in der Bande zu ihrem Liebesleben hatten. Allesamt schienen sie Abstand von jeder intensiven Beziehung und zum Leben selbst zu halten. Ich wußte, daß sie miteinander schliefen, aber ich hatte stets den Eindruck, daß die Beziehungen, die sie miteinander hatten, Nebensächlichkeiten blieben.

Nach einer Weile begann ich zu begreifen, daß sie wahrscheinlich alle wie Otto waren. Otto redete nicht über Sex. Tagsüber ging er nüchtern mit mir um, so als wüßte er gar nicht, daß ich die Nacht über in seinen Armen gelegen hatte. Wenn er über Frauen sprach, dann immer über ihre Geschicklichkeit als Diebinnen oder sonst etwas, was mit ihren Fähigkeiten und ihrem Verstand zu tun hatte. Ich stellte fest, daß ich nicht anders konnte, als diese Einstellung zu mir zu verachten. Wir verbrachten wunderbare Nächte miteinander, und ich brachte es einfach nicht fertig, sie in dem Augenblick, in dem wir das Bett verließen, zu vergessen. Er konnte das und tat es, und wenn ich darauf zu sprechen kam, schnitt er mir das Wort ab und redete über etwas anderes. Nachts liebte er mich, als sei ich ein Mittel, vor etwas zu fliehen, ein Mittel, das ihn vergessen ließ. Doch er wollte nicht darüber sprechen. Von der Liebe zu reden schien ihn und die anderen zu langweilen. Nachdem ich etliche Monate mit ihnen zusammengelebt hatte, fragte ich mich allmählich, ob sie womöglich Hemmungen hatten. Sie waren stolz auf ihren Mut und ihre abgebrühte Art. Sie fürchteten sich davor, über Dinge zu sprechen, die ihnen nahegingen, aus Angst, sie könnten weich werden.

Nur wenige waren legal verheiratet. Die Regel lautete: »Wenn du nicht ohne Trauschein bei mir bleibst, dann wirst du's auch mit nicht tun.«

Doch daß sie nicht verheiratet waren, hieß nicht, daß sie einander nicht treu waren. Innerhalb ihrer eigenen Gruppe war das Vertrauen der Männer und Frauen zueinander bedingungslos. Kein Mann innerhalb der Gruppe wäre je auf die Idee gekommen, sich der Geliebten eines Freundes sexuell zu nähern. Nur selten leistete ein Mann sich einen Seitensprung, und dann mit einer öffentlichen Prostituierten. Nur ein einziges Mal habe ich von einer Frau gehört, die mit einem Dieb zusammen war, der nicht treu war. Unter den Taschendieben waren die meisten verheiratet und hatten Frauen, denen sie das Geld schickten und die irgendwo ein bürgerliches Leben führten. Etliche hatten Kinder, die nichts davon wußten, in welchem Erwerbszweig ihr Vater tätig war. Umgang hatten sie nur innerhalb ihrer eigenen Kreise. Sie hatten keine Freunde draußen und hatten auch kein Bedürfnis danach. Natürlich hatten sie zahlreiche Bekannte, die von ihrem Beruf wußten – Leute, die getürkte Versteigerungen veranstalteten, die Diebesgut weiterverkauften, Pfandleiher, Anwälte und Ärzte.

Ich hatte mich schon immer gefragt, welche Verbindungen zwischen dem berufsmäßigen Verbrechen und der Politik bestanden. Wie ich feststellte, gab es nur wenige. Ein gewöhnlicher Dieb kümmert sich nicht um Politik. Wenn er in Schwierigkeiten kommt, läßt er es »in Ordnung bringen« und zahlt dafür in bar. Die Verbindungen zwischen Kriminalität und Politik in den Großstädten, wie sie die dortigen Gangster knüpfen, bestehen bei Prostitution, Glücksspiel, Alkohol und auf dem Arbeitsmarkt. Die echten professionellen Verbrecher wissen nicht einmal, wie der Bürgermeister ihrer Stadt heißt, und wollen es auch nicht wissen. Das einzige, was so jemand weiß, ist, daß er ein Bankkonto braucht, wenn er sich an einen Politiker wendet, und daß ein Bankkonto bei Demokraten ebensogut wirkt wie bei Republikanern und daß es selbst im sozialistischen Milwaukee und in Minneapolis, wo die Bauern- und Arbeiterpartei regiert, sein Gutes hat. Selbst bei Reformern wirkt ein Bankkonto Wunder. Die Professionellen haben gelernt, daß, wenn etwas »in Ordnung gebracht« werden muß, niemand fragt: »Wem hast du deine Stimme gegeben?« oder »Wie viele Stimmen kannst du mir verschaffen?«, sondern immer nur: »Hast du's in bar dabei?«

In der Bande, der ich mich angeschlossen hatte, wurde gut gegessen, aber sie waren keine Schlemmer. Als ich bei ihnen war, fiel mir zum ersten Mal auf, wie wenig ich über Essen wußte, über Messer, Gabeln und Löffel. Diese Leute kannten den Unterschied zwischen einem Austernmesser und einer Salatgabel. Ich stellte fest, daß sie gutes Essen und Delikatessen zu schätzen wußten – Avocados, Kaviar, mit Anchovis gefüllte Oliven, Artischocken.

Ich war überrascht zu sehen, wie wenig sie tranken. Ihre Arbeit war gefährlich, und zu ihrer eigenen Sicherheit war es unbedingt erforderlich, daß sie nüchtern blieben und beim »Termin« nicht mit einem Kater aufkreuzten. Ich habe nie jemanden in dieser Gruppe von Ladendieben betrunken gesehen. Sie erzählten mir, daß Bandenmitglieder, die diese Regel vergäßen und in den Kabaretts einen draufmachten, meist nicht lange dabeiblieben.

Andererseits nahmen eine ganze Reihe von den Dieben, mit denen ich zusammen war, und viele professionelle Taschendiebe, Ladendiebe und Trickbetrüger, die ich damals kennenlernte, Drogen. Ich würde schätzen, daß etwa jeder vierte drogenabhängig war. Anna und Jake »rauchten Pfeife« (Opium). Die Pfeife bestand aus einer runden Schale, etwa drei Zoll im Durchmesser, und einem Rohr aus Bambus, achtzehn Zoll lang und einen Zoll dick. Ich habe Opiumpfeifen in vielerlei Ausführungen gesehen, doch diese spezielle »Ausrüstung« bestand aus sechs Schalen und vier Rohren, drei Reiselämpchen, die mit Erdnußöl betrieben wurden, einem Dutzend *yen hoks* (die Häkelnadeln ähnelten, doch feiner und biegsamer waren, und mit denen die Opiumpille bereitet wurde) und drei *yen shee gows,* stählernen Werkzeugen, mit denen die Asche, *yen shee,* aus der Schale gekratzt wurde.

Wenn sie konnten, rauchten Anna und Jake zweimal am Tag. Es gab aber auch welche in der Gruppe, die drei oder vier Pfeifen pro Tag nahmen, und es gab Parties, bei denen auch die, die es nicht regelmäßig nahmen, mitrauchten – die, die es nur gelegentlich zum Vergnügen nahmen, der Geselligkeit und Intimität wegen, die die Pfeife bot.

Jeder kann im Handumdrehen lernen, wie man Kokain oder Heroin schnupft oder Morphium mit einer Injektionsnadel unter die Haut oder in die Vene spritzt, aber man braucht Kenntnisse, Geschick und einige Gerätschaften, um die Opiumpfeife zu präparieren. Die anderen hatten sich bald daran gewöhnt, daß ich dabeisaß, und machten ungeniert vor mir und vor Otto, der ebenfalls abstinent blieb, weiter.

Opiumharz in Barren- oder Kugelform kann man von Händlern kaufen, meist für etwa fünfundfünfzig Dollar pro Pfund. Anna und Jake gaben etwa fünfundachtzig Dollar pro Monat für »Stoff« aus. Das Harz wurde zu Teer verarbeitet, eine gefährliche Prozedur, die in aller Heimlichkeit stattfand. Opium hat einen sehr starken, durchdringenden Geruch, und die erfahrene Nase kann ihn über weite Strekken und lange Zeiträume hinweg feststellen. Es wird im Wasserbad gekocht, bis eine sirupartige Masse entsteht, dann wird es mehrfach durch ein Tuch geseiht. Man gibt ein wenig Glyzerin hinzu, und dieses Gebräu gießt man dann in ein meist milchiges Glasgefäß. Was an Blättern, Zweigen und Stengeln der Pflanzen in dem Tuch zurückbleibt, wirft man fort. Das Opium sieht nun wie Teer aus und heißt auch so.

Zwar wollte ich selbst nichts davon probieren, doch sah ich häufig zu, wie die anderen es nahmen. Mit dem *yen hok* nahmen sie ein Stück so groß wie eine kleine Erbse und hielten es über die Lampenflamme, wo es eine wunderschöne goldbraune Farbe annahm und sich auf das Vierfache seiner Größe ausdehnte. Diese Kugel drückte man dann auf dem Handballen wieder zusammen, bis sie fest war. Dann wurde sie, noch immer am *yen hok,* ein zweites Mal über die Lampe gehalten. Danach drückten sie sie in eine konische Form, die sie als »Pille« bezeichneten. Diese Pille kam auf die kleine Öffnung in der Schale, und dann zog man den *yen hok* heraus. Danach hielt der Raucher das Rohr an den Mund und die Schale der Pfeife über die Lampe, deren Hitze das Opium verdampfte, so daß man es als Rauch inhalieren konnte. Ein paar kurze Züge, und dann präparierte der »Koch« die nächste Pille für jemanden, der sich nicht gut genug auskannte, um seine eigene zu drehen.

Anna und Jake und andere gewohnheitsmäßige Opiumraucher nahmen ihre Pfeife im Liegen, entweder auf dem

Bett oder auf einer Matratze am Fußboden. Bevor es soweit war, verstopften sie sorgfältig sämtliche Schlüssellöcher, dichteten die Türritzen mit Klebeband ab und hängten feuchte Laken über Türen und Fenster.

Das eigentliche Rauchen war sehr kompliziert und ging sehr schnell, nur etwa zehn Sekunden, um eine Pille zu rauchen. Anna, die ich oft dabei beobachtete, nahm das Rohr zwischen die Lippen und inhalierte hastig. Sie nahm sechs oder acht kurze, tiefe Züge und dann, wenn sich ihre Lungen füllten, einen letzten, langen Zug, um auch den letzten Rauch der Pille einzuatmen.

Für den Gewohnheitsraucher geht es darum, ein Gefühl der Zufriedenheit zu erlangen, das er braucht. Im Grunde raucht er weniger zu seinem Vergnügen, als um Schmerz und Verstörung zu vermeiden, unter denen er leidet, wenn das Opium ihm entzogen wird. Anna gehörte zu diesen, und nur Opium konnte ihre Sucht befriedigen. Wie sie es formulierte:

»Ich rauche es mir von der Seele, wenn ich zu Bett gehe, und ich rauche es mir von der Seele, wenn ich aufstehe.«

Es sich von der Seele zu rauchen bedeutete soviel Opium zu nehmen, daß sie gegen Schmerz und Furcht gefeit war.

Bei denen, die die Pfeife nur dann und wann zu ihrem Vergnügen nehmen, ist die Reaktion eine ganz andere. Ich sah einer Reihe von Frauen zu, die sich das Rauchen eben erst angewöhnten. Nach der ersten Pille waren sie zunächst fröhlich und fühlten sich wohl. Sie wurden redselig. Diese Gefühle wurden immer stärker bis zur vierten Pille, und dann wurden die Frauen müde und schliefen rasch ein. Selbst nach acht Stunden Schlaf hielt die gute Laune noch an. Soweit ich erfuhr, hatten weder die Abhängigen noch die Gelegenheitsraucher phantastische Träume, sie litten nicht unter Größenwahn und wurden auch nicht dreist oder mutig davon.

Die sexuellen Aktivitäten eines Opiumrauchers nehmen ab. Es besteht kein Verlangen, und die Fähigkeiten sind sehr geschwächt. Anna gestand mir ein, daß der wenige Sex, den sie hatte, ihr nicht viel bedeutete und daß das bei allen, die regelmäßig rauchten, so sei. Beim Gelegenheitsraucher hingegen wird das Verlangen deutlich gesteigert, auch wenn das Rauchen den sexuellen Höhepunkt stark verzögert.

Lucille und Jimmie nahmen »weißen Stoff«, Heroin und Morphium, die Alkaloide des Opiums. »Weißen Stoff« gab es in kleinen Tabletten, Würfeln oder in Pulverform. In New York kostete die Unze zwanzig Dollar, und sie bekamen es in Päckchen zu zehn Unzen mit der Post geschickt. Keiner hatte jemals mehr als eine Unze davon bei sich. Den Rest bewahrten sie in einem Schließfach in einer Chicagoer Bank auf, und wenn sie nicht in der Stadt waren, arrangierten sie es so, daß ein Freund ihnen davon schickte. Lucille und Jimmie hatten immer einen kleinen Vorrat an Heroin in ihre Kleider genäht, auf den sie im Notfall, etwa wenn sie ins Gefängnis kamen, zurückgreifen konnten. Heroin war einfacher im Gebrauch als Morphium, denn es ließ sich inhalieren.

Lucille erzählte mir, daß das »Koksen« sie mindestens fünfunddreißig Dollar im Monat koste. Wenn ihre New Yorker Quelle aus irgendwelchen Gründen nicht liefern konnte, mußten sie bei einem Händler in Chicago fünfunddreißig statt zwanzig Dollar zahlen.

Damals wußte ich noch nicht, was ich heute weiß, nämlich, daß nur die wenigsten weiblichen Hobos Drogen nehmen, ganz gleich in welcher Form. Die, die mir begegnet sind, machen noch nicht einmal ein Prozent aus. Zunächst einmal sind Frauen auf der Straße stets pleite, und Stoff kostet Geld. Das gilt auch für die Frauen, die einen Großteil ihrer Zeit im Obdachlosenasyl verbringen. Die einzigen Schwestern der Straße, die sich so etwas leisten, sind die kriminellen, die erst in zweiter Linie Hobos sind. Gauner und Prostituierte, die bisweilen als Hobos unterwegs sind, nehmen manchmal Drogen. Im Süden ist es wesentlich weiter verbreitet als im Norden. Die Spezialität dort unten sind Zigaretten mit Marihuana.

Die Marihuana-Raucher nennen es *muggles*. Genaugenommen ist es eine Abart des Haschisch, der ein wenig anders ist, wenn er auf amerikanischem Boden wächst. Es kam aus Mexiko zu uns. New Orleans und alle Städte im Süden sind voll davon. In New Orleans wird es in den Hinterhöfen der Altstadt angebaut. Auch in jeder Großstadt des Nordens findet man es. Südlich von Chicago gibt es ein ganzes Feld, wo es wild wächst und von Mexikanern und verschiedenen kleinen Zwischenhändlern geerntet wird.

Marihuana ist beliebt, weil es ohne Schwierigkeiten präpariert werden kann und enorme Wirkung zu sehr kleinem Preis hat. Die Blüten und Blätter werden gesammelt, getrocknet und zu Zigaretten gerollt, die ein wenig dünner sind als die üblichen maschinell hergestellten Zigaretten, die Enden werden zusammengedreht, damit nichts herausfällt. In fast jeder Großstadt kann man sie schon für fünfundzwanzig Cents das Stück bekommen. In New Orleans sogar zwei dafür. Wenn man es richtig macht, kann eine einzige Zigarette drei Personen für eine ganze Nacht »high« machen.

Otto war der einzige unserer Diebesbande, der Erfahrungen mit Marihuana hatte. Er sagte, er habe es aufgegeben, weil er es sich nicht habe angewöhnen wollen. In der Zeit, die ich mit ihm zusammen war, kaufte er nur zweimal etwas davon, einmal in Philadelphia, wo er einfach in einen Billardsalon ging und sich eine Zigarette an der Theke geben ließ, und das andere Mal auf einer Party in der Dumaine Street unten in New Orleans.

Auf einer unserer Reisen waren wir von Savannah hinunter nach New Orleans gefahren, und die Bande hatte dort drei Tage lang gearbeitet und gut verdient. Otto war mit knapper Not davongekommen, am letzten Tag hatten sie ihn geschnappt, und er hatte zweihundert Dollar zahlen müssen, daß sie ihn wieder laufen ließen. Es war Sommer und fürchterlich heiß. Es war ein schwüler Abend, und wir wanderten durch die engen Gassen des französischen Viertels. Plötzlich sagte er, ihm sei nach einem »Glimmstengel«, und nachdem er sich kurz bei den Jungs, die in Tony Vaccaros Saloon herumhingen, erkundigt hatte, erwarben wir in einem kleinen Holzkohleladen in der Saint Ann Street ein halbes Dutzend Zigaretten. Otto wartete nicht einmal, bis wir wieder im Hotel waren. Er steckte sich gleich im Laden eine an und spazierte damit hinaus. Nachdem er ein paarmal kurz gezogen hatte, reichte er sie mir.

»Versuch's mal, Kleines«, sagte er, und seine Laune besserte sich bereits, »das vertreibt die trübe Stimmung. Aber nichts verschwenden. Zieh den Rauch in kurzen Zügen ein, laß ihn eine Minute lang in deiner Lunge, und dann atme ihn sehr langsam wieder aus. Gut so ... das ist genug für den Anfang. Na, sieht nicht gleich alles viel rosiger aus?«

Anfangs spürte ich kaum etwas. Die Zigarette schmeckte süßlich. Der stechende, widerwärtige Geruch drehte mir fast den Magen um. Doch nach dem zweiten Zug fühlte ich mich glücklich und unbeschwert. Woraufhin Otto die Zigarette sorgfältig auf seiner Handfläche ausdrückte und sie in die Tasche steckte.

»Bei sowas heben wir die Stummel auf, Kleines«, erklärte er jovial. »Das ist gut bis zum letzten Krümel. Hier, und jetzt nimm eine normale Zigarette. Dadurch hält die Wirkung der anderen länger an.«

Wir gingen hinunter zum alten Markt des französischen Viertels, und alles auf der Straße wurde plötzlich viel lebendiger. Die Farben waren kräftiger. Dinge und Leute wirkten größer. Die Straßenlampen schienen heller, und am Rande des Lichtkegels verschwammen sie in Rot und Grün. Wir waren beide quietschvergnügt. Alles, was Otto sagte, war bedeutungsvoll. Wir fanden die Leute komisch.

Mein letztes Erlebnis mit meinen kriminellen Freunden trug sich auf unserer zweiten Fahrt nach Boston zu. Ich machte einen Schaufensterbummel, wobei ich Filene's mied, denn ich wußte, daß sie dort arbeiteten. Es dauerte nur ein paar Minuten, bis sich mir zwei Polizeibeamte in Zivil in den Weg stellten und mir sagten, ich sei mit verdächtigen Gestalten gesehen worden. Sie wollten die Namen wissen. Ich stritt ab, diese Gestalten zu kennen. Dann fragten sie nach mir. Blödsinnigerweise antwortete ich, was ich immer in solchen Fällen antwortete, nämlich die Wahrheit, daß ich ein Hobo sei, der einfach durchs Land reise, und daß ich eben erst angekommen sei. Sie sahen mich an und lachten und nahmen mich mit zur Polizeiwache in der Lagrange Street. »Schau dir den Hobo an, den wir gerade geschnappt haben«, sagten sie zum Sergeanten, und auch er lachte, als er mich in meinem Kleid sah.

Sie nahmen mir meine Handtasche fort und fanden fast hundert Dollar darin, außerdem den Schlüssel zum Hotelzimmer. Ich bekam es mit der Angst zu tun. Lucille und Otto hatten mich oft gewarnt, niemals einen Schlüssel mitzunehmen. Es wurden Fotos von mir gemacht und Fingerabdrücke genommen, und dann kam ich in eine Zelle.

Sergeant Lake rief im Hotel an und fragte, wer in diesem Zimmer wohne. Zum Glück wurde der Anruf von einem Hotelangestellten angenommen, der mit der Bande befreundet war. Er mußte die Auskunft natürlich erteilen, doch er erkannte, daß es sich um einen polizeilichen Anruf handelte, und warnte Otto, der sich davonmachte, bevor das Kommando eintraf. Sie fanden nichts in dem Zimmer außer meiner Reisetasche.

Später wollten sie wissen, wer dieser Mr. Smith sei, der sich als mein Ehemann eingeschrieben habe. Ich sagte ihnen, das wisse ich nicht. Ich verbrachte die ganze Nacht im Gefängnis, doch schickte Otto seinen Anwalt, der mir sagte, ich solle mir keine Sorgen machen, ich würde auf freien Fuß gesetzt und solle gegen Mittag des folgenden Tages im Essex-Hotel auf Otto warten. Die Verhandlung war kurz. Ich erklärte mich bei allem, was sie gegen mich vorbrachten, für nicht schuldig, und als der Richter feststellte, daß ich bisher nicht aktenkundig war, legte er mir nahe, die Stadt zu verlassen. Sie gaben mir meine Handtasche zurück, doch hatte jemand siebzig Dollar herausgenommen.

Ich hatte schon gespürt, daß ich mich in die Nesseln gesetzt hatte. Aber als ich Ottos Gesicht sah, wußte ich es.

»Na, Prachtstück, da hast du's ja endlich geschafft, dich hinter Gitter zu bringen, und um ein Haar hättest du uns alle mitgeschleppt«, sagte er. »Wir haben über dich gesprochen, Bertha, und wir finden, daß du zu gut für uns bist. Deine Kleider sind gepackt, und hier ist ein Hundertdollarschein. Ich fürchte, dieses Stadtleben ist einfach nichts für dich, Kleines. Geh zurück zu deinem Güterwagen. Und wenn du vernünftig bist, wirst du immer dableiben!« Er sagte nicht ein einziges Abschiedswort zu mir.

Aber ich kannte Otto ja inzwischen, und ich wußte, daß er bei Tage niemals seine Gefühle zeigen würde. Mir war ziemlich elend zumute, aber ich zwang mich, es mir ebenfalls nicht anmerken zu lassen. Und mein ganzes bisheriges Leben hatte mich gelehrt, einen plötzlichen und unerwarteten Abschied leicht zu nehmen.

Ich nahm den Zug nach Providence und das Nachtboot nach New York. Nach außen hin war ich ruhig. Doch mein Herz sehnte sich nach Otto, und ich wußte, daß ich ihn begehrte wie niemals etwas zuvor.

10

Einige Monate zuvor hatte ich von einem Besucher in der Home Colony erfahren, daß mein Vater, Walker C. Smith, noch immer in New York war, wo er einen kleinen radikalen Buchladen betrieb, und hatte mir seine Adresse schicken lassen. Plötzlich brauchte ich etwas, das zu mir gehörte. Ich hatte ihn noch nie gesehen. Eines Morgens klingelte ich an der bescheidenen Kellerwohnung in der 113. Straße, die ihm sowohl als Heim wie auch als Laden diente. Ein kleiner Mann mittleren Alters, ein wenig verlegen, doch mit brennenden Augen, die unter buschigen Brauen hervorsahen, öffnete mir. Er fragte mich nicht, was ich wollte.

»Kommen Sie doch herein«, sagte er freundlich.

Ich folgte ihm ohne ein Wort, und als ich das Zimmer betrat, aus dem er gekommen war, hielt ich kurz ein, um es zu betrachten. Alles in diesem Zimmer war schmutzig und durcheinander. Stapel von alten Zeitungen reichten vom Fußboden bis fast zur Decke. Bilder von Ingersoll, Walt Whitman, Charles Darwin, Heckel, Tolstoi, Proudhon und Voltaire hingen an den Wänden. In einem Regal lagen mit Preisschildern versehene Pamphlete, zehn, fünfundzwanzig und fünfzig Cents. Als er sah, daß ich die Bücher betrachtete, ging er ohne ein weiteres Wort zurück zu seinem Schreibtisch. Am Ende ging ich hinüber und legte ihm die Hand auf die Schulter.

»Mr. Smith«, sagte ich, »sehe ich jemandem ähnlich, den Sie kennen?«

Er blinzelte mich mit einem Auge an und schrieb zuerst seinen Satz zu Ende.

»Sie haben etwas Bekanntes«, sagte er, »und Sie sind sympathisch. Aber ich weiß nicht, woher ich Sie kenne. Sind Sie vielleicht bei einem meiner Abendessen gewesen?« (Er war der Sekretär des »Rising Sun«, eines berühmten Debattierclubs, der sich zu Abendessen traf.)

Ich setzte mich auf die Schreibtischkante. Da ließ er die Feder sinken.

»Weißt du wirklich nicht, wer ich bin?« fragte ich. »Ich bin deine Tochter. Hat es dir denn nie etwas bedeutet, eine Tochter zu haben? Warum hast du nicht versucht, mit mir Kontakt aufzunehmen?«

Als er aufblickte, sprach aus seinen Zügen ein gewisses Interesse, doch keine Überraschung, auch keine sonderliche Begeisterung und mit Sicherheit nichts, was auch nur im mindesten einem Schuldgefühl geähnelt hätte.

»Du heißt Bertha, nicht wahr?« fragte er.

Ich war von seiner beiläufigen Art enttäuscht und antwortete ihm knapp.

»Ja. Boxcar Bertha.«

»Güterwagen-Bertha. Wie bist du denn zu einem solchen Namen gekommen?«

»Mutter sagt, als ich klein war, habe sie mich, wenn ich nirgendwo sonst zu sehen war, immer in einem Güterwagen finden können. Die Kinder nannten mich ›Boxcar Bertha‹, und dabei ist es geblieben. Selbst in Seattle hieß ich in der Schule nicht ›Bertha‹, sondern ›Boxie‹.«

Ich hielt inne und versuchte den Schleier seines Gesichtes zu durchdringen, um zu erkennen, welche Gedanken und Gefühle dahinter verborgen lagen, doch soweit ich sehen konnte, empfand er nichts, was er nicht bei jeder anderen fremden jungen Frau, die gekommen wäre und sich auf seinen Schreibtisch gesetzt hätte, auch empfunden hätte. Das ärgerte mich, und ich begann ihn zu tadeln.

»Warum hast du Mutter niemals geschrieben?« fragte ich. »Warum hast du niemals versucht, uns zu finden?«

»Ich war zu sehr mit den Kindern anderer beschäftigt«, sagte er. »Du brauchtest mich nicht. Die anderen schon. Deine Mutter konnte Vater und Mutter für dich sein. Viele Frauen sind nicht einmal in der Lage, auch nur Mutter zu sein. Deine Mutter und ich wollten gern zusammen ein Kind haben. Wir bekamen eins. Mehr war nicht daran. Ich wollte weiterziehen, also ging ich.«

»Aber glaubst du denn nicht, daß ich einen Vater ebensosehr brauche wie eine Mutter?« wandte ich ein.

Er lachte freundlich.

»Alle Männer sind deine Väter und deine Brüder«, sagte er, »und alle Kinder werden deine Söhne und Töchter sein.«

Er sagte mir, ich dürfe gern für eine Weile bei ihm bleiben, und ich zog noch am selben Tag ein und bekam ein Feldbett in einem stickigen Raum voller Bücher und Papiere. Er stellte mir keine Fragen. Zwei weitere Männer lebten in der Wohnung. Einer war Morton Fleming, ein Mann von fünfzig Jahren, der für ein Buch über die Geschichte und Anwendung von Gewalt als ein Mittel zur Lösung sozialer Probleme recherchierte. Der andere war ein Engländer namens Burton, an die siebzig, und soweit ich sah, tat er nichts anderes als lesen. Er war ein Freidenker und war mit Annie Besant und Bradlough in der englischen Arbeiterbewegung gewesen. Mein Vater und die beiden waren bibliophile Junggesellen. Sie lebten für die Bücher und mit ihnen.

Ich blieb nur zwei Wochen dort, und ich hatte nicht geglaubt, daß es eine solch düstere, intellektuelle, rechtschaffene, gedankenschwere, unsinnliche Atmosphäre irgendwo geben könne. Sie führten ein einfaches und karges Leben, zu dritt mit hundert Dollar den Monat. Nichts war leichtfertig oder gemein in dieser Wohnung. Niemand verschwendete je ein Wort. Es wurde weder geraucht noch getrunken, es gab kein Grammophon, keine Musik.

Jeden Sonntagmorgen, punkt acht Uhr, erschien eine Frau namens Emma Wayne, die mit ihnen frühstückte. Es war eine dünne, verlebte Blondine von vierzig mit hellblauen Augen hinter dicken Brillengläsern und wunderschönen, stets ruhigen Händen. Sie entwarf Kleider für ein Modehaus.

»Du bist also Bertha«, begrüßte sie mich, als wir uns vorgestellt wurden. »Ich frühstücke schon seit fast zwanzig Jahren Sonntag morgens mit deinem Vater.«

Sie nahm meine Ankunft mit der selben Selbstverständlichkeit hin wie mein Vater. Beide waren freundlich, doch keiner schien sich wirklich für mich als Person zu interessieren. Emma war seine Geliebte, und als ich sie danach fragte, antwortete sie nur mit »Ja, natürlich«. Ohne Scham fügte sie hinzu, daß sie die letzten zehn Jahre über auch mit Morton geschlafen habe.

Mein Vater und seine Freunde waren Träumer. Sie glaubten, sie könnten Bücher schreiben, mit denen sich alle Übel dieser Welt beheben ließen. Sie ließen sich durch nichts beirren. Sex war für sie offenbar eine rein körperliche Angelegenheit. Weder Vater noch Morton schien auf Emma irgendwelche Besitzansprüche zu erheben, und sie kannten keine Eifersucht. Für beide war sie eine Kameradin, und beiden befriedigte sie entscheidende Bedürfnisse. Keinem schien es auch nur das geringste auszumachen, sie mit dem anderen zu teilen. Und auch Emma schien nichts dabei zu finden, so mit beiden zusammenzuleben.

Ich fand es allerdings recht seltsam. Sosehr ich auch an die Freiheit glaubte und sosehr ich sie selbst praktizierte, sosehr stieß mich doch etwas an dem Extrem ab, zu dem diese drei diesen Gedanken getrieben hatten, und deshalb fühlte ich mich hier fehl am Platz, fühlte mich als Eindringling.

Einmal fragte ich meinen Vater, ob er noch andere Kinder habe, und er sagte, er habe noch ein weiteres, doch habe er völlig den Kontakt zu ihm verloren – er wisse nicht, wo es oder seine Mutter seien.

»Und wie rechtfertigst du das?« explodierte ich. »Wie rechtfertigen du und die anderen ›freien‹ Männer es, daß ihr Kinder habt und euch dann davonmacht und sie sitzenlaßt? Deine Erklärung, daß du keine Zeit hättest und wichtigere Dinge zu tun hättest, und deine Jesusworte – Welcher mein Bruder ist und welches sind meine Kinder –, damit gebe ich mich nicht zufrieden. Wenn ich nun keine so wunderbare Mutter gehabt hätte, die mich versorgte? Man hätte mich vielleicht mit Tausenden anderer hilfloser Kinder in ein Waisenhaus gesteckt. Gibt es in deinem Glauben denn keine Verantwortung und keine Familienloyalität? Wie ist das mit Emma? Sie ist euch Männern zwanzig Jahre lang zu Diensten gewesen und muß jeden Tag hart für ihren Lebensunterhalt arbeiten. Und nun ist sie einfach verbraucht?«

»Kinder zu zeugen und zu ernähren ist niemals meine Lebensaufgabe gewesen«, antwortete er ruhig. »Ich habe nie das Bedürfnis nach so etwas verspürt. Ich bin nicht zum Vater geboren, und mir macht es keine Freude, eine Familie zu ernähren. Bernard Shaw sagt: ›Ein Ehemann tut alles für seine Familie.‹ Das klingt gut, aber es bedeutet nichts. Es gibt Väter, und es gibt Erzieher. Ich bin ein Erzieher. Nach der Lehre Maeders gibt es zwei verschiedene Arten von Männern und Frauen. Bei Frauen gibt es den uteralen oder maternalen Typ, das werden die Mütter, und sie wollen Mütter sein, und den klitoralen oder sexuellen Typ, die nach Männern verlangen, vielen Männern. Bei den Männern gibt es ebenfalls zwei Varianten, den orchitischen und den phallischen Typ. Der orchitische Typ entspricht dem uteralen Typ. Ein solcher Mann ist ein guter Vater. Er liebt sein Zuhause, er ist monogam. Der phallische Typ, das sind Männer wie Morton und ich. Wir brauchen Frauen. Ganz gleich welche. Wir wollen keine Ehefrau und keine Familie. Es ist schwer zu sagen, welcher dieser Typen der Welt mehr zu geben hat. Ich habe den Eindruck, daß bisher keiner von uns allzu erfolgreich gewesen ist. Wenn man sich den letzten Krieg ansieht und die Statistiken über Kriminelle, Schwachsinnige, von der Wohlfahrt Abhängige, dann sieht man, daß kein einziger von uns Grund hat, stolz auf das zu sein, was er geleistet hat.«

»Aber was ist denn nun deine Lösung, Vater?« fragte ich. »Was hast du für ein Ziel?«

»Meine liebe Bertha, es gibt keine Lösung für die Probleme des Lebens. Es gibt keine Ziele. Man lebt und liebt einfach nur und macht es so gut oder so schlecht, wie man kann. Ich habe gelebt und habe so viele Frauen gehabt, wie ich wollte. Ich habe mich für meine Prinzipien eingesetzt und dafür gekämpft. Wenn es erforderlich war, habe ich gehungert oder bin ins Gefängnis gegangen. Ich habe mir nichts versagt, was ich wollte. Ich stelle fest, daß ich, je älter ich werde, desto weniger will. Ich habe festgestellt, daß die meisten Dinge, für die ich früher gekämpft habe, es nicht wert waren. Ich habe meine Bedürfnisse reduziert. Wir leben hier ein höchst einfaches und doch komfortables Leben. Es gibt kein Ziel, keinen Himmel, der auf uns wartet. Ich habe mich von vielem zurückgezogen. Wir freuen uns einfach über jeden Tag, wir machen das Beste aus jeder Erfahrung. Es gibt keine Gewißheiten, keine ewigen Wahrheiten, keinen Lohn. Früher hat es mir Freude bereitet, zu kämpfen und zu agitieren und ins Gefängnis zu gehen. Heute bedeutet es mir mehr, ein einfaches Leben mit meinen Freunden zu führen.

Ich habe mein ganzes Leben lang gearbeitet, studiert und geschrieben. Vorträge zu halten habe ich vor zehn Jahren aufgegeben. Ich glaube nicht mehr an das gesprochene Wort. Viele Menschen, die mich gehört haben, waren gerührt von dem, was ich sagte. Ich stellte fest, daß man Leute dazu bringen kann zu hassen oder etwas Dummes zu tun. Die Zuhörer, die Massen, können niemals einen vernünftigen Gedanken fassen. Denken ist etwas Persönliches. Man muß es schweigend und mit Bescheidenheit tun. Man kann mit einer Rede Kriege vom Zaun brechen, Arbeiterunruhen anzetteln, Gewalt und Zerstörung säen und einen Mob dazu bringen, jemanden zu lynchen. Doch noch nie hat eine Rede die Menschen sensibel oder aufrichtig gemacht. Tausende von Predigten und ermahnenden, politischen, radikalen und revolutionären Reden werden jeden Tag gehalten. Keine davon hat je die Menschen verändert.

Ich bezweifle, daß eine Rede, so kraftvoll sie auch sein mag, jemals die Wut einer Volksmasse beruhigt hat oder den Haß einer Gruppe von Südstaatlern gebändigt, die einen Neger lynchen wollen, der der Vergewaltigung angeschuldigt war. Was könnte man einem Mob in Georgia sagen, um ihn davon abzuhalten, einen Unterdrückten zu lynchen? Soll man an ihr Mitleid appellieren und ihnen sagen, der Mann habe zehn Kinder, die auf ihn angewiesen sind? Würde es helfen, an ihren Patriotismus zu appellieren, mit Wendungen wie ›Wenn ihr diesen Mann hier lyncht, bringt ihr euren ganzen Staat in Verruf‹? Oder soll man sagen: ›Wenn ihr diesen Mann umbringt, wird man euch Mörder nennen‹? Würde es helfen, wenn wir zu den Besitzern der Kaufhäuser gingen und sagten: ›Wir haben hier Statistiken, zusammengestellt von der Columbia-Universität und dem Arbeitsministerium in Washington. Sie belegen eindeutig, daß eine Frau, um ein anständiges Leben zu führen und alles Notwendige zu erwerben, mindestens achtzehn Dollar die Woche braucht.‹

Du kannst dir ja vorstellen, was sie antworten würden. Stell dir vor, wir gingen zu den Bergwerksgesellschaften und den Stahlwerken und sagten: ›Meine Herren, die Männer, die für Sie arbeiten, haben Frauen und Kinder. Sie brauchen so-und-soviel pro Woche.‹ Du könntest schluchzen, wenn du das erzählst, und ein Dutzend verhungerter Familien mitgebracht haben, um zu untermauern, was du sagst, und würde es etwas nützen? Bis jetzt hat Gewalt sich noch immer durchgesetzt.

Ich tröste mich mit dem Gedanken, daß sie am Ende ihre Meinung ändern werden, wenn sie lange genug darüber nachgedacht haben, daß es ihre Brüder sind und daß man zusammenarbeiten sollte, doch das ist nur eine Hoffnung. Nur gemeinsame Interessen und die Bildung pflastern den Weg zu einer neuen Gesellschaft.«

Ich stimmte mit so vielem, was mein Vater sagte, überein, und doch ließ er mich mit seiner Denkart und Lebensweise verwirrt und hilflos zurück. Ich konnte seine völlige Verantwortungslosigkeit gegenüber seinen Frauen und Kindern nicht verstehen, das vollkommen Unpersönliche an seiner Art. Ich fühlte mich ständig fehl am Platze dort, und so beschloß ich zu gehen. Als ich Vater eröffnete, daß ich ihn verlassen wollte, sagte er nur: »In Ordnung. Du kannst jederzeit kommen und mich besuchen. Außer«, fügte er noch mit einem Lächeln hinzu, »am Sonntagvormittag!«

Planlos und ohne jede Vorstellung, wohin ich als nächstes gehen wollte, ging ich zur 59. Straße und über die Queensboro Bridge. Ich war fasziniert von den gewaltigen Bürohochhäusern, die eine prachtvolle Skyline ergaben.

Schleppkähne tuckerten unter mir den Fluß entlang wie wackere Tümmler. Direkt unterhalb der Brückenmitte sah ich Welfare Island mit seinem Gefängnis und Zuchthaus, seinem Armenhaus, wo Tausende alter Männer und Frauen darauf warteten zu sterben. Das Metropolitan Hospital, Hart's Island mit seinem Heim für schwererziehbare Kinder, das Frauengefängnis mit seinen Prostituierten und Drogensüchtigen waren allesamt in der Nähe und schienen mich anzuziehen.

Ich wanderte zurück nach Manhattan und überlegte, wo ich übernachten konnte. Als ich ging, wäre mein Vater nie auf die Idee gekommen, mich danach zu fragen. Ich spazierte die First Avenue hinunter zur 26. Straße. Das massige Bellevue Hospital lag vor mir. An der nächsten Straßenecke fand ich ein Grüppchen verloren wirkender Männer und Frauen, die sich allmählich in Richtung Fluß bewegten. Ich gesellte mich hinzu. Sie waren alt, viele sahen nach Ausländern aus. Einige gingen auf Krücken. An einem großen siebenstöckigen Gebäude mit der Aufschrift »Städtisches Asyl« formierten sie sich zu einer langen Reihe. Um die Ecke gab es eine Tür, an der stand »Eingang für Frauen«.

Ich stellte mich an.

II

Zwanzig Frauen standen vor mir. Es ging langsam voran. Keiner kümmerte sich um den anderen. Wir waren wie eine Reihe von Automaten, die langsam vorrückten zu etwas, das weder unser Interesse erregte, noch unsere Vorfreude weckte oder ein Grund zur Hoffnung für uns war. Endlich stand ich drinnen vor einem Schreibtisch.

»Sind Sie schon einmal hier gewesen?« fragte mich der Mann hinter dem Schreibtisch.

»Nein«, antwortete ich.

»Dann gehen Sie nach oben und lassen Sie sich einschreiben«, sagte er schroff und wandte sich der nächsten in der Schlange zu.

Oben fragte man mich, ob ich schreiben könne, und dann mußte ich mich setzen und eine Karteikarte ausfüllen. Als ich damit fertig war, reichte ich sie der Angestellten, und sie gab mir eine kleine blaue Kennkarte und dazu ein Metallschildchen mit der Nummer meines Bettes, das ich mir beim Baden und Schlafen um den Hals hängen sollte. Ich stellte mich am Speisesaal an, und dort verzehrte ich einen schmackhaften Rindfleischeintopf, drei dicke Scheiben Brot, eine Blechtasse Tee mit Milch und einen Teller gedünsteter Aprikosen. Wir aßen schweigend und blieben dann im Speisesaal sitzen, bis unsere Namen aufgerufen wurden. An der »Kleiderkammer« stellte eine Aufseherin mir ein paar Fragen.

»Suchen Sie Arbeit? Was können Sie? Wollen Sie eine Stelle im Haushalt? Wir können Ihnen etwas besorgen.«

»Nein, danke«, antwortete ich. »Ich glaube, ich kann selbst Arbeit finden.«

»Lassen Sie Ihre Handtasche hier.«

Ich gab sie ihr. In der Zeit, die ich bei Vater gewesen war, hatte ich mein Essen selbst bezahlt und Mutter noch etwas geschickt, so daß ich nun kaum noch Geld übrig hatte. Als alle ihre Handtaschen und sonstigen Besitztümer abgegeben hatten, ging es weiter in Richtung Badesaal, denn ein Bad war vorgeschrieben. Unsere Kleider wurden auf Bügel gehängt und desinfiziert. Wir bekamen Nachthemden.

Im Badesaal konnte ich mir meine Schlafgenossinnen genauer ansehen. Am erstaunlichsten fand ich, daß die meisten davon offenbar alte Frauen waren. Ich war umgeben von eingefallenen, mißgestalteten Leibern, strähnigem grauem Haar, Gesichtern, in denen das Leben tiefe Spuren hinterlassen hatte, müden, glanzlosen Augen. Später erfuhr ich, daß das Durchschnittsalter zwischen vierzig und fünfzig lag, doch die meisten dieser Frauen sahen wesentlich älter aus. Sie schienen allesamt abgearbeitete Hausfrauen mittleren Alters zu sein. Jedenfalls sah keine davon nach einer Kriminellen aus. Die meisten waren irischer und irisch-amerikanischer Abstammung. Etwa ein Zehntel waren Neger, und es gab etliche Polinnen, Litauerinnen und Engländerinnen. Einigen sah man den Alkohol an. Ein paar schienen Landstreicherinnen zu sein. Allesamt wirkten sie arm. Die meisten waren offen und freundlich.

Die Hälfte derer, mit denen ich sprach, erzählten mir, sie seien Witwen. Bei jeder vierten hörte ich dieselbe Geschichte.

»Wir sind aus unserem Haus gejagt worden ... mein Mann hat seine Arbeit verloren ... wir konnten die Miete nicht bezahlen. Mein Alter ist nebenan, in der Männerabteilung.«

Einige waren erst ein paar Tage da, andere schon monatelang. Die meisten kamen zeitweise. Wenn sie Arbeit fanden, blieben sie fort, wenn sie die Arbeit wieder verloren, kehrten sie zurück. Wenn sie keine Arbeit hatten, war das städtische Asyl für sie ihr Zuhause. Ich bekam keine dramatischen oder tragischen Geschichten zu hören. Sie nahmen es ohne Groll hin, daß sie Produkte »des Systems« waren, einer Gesellschaft, die anheuert und feuert, einer Gesellschaft, in der die Hausbesitzer ihre Miete verlangen. Es gab nur wenige wie mich, die nicht auf diese Unterkunft angewiesen waren, einfach nur Tramps waren, die einen kleinen Ausflug machten.

Wir schliefen in zweistöckigen Eisenbetten mit bequemen Matratzen, sauberen Laken, Decken und Kissen. Zum Schlafen kam ich nicht viel. Viele der Frauen röchelten und husteten, viele stöhnten und redeten im Schlaf. Eine ganze Reihe von ihnen kletterte immer wieder aus den Betten, um auf die Toilette zu gehen.

Am Morgen bekamen wir ein Frühstück aus Brot, Kaffee und Haferflocken. Ich mußte noch zwei Stunden lang dableiben und beim Bettenmachen und Putzen helfen, und eine weitere Stunde verbrachte ich damit, Karteikarten zu tippen. Als ich ging, gab mir die Aufseherin meine Tasche zurück und fragte, ob ich Arbeit suchte.

»Drüben im Bellevue werden Pflegerinnen gebraucht. Das ist keine schlechte Arbeit ...«

»Nein, danke«, antwortete ich. »Ich glaube, ich kann selbst Arbeit finden.«

Ich verließ das Gebäude mit zwei Irinnen, Mary und Martha. Sie waren beide über fünfzig, verbraucht von der Arbeit und vom Whiskey. Mary war groß, hager, mit einem breiten zahnlosen Grinsen und gelblichblauen Flekken unter den Augen, die von einer Kneipenschlägerei herrührten. Martha war kleiner, mit stahlgrauem Haar, das von einer einzigen Haarspange gehalten wurde und deshalb nach unten rutschte, auf ihren Wangen stand eine ungesunde Röte.

»Ich brauche was zu trinken«, sagte Mary. »Laß uns rüber zu Devine gehen, der spendiert uns einen.«

Wir gingen die First Avenue hinauf zu einer Flüsterkneipe an der Ecke der 18. Straße, setzten uns und warteten, bis ein dicker, fröhlicher Kellner herüberkam.

»Na, wie stehen die Dinge drüben im Ritz?« wandte er sich an Mary. »Ich nehme an, du hättest gern einen Drink, und du bezahlst ihn heute nachmittag. Und wer ist deine Freundin? Und deine Tochter hier, was bekommt die?«

»Dasselbe wie meine Freundin.«

Er stellte eine halbe Flasche Whiskey auf den Tisch, drei Gläser, kein Wasser. Martha goß die drei Gläser ein und leerte ihres auf einen Zug. Ich tat es ihr nach. Außer uns waren noch fünf weitere Frauen da, allesamt Gäste des städtischen Asyls.

»Nein, einen zweiten bekommt ihr erst, wenn ihr diesen hier bezahlt«, schimpfte der Kellner gutherzig, als Mary ihn zum zweiten Mal rief. »Jetzt seid ihr munter genug. Geht und verdient euch etwas, wenn ihr noch mehr zu trinken haben wollt.«

»Wo bekommt ihr denn das Geld her, um Drinks zu kaufen?« fragte ich.

»Wo bekommt überhaupt jemand Geld her?« entgegnete Martha. »Wir verdienen es, erbetteln, stehlen oder finden es.«

»Na, du zum Beispiel, wo bekommst du dein Geld her?«

»Laß mich überlegen ... Gestern habe ich neunzig Cents bekommen. Mein Sohn Tim ist Hausmeister in einem Apartmenthaus, und er hat mir fünfzig Cents geschenkt.

Ich habe Mrs. Cohen besucht, für die ich früher gearbeitet habe, und sie hat mir ein Mittagessen und fünfundzwanzig Cents spendiert, und dann bin ich auf der Straße noch einem alten Herrn begegnet, den ich kenne, und er gab mir fünfzehn Cents.«

»Und wie bist du an dein Geld gekommen, Mary?«

»Ach, das war leicht. Gestern war Zahltag unten in den Docks. Mein Alter hat fünfzehn Jahre lang als Stauer da gearbeitet, und die Männer kennen mich. Ich stand einfach herum, und manche von den Jungs, die mit meinem Mann gearbeitet haben, gaben mir ein paar Münzen. Ich hab über zwei Dollar bekommen. Ich dachte, Devine gibt uns noch einen, bevor wir zahlen müssen, aber wo er's nicht tut, muß mein letzter Vierteldollar dran glauben.«

Sie bestellte eine Flasche Schwarzgebrannten und lud uns und die anderen Frauen zu einem Gläschen ein. Diese Frauen waren der abgerissenste und schäbigste Haufen, der mir jemals begegnet ist. Keine von ihnen war jemals unterwegs gewesen oder auch nur aus New York herausgekommen.

»Willst du wissen, wie *ich* zu meinem Geld gekommen bin?« fragte eine kurze, pummelige Frau, von der mir aufgefallen war, daß sie sich an sämtliche Männer im Raum heranmachte. »Ich habe mein Geld verdient. Ich verdiene mir immer mein Geld. Gestern habe ich als Wäscherin gearbeitet, im Keller einer jüdischen Familie. Ich habe gewaschen, gebügelt und gebürstet und dafür einen Dollar und das Fahrgeld bekommen.«

Ida, eine großgewachsene Engländerin in einem alten Kostüm, mit blonden Haaren, die sie sorgfältig geflochten und um den Kopf gelegt hatte, antwortete als nächste. »Ein Herr hat mir Geld gegeben, aber nicht einfach so, mein Liebes. Möchtest du ihn kennenlernen?«

Holzbein-Ellen, eine schwere, schwarzäugige, schwarzhaarige Frau von ungefähr vierzig, die nur einen Fuß hatte und die mit Hilfe einer selbstgemachten Krücke ging, sagte: »Zweieinhalb Dollar hab ich verdient, an der Hauptstraße gebettelt, das meiste waren Pennies und Fünfer. Sechs Stunden lang war ich draußen.«

Eine Sechzigjährige mit traurigen Augen, zusammengesunken und mit einem Pullover über den Schultern, sagte: »Ich hab überhaupt kein Geld bekommen. Ich habe versucht Arbeit zu bekommen, und sie haben mich zum Krankenhaus geschickt, aber zum Putzen und Waschen war ich nicht zu gebrauchen. Ich hab so eine fürchterliche Erkältung.«

Die letzte von den fünfen, eine dralle, muntere Person, die beim Hereinkommen eine Augenbinde von ihrem völlig gesunden linken Auge genommen hatte, sagte: »Ich verdiene mir mein Geld als Straßenhändlerin. Ich packe meine Streichhölzer, Kragenknöpfe und Schnürsenkel und gehe in die Restaurants und Läden. Zwischen einem halben und einem Dollar pro Tag kann ich immer verdienen, aber je mehr ich verdiene, desto mehr trinke ich.«

Bald gesellte sich uns eine Gruppe von Männern bei, die ebenfalls aus dem städtischen Asyl kamen. Es war ein merkwürdiges Völkchen, alt, steif, in Kleidern, die vom Schmutz und den vielen Desinfektionen und Wäschen alle dieselbe Farbe angenommen hatten, die Farbe der Armut. Einige waren verkrüppelt. Vielen fehlten Zähne. Alle brauchten einen Haarschnitt. Die alten Gesichter waren angespannt vor Schmerz, vor Enttäuschung, vor Schwäche. Ihre Augen hatten das Unstete des gewohnheitsmäßigen Trinkers. Auch sie kauften ganze Flaschen und zählten, wie die Frauen zuvor, die Pennies und Zehn- und Fünfcentstücke hin, die sie als Bettler oder für ein paar Gelegenheitsarbeiten bekommen hatten.

Ich fragte Ida nach einer bleichen, jüngeren Frau, die offenbar schwanger war und sich eben an einem Tisch mit zwei alten Wracks von Männern vor Lachen schüttelte. »Das ist auch eine Bettlerin«, antwortete sie mir. »Sie ist schon seit Jahren schwanger, aber sie bekommt nie ein Kind. Warte, bis sie zur Toilette geht, dann kannst du sie mit ihrem Bauchpolster in der Hand zurückkommen sehen. Sie wird trinken, bis ihr Geld alle ist, und dann verschwindet sie und legt es wieder an. Dann geht sie hinaus auf die Straße und macht eine erbärmliche Miene und bettelt für ihr ungeborenes Kind.«

Später sind mir unterwegs viele solche Frauen begegnet, doch nie wieder habe ich so viele davon an einem Ort und so arglos gesehen wie an jenem Tag in Devines Flüsterkneipe. Ein paar waren tatsächlich blind (die *Blinkies*), einige taub *(Deafies)*, einige gelähmt *(Dummies)*. Die, die »Deafies« und »Dummies« in einem waren, sagte meine Informantin, hießen »D und D«. Die Armlosen nannte man *Wingies*, die beinlosen *Peggys*, die Schwachsinnigen und Verrückten *Nuts*, diejenigen im Delirium tremens *Shakies* und die Epileptiker *Fitzies*. Diejenigen, denen die Beine an der Hüfte amputiert sind und die in niedrigen Rollstühlen fahren, heißen *Wheels*.

»Es gibt berufsmäßige Bettler, die praktisch jede Art von echter Behinderung so gut nachahmen, daß nur Experten sie entlarven können«, erzählte die Engländerin mir. »Die Frau dort in der Ecke mit den häßlichen Wunden am Arm ist ein *Blister*. Sie hat sich Säure auf die Arme gegossen. Sie bettelt um Geld und sagt, sie braucht es für einen Arzt.«

Sie zeigte auf einen ganz normal aussehenden jungen Mann, der an der Bar trank. »Der sieht aus, als ob ihm nichts fehlt, aber warte, bis er sich zurechtmacht, um hinauszugehen. Das ist ein *Tossout*. Er renkt sich beide Ellenbogen und ein Handgelenk aus, und dann sieht er aus wie ein Monstrum in einem Kuriositätenkabinett. Andere binden sich ihre Hände so nach hinten, daß es aussieht, als hätten sie keine. Das sind die *Hidden Hands*. Die und die *Floppers*, die so tun, als ob sie verkrüppelt seien und den ganzen Tag an Kirchen und Hauseingängen sitzen, und die *Ghosts*, die sich bleich und elend zurechtmachen und das Husten der Schwindsüchtigen imitieren, das sind diejenigen, die das meiste Geld auf der Straße verdienen. Und hier versaufen sie es dann.«

Ich blieb da und trank immer weiter bis gegen vier Uhr nachmittags. Dann schlief ich ein. Als ich wieder erwachte, lag ich in einem Bett, splitternackt, mit einem brutal aussehenden Mann neben mir. Sein Körper war schmutzig. Die Socken hatte er anbehalten, und die verdreckten Zehen, die hervorschauten, waren so grau wie seine Socken. Ich setzte mich auf.

»Wo bin ich?« rief ich erschrocken.

»Bei Freunden.« Er warf mir einen lüsternen Blick zu. »Trink ein Gläschen.«

»Was ist das für ein Haus hier?«

»Wir sind in der 10. Straße, nahe der Avenue A.«

»Wie bin ich hergekommen? Ich will hier raus!«

Mein Kleid und Mantel lagen am Boden. Ich nahm meine Handtasche und sah, daß sie leer war. Alles, die Briefe, ein Zehndollarschein, den ich im Futter versteckt hatte, mein Tagebuch, das Wertvollste, was ich besessen hatte, war fort. Ich schrie und stürmte und wütete, doch der Mann auf dem Bett lachte nur über mich. Aber er hinderte mich nicht, als ich begann mich anzuziehen, und da ich keine Hoffnung hatte, etwas von meinem Besitz zurückzubekommen, zog ich mich fertig an, so schnell ich konnte, und sah zu, daß ich von dort fortkam.

Mir war übel und elend, und ich ging hinüber zum Union Square und setzte mich auf eine Bank und schämte mich fürchterlich. Diesmal war ich zu weit gegangen in meinem Versuch, etwas über die Menschen zu erfahren! Nun hatte ich keinen Pfennig mehr und keine Ahnung, was ich als nächstes tun sollte. Ich wollte nicht zurück ins Asyl, und so wie ich war, konnte ich mich bei meinem Vater nicht sehen lassen. Ich vergrub den Kopf in den Händen und saß da, völlig verzweifelt. Eine Stimme rief mich in die Wirklichkeit zurück.

»Ein kühler Abend«, sagte ein Mann, von dem ich gar nicht bemerkt hatte, daß er sich neben mich gesetzt hatte.

Ich hob rasch den Blick. Er sah anständig aus, und seine Bemerkung war ganz offensichtlich als Anteilnahme gemeint.

»Können Sie mir was für eine Tasse Kaffee geben?« sagte ich, ohne ihn anzusehen.

»Dafür reicht es gerade noch«, antwortete er. »Kommen Sie mit.«

Ich trank zwei Tassen Kaffee und aß ein halbes Brötchen. Ich betrachtete meinen Wohltäter. Er war klein, glatzköpfig und trug einen abgetragenen, doch makellosen grauen Anzug. Sein Mund war zart wie der einer Frau, doch seine Art zu sprechen war schroff.

»Wo wohnen Sie?« fragte er.

»Sagen Sie mir's«, antwortete ich und versuchte zu lachen. »Wo wohnt man denn hier am besten?«

»Ich würde Sie ja mit nach Hause nehmen, aber meine Frau würde uns beide vor die Tür setzen. Ich weiß eine Adresse, wohin Sie gehen können, wenn Sie wollen. Ich habe eine alte Freundin, Edith Adams, die eine Wohnung im Village hat, und die nimmt immer Hobos auf. Kommen Sie, ich gehe mit Ihnen hin.«

Bei dem Wort »Hobos« schrak ich auf. Es hatte also nur einen einzigen Tag gedauert, bis ich wieder wie eine Landstreicherin aussah! Ich blickte hinunter auf die teuren Kleider, die Otto für mich gestohlen hatte und die am Vortag noch in bestem Zustand gewesen waren. Sie sahen aus, als hätte ich in ihnen im Dschungel übernachtet. Einer der Strümpfe war zerrissen. Mein Gesicht fühlte sich steif an vor Schmutz. Doch mir war zu elend zumute, als daß es mir etwas ausgemacht hätte.

Er nahm mich am Arm und führte mich in die Christopher Street, nahe beim Washington Square, und machte mich mit Edith Adams bekannt.

»Edith, ich habe einen Hobo drüben am Union Square aufgelesen. Sie ist abgebrannt und krank. Kannst du sie für heute nacht unterbringen?«

»Klar. Bist du hungrig?«

»Nein. Wenn ich ein Bad nehmen könnte und dann schlafen. Mehr will ich nicht.«

Ich blieb über eine Woche im Bett. Ich war furchtbar krank und hatte die schrecklichste Magenschleimhautentzündung. Ich weiß noch, daß ich vor Kälte zitterte und fast wahnsinnig wurde vor Kopfschmerzen. Edith Adams und eine Frau namens Christine pflegten mich Tag und Nacht. Als es mir wieder besser ging, erfuhr ich, daß ich keine ganz Unbekannte für sie war. Sie konnten sich beide an Mutter erinnern, wie sie im Krieg hier ihre Reden gehalten hatte, und sie waren beide mit meinem Vater bekannt.

Ediths Wohnung war eine Mischung aus Hobo-Pension, Hobo-College, Treffpunkt der Hobo-Bohème und zweifellos eine Schule für radikale Anarchistinnen. Sie hatte sieben Zimmer und ein riesiges Bad, das früher einmal ein Schlafzimmer gewesen sein mußte. Auf die Möblierung hatte niemand Mühe verwendet, doch hatte sie einen gewissen rauhen Charme. Edith hatte ein Händchen dafür, radikale Plakate aufzuhängen und den Künstlern, die in ihrem Haus verkehrten, recht ansehnliche moderne Gemälde abzuluchsen. Eins werde ich nie vergessen. Es gab kein Zimmer, nicht einmal das Bad, in dem kein Bett oder Klappbett gestanden hätte. Als ich sie näher kennenlernte, verstand ich warum.

Edith war eine kräftige Frau. Ihre Gesichtszüge waren wie gemeißelt, und darüber saß ein kurzgeschnittener Mop von drahtigem rotem Haar. Sie grinste immer. Sie schminkte sich nie. Sie hatte einen Ehemann namens Mac. Er war Maschinist auf einem Ozeandampfer und die meiste Zeit auf See, er gab ihr sein ganzes Geld.

Edith war Anfang der achtziger Jahre in Kansas geboren. Sie blieb dort, bis sie dreiundzwanzig war, dann ging sie nach St. Louis, wo sie einen Friseur heiratete. Immer häufiger ging sie zu den Versammlungen der Alternativen und Radikalen und sympathisierte mit der »Bruderschaft des täglichen Lebens«, der ersten Organisation, die Dr. J. Eads How gründete. Als How begann, seine Hobo-Treffen zu veranstalten, wurde Edith seine Anhängerin, und die Hobo-Frauen von St. Louis sammelten sich bei ihr. Vom Sozialismus kam sie über die I. W. W. zu anarchistischen Gruppen. Seit einem Vierteljahrhundert war sie nun, gutmütig und großherzig, eine waschechte radikale Anarchistin. Sie kannte keine Grenze außer dem Himmel. Religion und bürgerliches Leben verachtete sie und trieb stets Propaganda für die Revolution.

Edith blieb nur einige wenige Jahre bei ihrem ersten Ehemann in St. Louis. Dann zog es sie nach Chicago, wo sie bei Lucy Parsons wohnte und mit den dortigen Anarchisten umherzog. Sie agitierte mit W. C. Foster und Earl Ford und war mit ihnen zusammen, als sie ihre berühmte Kampfschrift über den »Syndikalismus« verfaßten. Bald darauf ging sie nach New York City und ließ sich im Greenwich Village nieder. Ihr Haus hatte sich zu einem der aktivsten und populärsten dort entwickelt. Bekannte Schriftsteller, Hobos, Dichter, Bildhauer und Propagandisten freundeten sich auf Anhieb mit Edith an, darunter Emma Goldman, Elizabeth Gurley-Flynn, Mary English, Anna Strunsky Walling, Eve Adams, Margaret Sanger, Romany Marie,

Eugene O'Neill, Benn Ben, Sadikichi Hartmann, Hippolyte Havel, Jig Cook, Bobby Edwards und Franklin Jordan. Bei Tag und Nacht war ihre Wohnung in der Christopher Street voller Menschen.

Sie sagte mir:

»Die Männer, die Künstler und Hinterhofphilosophen, die kommen hierher, um die Köpfe zusammenzustecken, sich vollaufen zu lassen, ihren Rausch auszuschlafen, von ihren Geliebten wegzukommen oder neue zu finden. Die Frauen kommen, um zu baden, ihren Liebhabern zu entkommen und jemanden zu finden, der ihnen etwas zu essen oder zu trinken kauft. Am meisten mögen sie mein Haus, weil sie bei mir sein können, wie sie sind.«

Zu ihren Freundinnen zählte eine zweite Anarchistin vom selben Kaliber, jene Christine. Christine betrieb einen kleinen Teeladen im Village über dem Provincetown Playhouse. Ihr Nachname war Ell, doch ihr Laden hieß überall nur »bei Christine«.

Edith und Christine gehörten zu jener seltenen Art von Frauen, die für intellektuelle Hobos und Aufsässige beiderlei Geschlechts eine besondere Anziehungskraft hatten. Beide hatten sie auch Sex-Appeal, doch hatten sie etwas, das wertvoller war, sie hatten Verständnis und aufrichtige Bewunderung für Männer und Frauen mit Talent. Sie machten es einem Dichter oder Künstler oder Schriftsteller leicht, von seinen Plänen, Träumen und Hoffnungen zu erzählen. Sie alle hatten, wenn sie Ediths Wohnung verließen, Glauben an sich gefunden.

Nicht nur Künstler, Anarchisten, Anhänger der freien Liebe und Arbeiterführer kamen zu Edith, sondern auch eine ganze Reihe Ganoven. Die interessanteste unter den Dieben, die ich dort kennenlernte, war Mary Ireland, eine stadtbekannte *Moll-Buzzer* – eine Taschendiebin, die auf Frauen spezialisiert war. Sie war groß, kantig, schwarzhaa-

…pen
…bsolut
aussehen

Lippen-Pinsel zum Auftragen nehmen. Zuerst Lippenrand färben, dann Mund voll ausmalen

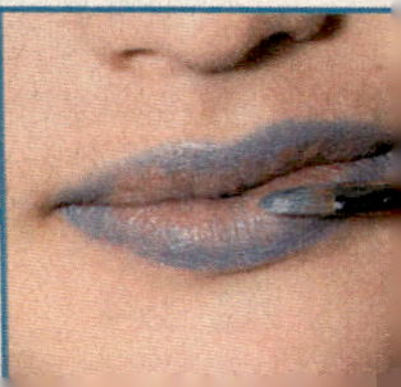

2

VOLLKOMMEN FREI ALS „SISTER OF THE ROAD"

Aufgezeichnet von Ben L. Reitman: „Boxcar Bertha - Eine Autobiographie", rororo Verlag, 300 Seiten, DM 14,90

Von Anfang an gehören Vagabunden und Prostituierte genauso zu Boxcar Berthas Leben wie Polizei, Verhaftungen, Gefängnis und Klapsmühlen. Ihre Eltern huldigten der freien Liebe, und so wächst sie, als Ältestes von vier Kindern, ohne Vater, dafür mit jeder Menge Aufregung auf. Es gibt keine Zwänge, keine Verbote und Regeln. Bertha ist vollkommen frei und erlebt jeden einzelnen Tag als ein neues,

spannendes Abenteuer. Kaum erwachsen, springt sie auf einen Güterzug und wird „Sister of the Road", eine waschechte Hobo, das Sinnbild der Freiheit. Eine Frau ohne festen Wohnsitz, eine Frau die sich weigert, ein bürgerliches Leben zu führen... Faszinierende Huldigung an die Freiheit.

rig, mit ruhigen, aristokratischen Zügen. Ihr Bild war auf allen Steckbriefen zu sehen, und jeder Kaufhausdetektiv kannte sie. Ihr Trick war es, in Kaufhäusern den Frauen, die ganz mit dem Einkauf beschäftigt waren, die Handtasche auszuräumen.

Mary Ireland war eine Lady. Daran bestand kein Zweifel. Wenn sie in New York war, wohnte sie stets im Brevoort oder sonst einem guten Hotel. Wenn sie dinierte, zog sie sich um. Und wenn sie auf Beutezug ging, legte sie stets Berufskleidung an – einen düsteren schwarzen Mantel, daß jeder sie für eine Witwe hielt, nur wenig Rouge auf den Wangen.

Einmal gingen wir gemeinsam den Broadway hinunter, und ich kam irgendwie darauf, daß ich eine Schachtel Sicherheitsnadeln bräuchte.

»Ich hole sie dir«, sagte sie sofort.

»Warum gehst du das Risiko ein, nur um ein Fünf-Cent-Päckchen Nadeln zu stehlen?« fragte ich. »Das ist doch unvernünftig, so viel für einen Fünfer zu riskieren.«

»Ich stehle alles«, antwortete sie. »Es macht mir einfach mehr Spaß, als es zu bezahlen.«

Mary war auf der Hut. Sie hatte beinahe die Hälfte ihres Lebens im Gefängnis verbracht, in Joliet, Illinois, in Waupon, Wisconsin, in Atlanta, Georgia, in Pittsburgh, Pennsylvania, und im Auburn-Gefängnis in New York. Als ich sie kennenlernte, war sie gegen zehntausend Dollar Kaution auf freiem Fuß.

»Ich mußte da einfach raus«, sagte sie. »Ich habe viermal gesessen, und wenn ich verurteilt werde, stecken sie mich als Gewohnheitsverbrecherin lebenslang ins Loch.« Ihre Diebstähle brächten ihr brutto hunderttausend Dollar im Jahr ein, erzählte sie mir, ohne zu prahlen.

»Zwanzigtausend Dollar habe ich sicher angelegt, in Pfandbriefen und Grundstücken«, sagte sie. »Noch fünf dazu, dann setze ich mich zur Ruhe.«

Mindestens die Hälfte ihrer Einkünfte ging an Anwälte und Leute, die ihr »aus der Klemme halfen«. Eines Tages war sie verschwunden, und ich bekam ein Briefchen von ihr: »Ich bin im Tombs-Gefängnis. Komm und besuche mich mal.« Sie war bei Macy's gefaßt worden. Ich wollte sie immer besuchen, aber ich habe es nie getan, und später hörte ich, daß sie als Gewohnheitsverbrecherin zu lebenslanger Haft verurteilt und ins Auburn geschickt worden sei, doch dort habe sie Unruhe gestiftet und sei nach Matteawan verlegt worden, der Anstalt für geisteskranke Kriminelle. Aber neulich habe ich sie in Chicago wiedergesehen, und sie ging ihrem alten Gewerbe nach wie eh und je.

In jenem Jahr blieb ich sechs Monate bei Edith. Ich verdiente mir Unterkunft und Verpflegung, indem ich die Wohnung putzte. Die Männer und Frauen, die in diesem Haus ein und aus gingen, faszinierten mich, und ich lernte täglich etwas Neues.

Edith und Christine hatten ein wirkliches Interesse für die revolutionäre Arbeiterbewegung. Wenn sie überhaupt eine feste Überzeugung hatten, dann diejenige, daß sie das Recht haben wollten, ihr Leben so zu leben, wie es ihnen gefiel. Sie waren nicht amoralisch oder unmoralisch. Alles, was sie zum Leben brauchten, bezahlten sie. Beide arbeiteten hart. Beide liebten Neuigkeiten und freuten sich über Neuankömmlinge. Eines Morgens, als wir am Frühstückstisch saßen, kamen Ena, Franklin Jordan und Lizzie Davis.

Ich hatte meine Schwester eine ganze Weile nicht mehr gesehen. Größer war sie nicht geworden, und sie wog höchstens hundert Pfund. Doch ihr Gesicht glühte vor Leben, und ihre Figur war biegsamer und voller entwickelt als bei unserer letzten Begegnung.

»Wie geht's deinen zahlreichen Verehrern?« fragte ich.

»Bestens«, antwortete sie. »Ich hab eine ganze Menge gehabt, seit wir uns das letzte Mal sahen, und von den zweien, die ich im Augenblick habe, wirst du begeistert sein. Ich teile sie mit dir.«

»Danke«, sagte ich ein wenig pikiert, »ich suche mir meine Liebhaber selber aus.«

»Einen davon hast du ja schon ausgesucht«, sagte sie triumphierend. »Franklin Jordan.«

Das schnürte mir die Kehle zu. Wie doch im Leben alles immer wieder zusammenführte! Zuerst hatten meine Mutter und ich uns einen Liebhaber geteilt, und nun liebten meine Schwester und ich denselben Mann, den, von dem ich immer gedacht hatte, daß ich irgendwann vielleicht ein Kind von ihm haben würde.

Franklin Jordan und ich feierten Wiedersehen bei einem großen Anarchistentreffen in der Bronx. Ediths Wohnung war immer voller Menschen, und es gab keine Möglichkeit, ein paar persönliche Worte zu wechseln. Er ließ mir durch Ena ausrichten, ich solle zu der Versammlung kommen, wo er als Hauptredner auftrat. Es war noch ein zweiter Redner geladen, doch wer es war, erzählte Jordan mir erst, als ich dort war. Es gab vier andere Programmpunkte, bis er an der Reihe war, und wir saßen in einem kleinen Nebenzimmer des Labor Lyceum, bis es Zeit für ihn wurde.

Als ich ihn in diesem kleinen Zimmer, auf seinen Auftritt wartend, ansah, kehrte all mein altes Verlangen zurück. Plötzlich spielte es keine Rolle mehr, daß meine kleine Schwester ihn zum Liebhaber erkoren hatte oder daß er Dutzende anderer Frauen geliebt hatte. Ich wollte ihn, und ich hatte ihn immer gewollt.

»Oh, Jordan«, rief ich, »ich will ein Kind von dir!«

Er lächelte. »Im Augenblick läßt sich dafür wohl kaum etwas tun«, sagte er. »Ich glaube, du solltest jetzt lieber in den Saal hinausgehen. Als nächstes kommt ein großer Redner, ein Italiener namens Mallettini.«

Als ich diesen Namen hörte, fuhr ich zusammen, und für

den Augenblick vergaß ich ganz, daß ich Jordan begehrte. Ich beugte mich vor und küßte ihn rasch, und dann lief ich hinaus und suchte mir einen Platz und hielt beinahe die Luft an, während ich darauf wartete, daß Mallettini vortrat.

Er hatte sich kein bißchen verändert. Dasselbe ernste, bärtige Gesicht, dieselben gütigen Augen. Doch seine Stimme war heute der Zorn Gottes und stachelte die Leute bis zur Raserei auf. Es war ein buntes Publikum aus Juden, Italienern und Amerikanern, aber man mußte kein Italienisch können, um von dieser Stimme gerührt zu sein, so wenig, wie man Italienisch können mußte, um sich für einen Opernsänger zu begeistern. Am Ende bekam er donnernden Applaus.

Als nächster war Jordan an der Reihe. Er war ruhig, klug, logisch, vernünftig, er argumentierte, er provozierte, er beschwichtigte. Aber meine Aufmerksamkeit wanderte immer wieder von der Rede zum Redner. Ich verglich ihn mit E. A. O., meinem ersten Liebhaber, mit Lowell Schroeder, mit Big Otto. Wen liebte ich mehr, Mallettini oder Jordan? Wen sollte ich bitten, mich nach Hause mitzunehmen? Ich wußte, daß ich Jordan jederzeit treffen konnte. Ich entschied mich für Mallettini. Nach der Versammlung ging eine Gruppe, der auch sämtliche Redner angehörten, zum Haus eines italienischen Genossen, und dort aßen und diskutierten wir. Es war zwei Uhr morgens, als wir aufbrachen.

»Du mußt mich mit zu dir nehmen«, flüsterte ich Mallettini zu.

»Jetzt nicht. Ein andermal«, antwortete er.

Ich war wütend und wandte mich Jordan zu, der mein Flüstern nicht gehört hatte. Er hatte ein kleines Zimmer auf der fünften Etage eines Mietshauses an der 13. Straße. An Möbeln gab es nur ein niedriges Doppelbett, einen Küchentisch und ein Regal mit Büchern. Unter dem Bett war noch eine Kassette mit Briefen, Liebesbriefen, vertraute er mir später an. Es gab eine große Whiskeykaraffe und sechs Whiskeygläser und ein paar Teller.

Ena und ich gingen oft nachmittags zusammen auf Jordans Zimmer. Er schärfte uns ein, nie ohne Whiskey zu kommen, und wir hielten uns daran. Obwohl ich es wollte, konnte ich auf Ena nie wirklich eifersüchtig sein. Und es gab keine Anzeichen, daß sie eifersüchtig auf mich gewesen wäre. Und ich lernte eine Menge von ihm.

»Erzähl mir etwas über Lesbierinnen, Jordan«, bat ich ihn einmal. »Auf der Straße hießen sie ›Lady-Lovers‹. Es gibt so viele davon hier im Village. Was ist mit ihnen? Du kennst doch eine ganze Menge. Warum werden sie so?«

»Das sind die Stiefkinder Gottes«, sagte er. »Ein paar kennst du ja selbst, Yvonne, die Tänzerin, Mickymaus, die Ballettstute, und so weiter. Ich bin einer ganzen Menge Lesben begegnet, und es hat mich immer unglücklich gemacht.

Nicht daß ich etwas gegen sie hätte, weil sie anders sind – ich verlange weiß Gott nicht, daß alle nach demselben Muster geschnitzt sind –, nein, ich verachte sie, weil sie allesamt asozial und selbstsüchtig sind und stets bereit, andere auszunützen. Nur die wenigsten kommen auf die Idee, sich ihr Brot auf anständige Weise zu verdienen. Viele lassen sich vom erstbesten aushalten. Abgesehen von den Drogensüchtigen kenne ich keine andere Gruppe, in der es so viele Nassauer, Schieber und kleine Ganoven gibt. Ihre Sünden sind kleine Sünden. Ihre ungesellige Art ist kleinlich. Nur die wenigsten zeigen Mut in ihren Liebesbeziehungen oder in der Art, wie sie sich ihren Lebensunterhalt beschaffen.

Für meine Begriffe ist Homosexualität im wesentlichen etwas Künstliches. Nicht nur die Sexualität der Lesbierinnen und männlichen Homosexuellen, sondern auch die

Art, wie sie gehen und ihr ganzes Benehmen sind gekünstelt. Ich habe Männer gekannt, die im Alltagsleben völlig feminin waren und die schon nach ein paar Wochen unter normalen Männern oder im Gefängnis jede Spur ihres femininen Benehmens verloren. Und ebenso habe ich eine Menge Frauen gesehen, die grob und maskulin waren, mit Haaren auf der Brust und so weiter, und die sich zu regelrechten Ladies entwickelten. Daß sie sich so wandeln können, ist natürlich ein weiteres Zeichen ihrer Infantilität.

Das schlimmste an ihnen ist, daß sie einen ständig umgarnen. Sie sind wie die Drogensüchtigen, die sich ja auch nicht damit zufriedengeben, selbst Drogen zu nehmen. Sie müssen neue Anhänger finden. Sie müssen jeden belehren, mit dem sie zusammenkommen. Wenn sie das nicht täten, wäre es ja nicht weiter schlimm, denn da sie keine Nachkommen zeugen, sind sie letztlich ohne Bedeutung.«

Mit der Schilderung der Männer und Frauen, die ich bei Jordan kennenlernte oder die in Edith Adams' Wohnung verkehrten, mit der Erzählung all der Dinge, die sie sagten und taten, könnte man ein Buch füllen. Mit Abstand die schillerndste, faszinierendste und angsteinflößendste Gestalt war »Sir Tausendlieb«, wie Edith ihn nannte. Er war ein Dichter, Schriftsteller, Schauspieler und Entertainer. Zweifellos war er ein raffinierter Liebhaber. Er hatte zwei Gedichtbände veröffentlicht, mehrere Romane, zwei Bände mit Essays und eine Geschichte der sexuellen Kulte. Er hatte Ediths gute Stube gemietet, die einen direkten Zugang von der Straße hatte.

Äußerlich machte er nicht allzuviel her, mittelgroß, recht zerbrechlich, Haar und Schnurrbart blond und vom Alter schon heller geworden. Sein Profil war recht gut, doch von vorn gesehen hatte er einen Schmollmund. Seine Augen hingegen waren graublau und sehr ausdrucksvoll.

Ena hatte ihre Erfahrungen mit ihm und war sehr stolz

darauf. Ich war noch keine zehn Minuten in seiner Nähe gewesen, als er auch schon zu stöhnen und zu seufzen begann, die Fäuste zu ballen und zu schluchzen.

»Halb so wild, Dichter«, sagte ich. »Ich bin nicht unnahbar. Mich kannst du haben.«

»Du wirst Nummer tausendundeins«, meinte Edith, die eben zur Tür hereinschaute.

»Ich bin bereit«, sagte ich, »aber zuerst will ich von den ersten tausend hören.«

»Die meiste Zeit ist Sir Tausendlieb betrunken«, fuhr Edith fort, »und wenn er nüchtern ist, ist er ein unglaublicher Egozentriker, und soviel ich weiß, ist er noch keiner seiner Frauen treu gewesen.«

»Wie macht er das?«

»Frag ihn«, sagte sie zu mir und ging.

»Wie eroberst du deine Frauen, Dichter?«

»Welche Frauen? Du bist in meinem ganzen Leben die erste Frau, die ich wirklich liebe. Du bist schön ...«

Er weigerte sich tatsächlich zuzugeben oder anzuerkennen, daß er jemals in seinem Leben eine andere Liebschaft gehabt habe.

Meine Erfahrungen mit Sir Tausendlieb sind nicht der Rede wert. Er liebte mich mit Worten – das war alles. Jordan sah ich oft. Ein paar andere Männer kamen und gingen, doch waren sie nicht von Bedeutung. In Gedanken war ich bei Mallettini.

An einer 11.-November-Versammlung am East Broadway sah ich ihn wieder. Er war freundlich und reserviert wie immer. Aber ich war fest entschlossen, mich nicht noch einmal abschieben zu lassen. Nach der Versammlung ging ich zu ihm hin.

»Ich laß dich nicht fort«, sagte ich. »Du mußt mich mit zu dir nehmen.«

»Ich wohne weit draußen in Paterson«, wandte er ein.

»Meinetwegen könntest du in Philadelphia wohnen«, entgegnete ich in meiner Verzweiflung. »Ich komme mit.«

Meine Fahrkarte zahlte ich selbst. Er wohnte nicht in Paterson selbst, sondern vier Meilen weiter in einem alten zweigeschossigen Farmhaus am Ende einer kleinen Landstraße. Wir gingen im Mondlicht durch die kühle Oktobernacht, und er sagte kein Wort.

»Sag etwas«, rief ich. »Sag mir, daß du mich liebst!«

Er streichelte mir die Hand, die ich ihm auf den Arm gelegt hatte.

»Ich fürchte, du begreifst gar nicht, was ich zu tun versuche«, sagte er. »Für Liebe, in dem Sinne, in dem du das Wort verstehst, ist kein Platz in meinem Leben.«

»Was willst du eigentlich?« sagte ich. »*Du* hast mich doch dazu gebracht, dich zu lieben.«

Er blieb stehen und sah mich an. Sein Gesicht war bleich und streng.

»*Ich* habe dich dazu gebracht, mich zu lieben? Was soll das heißen?«

Ich zuckte zusammen und schämte mich, daß ich etwas so Dummes, Heuchlerisches, typisch Weibliches gesagt hatte.

»Es tut mir leid«, sagte ich. »Das war albern von mir, so etwas zu sagen.«

Da lächelte er. »Was willst du eigentlich von mir, Bertha?« fragte er.

Ich schwieg. Was war es, was ich von ihm wollte? Gewiß nicht Sex. Oder vielleicht doch. Vielleicht war ich einfach verliebt. Nicht daß ich ein Kind von ihm haben wollte – ich wußte ja, daß Jordan der Vater meines Kindes werden sollte. Ich wollte nicht mit Mallettini zusammenbleiben oder mit ihm leben. Ich wußte, daß er mich nicht ernähren konnte oder wollte. Was wollte ich von ihm? Was wollte ich überhaupt von den Männern, zu denen ich mich hingezogen fühlte? Sie bedeuteten Erfahrung für mich. Das war es. Instinktiv spürte ich, daß Mallettini mir etwas zu geben hatte, das kein anderer Mann auf der ganzen Welt hatte. Aber ich wußte nicht, was ich ihm antworten sollte.

»Liebst du mich, Bertha?« fragte er weiter.

»Ja«, antwortete ich leise, und wir gingen einige Schritte über die steinige Straße, und das Mondlicht warf seltsame Schatten über die Felder. Dann sprach er wieder.

»Liebst du das Volk«, fragte er, »die Arbeiterklasse?«

Wie eine Nonne, die ein Gelübde ablegt, legte ich die Hand aufs Herz und blickte zu ihm auf, als ich antwortete.

»Ja, das tue ich.«

»Dann komm mit mir.«

Es war sechs Uhr morgens, als wir an dem kleinen Farmhaus anlangten. Er stellte mich einer Frau, ihrem Ehemann, drei Kindern und einem jungen Mann von zwanzig vor, alles schwarzäugige Italiener.

Er sprach mit ihnen in seiner Muttersprache und überzeugte sie offenbar, daß ich ihnen freundlich gesonnen war. Da lächelten sie mich an und brachten uns Frühstück. Später nahm er mich mit in die Scheune und hinauf auf den Heuboden, der als Arbeitszimmer und chemisches Laboratorium eingerichtet war. Hier erklärte er mir, woran er arbeitete, und mir war, als würde ich in einen geheimen Orden eingeführt, was ja tatsächlich auch so war.

»Bertha«, sagte er feierlich. »Ich gehöre zu einer kleinen Gruppe von Männern, die versuchen, Revolutionen in Spanien, in Italien und in Amerika herbeizuführen. In Amerika machen wir nur wenig Fortschritte, und weißt du warum? Es ist uns nicht gelungen, den Typus der intelligenten, mutigen Revolutionärin zu entwickeln. Die amerikanischen Frauen wollen, soweit ich es sehe, Liebhaber, Gesellschaft, ihren Spaß. Sie können einen Mann lieben, aber nicht die Menschheit. Bertha, kannst du lernen, die Menschen, das

Volk, die Arbeiterklasse mehr zu lieben als einen bestimmten Mann oder ein paar Männer, mehr zu lieben als deine Familie und mehr als dich selbst?«

Einen Augenblick lang wußte ich nicht, was ich ihm antworten sollte, wie ich das, was ich sagen wollte, so ausdrükken konnte, daß es ihn überzeugte. Dann nahm ich seine Hand in die meine und küßte sie.

»Laß mich dir helfen«, flehte ich ihn an. »Laß mich dir beweisen, daß ich dem Volk treu bin und alles für es tun will.«

Den Tag über ruhten wir uns aus. Er erzählte mir aus seinem Leben. Er hatte eine Frau und vier Kinder in Italien. Er gehörte der revolutionären Bewegung an, seit er vierzehn war, seit über dreißig Jahren. Er war im Gefängnis gewesen, war aus Italien verbannt und lebte nun im politischen Exil. Am Ende ließ er sich überzeugen, daß ich seiner Bewegung von Nutzen sein konnte.

»Bertha«, sagte er, »wenn du wirklich den Menschen einen Dienst erweisen willst, dann habe ich etwas für dich. Ich werde dir eine sehr wichtige Aufgabe anvertrauen. Gehe nach Hause, am Mittwochnachmittag um vier Uhr kommen wir und holen dich ab.«

Am Donnerstagabend besuchte ich Ena, und wir schmiedeten Pläne. Sie las mir etliche Briefe von Mutter vor, die die Home Colony verlassen hatte, um auf eine Kampagne für die Gefängnisreform zu gehen. Frank und Margaret arbeiteten in St. Louis. Mutter sagte, sie sei das unstete Leben leid und wolle wieder aufs Land ziehen. Sie habe Aussichten, eine kleine Ranch in North Dakota zu kaufen.

»Ich möchte einen Ort haben, an den meine Kinder kommen können, wenn sie müde sind«, schrieb sie.

Ich sagte Ena, daß ich am folgenden Tag mit Mallettini in einer wichtigen Angelegenheit nach Chicago führe. Sie bettelte, ich solle ihr mein Geheimnis anvertrauen.

»Wenn du etwas wirklich Gefährliches tun willst, Bertha, dann möchte ich bei dir sein, und wir sollten Mutter Bescheid geben.«

Doch ich sagte ihr, ich müsse es alleine tun.

Am nächsten Morgen ging ich zurück zu Edith und bereitete alles für den Aufbruch vor. Mallettini wollte um vier Uhr kommen. Doch vorher kamen Sir Tausendlieb, Jordan und einige Hobo-Frauen, und wir begannen zu trinken. Ich hatte seit meinem schrecklichen Erlebnis mit den Frauen aus dem städtischen Asyl nur sehr wenig getrunken, aber an diesem Tag trank ich viel. Um vier Uhr war ich wohl schon hinübergedämmert und lag mit Tausendlieb und Jordan auf dem Bett, als Mallettini kam. Er schüttelte mich sanft. Ich rappelte mich auf, mit verquollenen Augen, ich torkelte, mir war übel. Ich lallte. Er stand reglos da und sah mich an. Selbst in meinem betrunkenen Zustand sah ich die Enttäuschung und den Schmerz in seinem Gesicht. Dann ging er.

Und plötzlich wurden meine Gedanken klar, als hätte mir jemand ein nasses Handtuch um die Ohren geschlagen. Ich blickte hinüber zum Bett und sah Jordan und Tausendlieb, die dort schliefen. Ihre betrunkenen Gesichter waren widerlich. In einem plötzlichen Wutanfall ergriff ich eine Leselampe, riß sie aus der Steckdose und haute sie Jordan über den Schädel. Ich war außer mir und begann Tausendlieb mit den Fäusten zu bearbeiten.

»Ihr elenden, verkommenen Säufer«, schrie ich. »Seht, was ihr mir angetan habt!«

Drei Tage später kam mir eine *New York Times* in die Finger, und ich las auf der Titelseite: »Dreißig prominente Bürger bei Bankett im Chicagoer College-Club vergiftet. Angesehene Katholiken und Erzbischof die Opfer. Diner kostete $ 7.00 pro Kopf.

Zuerst wurde ein Cocktail gereicht, dann eine Vorspeise; als drittes die Suppe. Wenige Minuten nachdem sie die

Suppe verzehrt hatten, stellten sich bei hundert Gästen Anzeichen akuter Vergiftung ein. Die Polizei verdächtigt einen jungen Anarchisten namens Jeans. Er verschwand unmittelbar nachdem die Suppe aufgetragen worden war. In seinem Schrank fand die Polizei Briefe von Mallettini, der als Drahtzieher des Anschlags verdächtigt wird.«

Und mir fiel wieder ein: »Du begreifst gar nicht ...«

Doch nun begriff ich es.

Am nächsten Tag bekam ich einen Brief von Otto aus San Francisco. Er bestand aus drei Worten: »Hallo Prachtstück. Otto.« Dabei lagen drei Hundertdollarnoten.

Plötzlich war mir klar, daß ich aus New York fort wollte. Per Anhalter oder im Güterwagen würde es nicht schnell genug gehen, und ich kaufte mir neue Kleider und eine Fahrkarte erster Klasse nach Chicago – zu wem oder zu was wußte ich nicht.

12

Ich war froh, wieder in Chicago zu sein. Ich hatte genug von Greenwich Village mit seinen Intellektuellen und Säufern. Ich mußte einfach etwas anderes sehen. Geld hatte ich genug, und ich nahm mir ein Zimmer in einem großen Hotel am Nordufer, von dem ich wußte, daß dort Ganoven verkehrten. Bald begriff ich, daß eine ganze Reihe der Frauen Prostituierte waren, die dort mit ihren Zuhältern lebten. Doch keine von ihnen bot ihre Dienste direkt im Hotel an. Die Mädchen arbeiten meist nicht da, wo sie wohnen.

Im Zimmer, das meinem gegenüberlag, wohnte eine hübsche kleine Blondine namens Ethel. Sie war ein »Äffchen«, das niemals Ruhe gab, ständig redete und sich dauernd mit seinem Mann stritt, Bill Steward. Wenn die Oberlichter offen waren, konnte ich sie hören. Bill war immer derjenige, der anfing.

»Hör mal, Baby«, sagte er dann mit grober Stimme, »du mußt mehr Geld ranschaffen. Du weißt doch, daß ich die Raten für den Wagen zahlen muß, und ich will einen Zwanziger pro Woche auf die hohe Kante legen, damit wir irgendwann mit der Schinderei aufhören und uns selbst ein kleines Hotel kaufen können.«

Dann pflegte sich Ethels Stimme zu einem hohen, verächtlichen Crescendo zu erheben.

»Du bist ein Lügner. Was du von mir kriegst, gibst du deinen anderen Nutten!«

Sie stritten sich und sie fluchten, doch es endete immer damit, daß Ethel Bill ihr Geld ablieferte.

Ich mochte Ethel. Sie war klein und drahtig, mit platinblondem Haar und wasserblauen Augen. Ihr Gesicht war schmal. Es gab nichts, wozu sie nicht etwas zu sagen hatte. Aufgewachsen war sie in Duluth, die Tochter eines Polizeileutnants, und wie so viele Mädchen, die ich kennengelernt habe und die in diesem oder jenem kriminellen Gewerbe arbeiteten, war sie zunächst als Anhalterin durchs Land gefahren, bis sie nach Chicago kam. Sie habe einfach die Nase voll gehabt von der High School, sagte sie, habe den Wagen eines Freundes genommen und sei damit bis nach St. Paul gefahren, von wo sie mit Bekannten von Freunden als Anhalterin weitergekommen sei. Die ganze Zeit über sei sie anständig gewesen, sagte sie, habe sich Arbeit als Stenotypistin im Loop-Viertel gesucht und im Y. W. C. A. an der Near North Side gewohnt. Dort lernte sie ein anderes Mädchen kennen, das sie mit auf Parties nahm. Alle tranken zuviel. Eines Morgens wachte sie auf, zusammen mit Bill in einem Zimmer. Später stellte sie fest, daß sie schwanger war. Er half ihr aus der Klemme. Und als er sie soweit hatte, tat sie, was er wollte: nämlich für ihn auf den Strich gehen.

Sie erzählte mir viel über Bill. Seine anderen Mädchen ebenfalls. Ich habe mir von jeder ihre Geschichte erzählen lassen, und am Ende erzählte Bill mir die seine sogar selbst.

Er war neunundzwanzig, hager, bleich, dezent und gut angezogen. Mit vierzehn war er in Pennsylvania, wo er groß geworden war, bei einem Diebstahl erwischt worden und kam für einige Zeit ins Erziehungsheim. Etwa fünf Jahre bevor ich ihn kennenlernte, war er nach Chicago gekommen und hatte bei den Spielern und Ganoven zwischen 26. Straße und State Street herumgehangen. Er freundete sich dort mit einer kleinen Kellnerin an, und schon bald ging sie für ihn auf den Strich. In den fünf Jahren hatte er dreißig verschiedene Frauen gehabt. In der Zeit, in der ich ihn kannte, hatte er vier, Ethel, Josephine, Mary und Barbara. Er kassierte jeden Tag das Geld bei ihnen ein, und mit jeder von ihnen verbrachte er etwa eine Nacht pro Woche.

Als ich Ethel dafür tadelte, daß sie mit einem Zuhälter lebte und ihm ihr Geld gab, sagte sie: »Wozu hat man denn das Geld? Um einen Mann, den man liebt, glücklich zu machen. Diese anderen Luder, die gehen doch nur für Bill anschaffen. Ich bin seine Freundin. Er liebt mich, und wenn er genug auf der Bank hat, bekommen die anderen 'nen Tritt, und wir heiraten und haben ein richtiges Zuhause.«

Ich wußte, daß sie im Innersten daran zweifelte, es sich aber um so hefter einredete, um selbst daran zu glauben. Die Wahrheit war, daß sie unsterblich in Bill verliebt war, und sie war eine jener seltsamen Frauen, die Befriedigung dabei finden, sich zu erniedrigen, und den Männern, die sie lieben, als Sklavinnen zu dienen. Ich fragte mich, ob Josephine und Mary und Barbara dasselbe über ihre Beziehung zu Bill sagten. Später erfuhr ich es.

Als erstes lernte ich Josephine kennen. Sie war groß, brünett, etwas heimlichtuerisch in ihrer Art, hatte breite, volle Lippen, die sie stets mit einem Lippenstift anmalte, der für ihren Teint zu hell war. Sie erzählte mir, sie hätte die Grammar School in Quincy, Illinois, abgeschlossen und einen Schwarzbrenner geheiratet, von dem sie ein Kind habe. Ihr Mann hatte jemanden umgebracht. Ein Teil ihres Hauses war schon abgezahlt gewesen, doch sie hatte alles für die Anwälte hergegeben, die ihn verteidigen sollten. Als er ins Gefängnis kam, nahm sie ihr Kind und fuhr per Anhalter nach Cleveland. Sie sagte, sie habe keinerlei Mühe gehabt, jemanden zu finden, der sie mitnahm, denn jeder habe Mitleid mit dem kleinen Mädchen gehabt. Einmal zahlte ein Mann ihr das Zimmer, und dann kam er nachts und wollte mit ihr schlafen, doch sie konnte sich herauswinden, indem sie ihn an seine eigenen Kinder erinnerte.

Wenn sie das erzählte, grinste sie immer und lachte darüber, wie »pingelig« sie damals gewesen sei. Sie dachte, sie würde in Cleveland Arbeit finden, doch daraus wurde nichts, und am Ende ließ sie das Kind bei Verwandten und reiste weiter nach New York, wiederum auf der Straße. Sie konnte nicht schlecht singen, und schließlich hatte sie eine Stelle als Tänzerin in einer billigen Revuetruppe und kam so nach Chicago. Sie verdiente kaum genug zum Leben, und nach einer Reihe unglücklicher, schäbiger Liebesaffären ging sie dazu über, von den Männern ein wenig Geld zu nehmen. Sie lernte Bill in einem Nachtclub kennen, in dem sie sang. Er sagte ihr, es sei verrückt, ihre Zeit zu verschwenden und vom Singen leben zu wollen. Im Vergleich zu den anderen Männern, die in der Spelunke verkehrten, schien Bill vernünftig. Er ging mit ihr aus und ließ sich von ihrem Kind erzählen. Am Abend, bevor er mit ihr schlief, gab er ihr fünfzehn Dollar, die sie den Verwandten, die das Kind versorgten, schicken sollte. Nach nur zwei Wochen hatte er sie soweit, daß sie für ihn auf den Strich ging.

Ich fragte sie im Namen des gesunden Menschenverstandes, warum sie denn mit einem Mann zusammenlebte, der noch drei andere Frauen hatte, und ihm ihr ganzes Geld überließ. »Ich bin seine Freundin«, antwortete sie, »und die anderen dummen Gänse arbeiten für mich mit. Das meiste von dem Geld, das sie verdienen, geht am Ende an mich.«

Später kam ich auch mit Barbara zusammen. Sie war klein, untersetzt, mit dunklem Teint. Sie hatte eine Dauerwelle, daß ihr Haar aussah wie Metallguß. Wenn sie sprach, sah sie einem nie in die Augen ... Aber sie hatte eine Menge zu erzählen, insbesondere über Bill, und tat es im singenden Tonfall der Südstaaten. Sie war als einzige von Bills Mädchen schon einmal im Güterwagen unterwegs gewesen. Sie sagte, sie sei mit einem Barbier dort untergekrochen, ihrem ersten Freier, unten in Atlanta, und ehe sie sich versehen hätten, sei der Zug angefahren, und sie hätten erst in Nashville wieder aussteigen können. Sie hatte in einem Restaurant gearbeitet und häufiger Männer mitgenommen, und dann hatte sie Willy Barnes geheiratet, einen Gangster, der später bei einem Tankstellenüberfall von der Polizei erschossen wurde.

Barbara hatte eine merkwürdige Vorliebe. Willy Barnes hatte einen Silberblick gehabt. Nach Willys Tod ließ sie sich mit einem anderen Gangster ein, »Bad Eye«, und war mit ihm die ganze Strecke bis hinauf nach Chicago per Anhalter gefahren; zwischendurch waren sie immer wieder untergetaucht. Als er bei einem Tankstellenüberfall in Chicago gefaßt und nach Joliet geschickt wurde, wandte sie sich »Goggles« zu, einem Autodieb. Der hatte nur ein Auge. Als auch er hinter Gitter kam, weil er Kennzeichen gefälscht hatte, trat »One-Eyed Jim« die Nachfolge an. Viele Jahre lang, sagte sie, seien all ihre Liebhaber am Ende ins Kittchen gekommen, und alle hätten etwas mit den Augen gehabt. Sie konnte sich selbst nicht erklären, warum sie sich immer wieder in solche Männer verliebte. Aber als Bill sie von der Straße auflas, wo sie, krank wie sie war, versucht hatte, Männer anzusprechen, da waren seine wunderschönen, makellosen Augen der Grund gewesen, sich mit ihm einzulassen – da sei sie sich sicher.

Nachdem ich sie ein wenig besser kennengelernt hatte, fragte ich Barbara, was ich auch die anderen gefragt hatte.

»Sag mir, warum gehst du für einen Mann auf die Straße, der dich nicht liebt und der noch andere Frauen hat?«

Sie sah mir ins Gesicht, mit einem trotzigen Blick, aus dem Verachtung für die anderen Frauen sprach.

»Bill liebt mich. Ich bin seine Freundin. Er ist mein Junge, und ich muß auf ihn aufpassen. Er hat mir versprochen, daß er die anderen davonjagt, sobald er zehntausend Dollar zusammenhat, und dann gehen wir nach Duluth und machen ein legales Geschäft auf. Ich bin schon seit vier Jahren mit Bill zusammen, und ich bin die einzige Frau, die er wirklich liebt.«

Nun blieb nur noch eine übrig, bei der ich nachfragen mußte, also suchte ich Marys Nähe. Sie war beinahe ebenso groß und schwer wie ich, mit kräftigen Armen und stämmigen Waden. Sie ging auf den Strich, seit ihr Mann sie in Cincinnati mit einem Hausierer erwischt hatte. Bill hatte sie in Chicago auf einer Party kennengelernt, auf die sie mit einem Mann gekommen war, der aus Ohio stammte und sich mit ihr angefreundet hatte, als er in einem Nachtclub hörte, wie jemand sie »Cincinnati« nannte. Sie schien ihrem Gewerbe nicht allzu ernsthaft nachzugehen, obwohl sie sich immer beschwerte, daß sie nicht genug anzuziehen habe. Wie die anderen fragte ich auch sie, wie um alles in der Welt sie dazu komme, mit einem Zuhälter zusammenzuleben und ihm ihr ganzes Geld zu geben.

»Bill liebt mich. Ich bin seine Freundin ... « begann sie.

»Lieber Himmel, sag mir doch nicht, daß du Bills Freundin bist und daß die anderen Frauen allesamt für dich arbeiten. Das sagt jede von euch vieren. Bill ist ein Dreckskerl und ein Lügner und ein Faulenzer. In den letzten fünf Jahren hat er dreißig Frauen gehabt, und jeder davon erzählt er dieselbe Geschichte. Gemeiner und hinterhältiger als er kann ein Mann gar nicht sein. Was ist denn nur an ihm, daß ihr alle so verrückt nach ihm seid? Ich würde so einen Kerl nicht einmal als Fußabtreter haben wollen. Ich glaube nicht an Gerichte oder Gefängnisse, aber ein Strick ist noch zu gut für den. Ich verstehe nicht, warum nicht eine von euch ihm die Kehle durchschneidet.«

Doch sie lächelte nur ruhig und verständnisvoll.

»Du kennst Bill nicht«, sagte sie, und etwas in ihrem Blick verwirrte mich, und ich erschauderte. Und plötzlich kam mir Jordan in den Sinn. Natürlich war er kein Zuhälter. Er hatte noch nie von einer Frau verlangt, daß sie auf den Strich ging. Doch er hatte Dutzende von Frauen gehabt. Er war gleichzeitig mit mir und mit meiner eigenen Schwester zusammengewesen, und doch war ich noch immer verrückt nach ihm. Als ich ging, war Mary in Träume von Bill versunken, und ich fühlte mich wie am Boden zerstört.

Danach sah ich Bill fast jeden Tag in der Nähe des Hotels. Stets lächelte er mich an und grüßte freundlich. Und ich bemerkte, daß ich halb versuchte, ihm aus dem Weg zu gehen, und mich darauf freute, ihm zu begegnen. Eines Abends war Ethel zu betrunken, um an die Arbeit zu gehen, und Bill verprügelte sie. Sie schrie, und ich rannte über den Flur und riß die Tür auf, die nicht verschlossen war.

»Du Dreckskerl!« brüllte ich. »Reicht es denn nicht, daß du deiner Sklavin das Blut aussaugst und ihr Geld stiehlst und sie in die Gosse ziehst?«

Er antwortete mir besonnen.

»Nun passen Sie mal auf, junge Dame. Das kleine Luder hier, das gehört mir. Ich bin ihr Mann. Als ich sie fand, war sie ein Häufchen Elend mit einem Tripper und ohne einen Pfennig. Sie lief in Lumpen. Ich habe sie zum Arzt gebracht. Ich habe ihr Kleider gekauft. Ich habe ihr beigebracht, wie man Geld nimmt für das, was sie verschenkt. Noch nie in ihrem Leben ist es ihr so gut gegangen wie jetzt. Sie schickt sogar ein wenig Geld nach Hause. Aus allen meinen Frauen mache ich Damen. Ich sorge dafür, daß sie etwas verdienen. Ohne mich wären sie nicht den Dreck unter meinem Fingernagel wert.«

Doch Ethel, wie sie mit verschwollenem Gesicht schluchzend auf ihrem Bett lag, schien mir etwas anderes zu erzählen, und ich sagte ihm ordentlich die Meinung.

»Du gemeiner Kerl! Ethel ist gerade erst neunzehn. Sie stammt aus einer ordentlichen Familie. Wenn es dich und deinesgleichen nicht gäbe, könnte sie heiraten und ein anständiges Leben führen. Sie sollte dich umbringen. Sie würde der Gesellschaft damit einen Gefallen tun.«

Sehr unsicher, sehr betrunken, rappelte sich Ethel vom Bett auf, und mit einem verschwommenen, wütenden Blick in meine Richtung stolperte sie hinüber zu Bill und legte ihre Arme um ihn.

»Daddy, verzeih mir, daß ich gebrüllt habe. Ich liebe dich. Küß mich.«

Bill wandte sich kühl zu mir um.

»Schau dir das gut an, Kleine«, sagte er. »Und eins laß dir gesagt sein – dafür, daß du geglaubt hast, du müßtest hier hereinpoltern und mich belehren, kriege ich dich eines Tages in meinen Stall!«

Ich schnaufte mit etwas, das ich für Abscheu hielt.

»Ich in deinem Stall!« brüllte ich. Ich ergriff eine Buchstütze und warf sie nach ihm. Sie traf ihn am Hals. Da kam Ethel durchs Zimmer gestürzt, Arme und Klauen ausgestreckt, um sich auf mich zu werfen.

»Du dreckige dicke Kuh!« schrie sie. »Mach, daß du aus meinem Zimmer kommst, sonst bring ich dich um!«

Zurück in meinem Zimmer warf ich mich auf das Bett, ich zitterte und weinte, ich weinte um Ethel und die anderen Mädchen Bills. Ich weinte um meinetwegen, denn ich fühlte mich plötzlich allein auf der Welt, ich weinte, weil ich wußte, daß Mädchen wie Ethel und die anderen dies alles taten, weil sie sich allein fühlten.

Nach einer Weile wurde leise an meine Türe geklopft, und ein Botenjunge überreichte mir eine Vase mit Blumen und ein Briefchen dazu.

»Meine liebe wackere Bertha«, hieß es. »Ich mag deine Art. Mutige Mädchen gefallen mir. Mein Wagen wird um vier Uhr vor dem Eingang stehen. Laß uns ein wenig spazierenfahren. – Bill.«

Ich hielt den Zettel in meinen zitternden Fingern. Wie gut Bill die Frauen doch kannte, dachte ich. »Ich werde dich in meinen Stall kriegen«, ging mir wieder durch den Kopf, und ich betete: »Nein, das darf nicht sein«, doch ich merkte, wie ich seine Rosen an die Brust preßte. Plötzlich bekam ich es mit der Angst zu tun.

Ich hatte noch ein wenig Geld übrig und ging den weiten Weg zur Northwestern Station zu Fuß und kaufte eine Fahrkarte nach dem ersten Ort, dessen Namen mir einfiel, Milwaukee. Ich saß schon im Zug und wartete, daß er abfuhr, da wurde ich nervös. »Gott helfe mir, daß ich meiner Versuchung rasch erliege«, fiel mir ein. Plötzlich begriff ich, daß Bill etwas hatte, das ich wollte. Das war sinnlos, aber es war die Wahrheit. Gerade als der Zug anfuhr, sprang ich ab und lief zurück zum Hotel. Ich kam um Punkt vier Uhr an. Bill stand am Eingang, öffnete mir die Tür seines Wagens, und ich stieg ein. Keiner von uns sagte ein Wort.

Wir fuhren durch den Lincoln Park und die Sheridan Road hinunter, dann begannen wir zu reden.

Er sprach über das Wetter, über Bäume, Bücher. Seine Stimme war leise und einschmeichelnd. Er blickte mich an und durch mich hindurch. Ich wurde kribbelig. Ich verabscheute ihn. Ich fand ihn widerwärtig. Das wußte ich in meinem Innersten. Doch ich stellte fest, daß mein Körper ihm nahe sein wollte.

»Danke für die Rosen«, brachte ich endlich hervor. »Sag mir, Bill, wie fühlt man sich, wenn man ein Blaubart ist und seine Frauen ermordet?«

»Bertha, das kann ich dir sagen. Man fühlt sich ganz und gar nicht gut. Ich mag Musik, ich mag Bücher. Ich gehe gern zu Vorträgen. Ich interessiere mich für Politik, für radikale Politik. Ich wünsche mir ein System, in dem es keine

Huren mehr gibt, keine Lohnsklaven. Wenn du glaubst, es sei ein Kinderspiel, für Frauen zu sorgen und sie zufriedenzustellen, dann irrst du dich. Sie sind ständig krank, ständig pleite, ständig streiten sie sich. Ich habe nichts als Kummer mit ihnen. Ich bringe meine ganze Zeit damit zu, für diese Mädchen zu sorgen. Aber wenn ich eine intelligente Frau hätte, mit der ich zusammenarbeiten könnte, eine, die mir helfen könnte, die mich wirklich lieben würde, dann könnte ich etwas anfangen. Früher war ich Gewerkschaftsmitglied und habe fünfundsechzig-fünfzig die Woche verdient, mehr als ich heute habe. Einmal hatte ich eine Glücksspielkneipe. Ich kannte mich in der Politik aus. Ich brauche diese Nutten genausowenig, wie du ein Dutzend Männer brauchst. Ich brauche einen Boß, eine Frau, die auf mich aufpaßt. Die Mädchen, die ich da habe, die ziehen mich immer weiter herab. Sie sind alle verkommen und korrupt. Bertha, wenn du mich liebtest, wenn du mir helfen könntest . . .«

Wir aßen im Edgewater Beach Hotel zu Abend. Er war galant. Er tanzte mit mir.

»Du bist schön, Boxcar«, flüsterte er mir zu. »Darf ich heute nacht auf dein Zimmer kommen? Bitte.«

Ich antwortete nichts. Doch ich wußte Bescheid. Und er wußte Bescheid. Und ich wußte, daß alles, was er gesagt hatte, Lügen waren. Aber es machte mir nichts aus.

Auf meinem Zimmer zog ich den Schlafanzug an und steckte eine seiner Rosen in den Ausschnitt. Er kam mit einer Flasche Old Crow. Wir machten uns einen Highball.

Was für eine Nacht! Bill wußte, wie man mit Frauen umging. Das mußte es wohl gewesen sein, denn äußerlich machte er nicht viel her, nur etwa einssiebzig groß und vielleicht hundertzwanzig Pfund schwer. Er war bleich. Er war ausgebrannt. Aber seine Art einen zu berühren war meisterhaft. Als er mir mit den Fingern über den Hals fuhr, geriet ich in Ekstase. Ich ließ mich gehen. Ich war wie hypnotisiert, ich wollte keine Leidenschaft, ich wollte mich opfern. Als er mich endlich in die Arme nahm, war ich selig. Ich fühlte mich wie Mutter, Kind und Geliebte in einem.

»Bill, Bill, was hast du mit mir gemacht?«

»Was *soll* ich mit dir machen?«

»Bill«, flehte ich ihn an, »du brauchst mich doch nicht, um für dich anzuschaffen. Es gibt genug andere Frauen. Ich will etwas leisten in der Welt. Ich will den Menschen helfen, den Armen, den Dieben, den Ganoven. Wie soll ich das denn machen, wenn ich eine Hure werde. Womöglich hole ich mir eine Krankheit. Bitte schick mich nicht auf den Strich!«

Ich hörte meine eigene Stimme, wie sie jammerte. Ich kannte seine Antwort, noch bevor er sprach.

»Nun hör mal, Baby. Du bist doch meine Freundin. Ich liebe dich. Die anderen Nutten, die bedeuten mir doch nichts. Die arbeiten für dich. Ich will keinen Pfennig von dem, was du verdienst. Jeden Cent, den du bekommst, bringen wir auf die Bank, und dann machen wir ein kleines Geschäft auf. Und wenn du ein Hobo-College oder eine Mission aufmachen willst, dann kannst du das. Aber zuerst möchte ich, daß du für eine Woche oder zwei arbeitest, Bertha, um mir aus der Patsche zu helfen. Die Rate für mein Auto wird fällig. Ich habe eine Menge Schulden. Wenn du mich wirklich liebst, Baby, dann machst du das für mich.«

Genau die Worte, mit denen er auch seine anderen Frauen umgarnt hatte! Eine Droge, die er mir einträufelte. Mein Körper räkelte sich wohlig in seinen Armen. Ich war seine Frau. Eine seiner Frauen! »Du spielst mit dem Feuer«, flüsterte die Vernunft mir zu, doch mit jeder Faser gab ich mich ihm hin, und ich war überglücklich, daß ich nun selbst erfahren hatte, wie Frauen sich von alters her fühlen, wenn sie sich dem »Ich liebe dich – und wenn du mich auch liebst, wirst du tun, was ich will« ergeben.

Am Morgen ging ich vor dem Hotel am Seeufer spazieren. Es war ein stürmischer Tag, und die Wellen schlugen hoch. Die Gedanken in meinem Kopf waren aufgepeitscht wie die Wellen. Die Gischt kühlte mich. Meine Gedanken wurden klar. Was war es doch für eine Dummheit. Ich wollte eine Hure werden und mein Geld einem Zuhälter geben! Mein Großvater kam mir in den Sinn, der für die Emanzipation der Frauen gearbeitet hatte. Ich dachte an meine Mutter, die frei und ehrlich war und sich ihre Liebhaber mit reinem Gewissen genommen hatte. Ich dachte an E. A. O., der gesagt hatte, es sei etwas Besonderes an mir, an Lowell Schroeder, an die Männer und Frauen, die ich in der Kooperative in Arkansas gekannt hatte und in der Home Colony in Washington. Freie Männer und Frauen! Bill Steward hatte mich nun nicht mehr in seiner Gewalt. Ich konnte wieder klar denken, aber ich wußte, daß ich nicht abspringen würde. Überall auf der Welt bezahlen Tausende, Millionen von Männern Frauen für einen flüchtigen Kontakt. Warum gehen die Männer zu diesen Frauen? Was haben die Frauen ihnen zu bieten? Das wollte ich herausfinden. Das hatte ich schon immer wissen wollen.

War ich ein Chamäleon, das sich den Verhältnissen jeder neuen Umgebung anpaßte? Ja, genau. Ich wußte noch, daß ich, als ich zu den Versammlungen der I. W. W. ging, dachte und redete wie ein Wobbly. In Greenwich Village bei Franklin Jordan fühlte ich mich wie eine Intellektuelle. Als ich mit Schroeder zusammenlebte, fühlte ich mich wie eine Ehefrau. Stimmte es also tatsächlich, was Jordan predigte, daß wir alle die Geschöpfte unseres Milieus sind? Stand es überhaupt in meiner Macht zu wählen, ob ich Bills Sklavin werden wollte oder nicht? Und dann erinnerte ich mich, daß ich nicht zum ersten Mal mit dem Gedanken spielte, eine Prostituierte zu sein. Schon als kleines Mädchen in Bismarck, wo ich ihnen zusah, wie sie ihr Gewerbe trieben, hatte ich eine von ihnen sein wollen. Bill war nur die Entschuldigung, die mir den Weg wies.

Ethel schlief, als ich zurückkam. Ich schüttelte sie.

»Was sagst du dazu? Ich habe mich in deinen verfluchten Zuhälter verliebt, und morgen früh fange ich an für ihn zu arbeiten. Aber ich bin anders als ihr alle. Ich werde etwas von dieser Erfahrung haben. Ich werde herausbekommen, warum Frauen sich von ihren Gefühlen versklaven lassen.«

»Das glaubst du doch wohl selber nicht«, sagte Ethel ärgerlich und drehte sich auf die andere Seite. »Du bist genauso blöd wie alle anderen.«

Auch in dieser Nacht schlief Bill wieder mit mir. Soviel mir auch den Tag über durch den Kopf gegangen war, wartete alles an mir auf seine Finger und auf seine Lippen, und am Morgen war ich unentschiedener denn je.

Um sechs rief Pollack an, der Geschäftsführer des Globe, eines Bordells. Bill sprach mit ihm.

»Klar – ich hab 'ne neue Puppe. Was braucht sie?«

Er wandte sich an mich.

»Hast du ein hübsches Korsett?« fragte er.

»Nein«, sagte ich schwach.

»Na gut, ich werd dir was besorgen. Steh auf und zieh dich an. Dein Typ ist gefragt, drüben im Globe, um sieben Uhr.«

Er ging hinüber zu Ediths Zimmer und brachte ein reich mit Spitzen besetztes und besticktes Korsett aus Georgette, und während ich mich anzog, setzte er sich auf die Bettkante.

»Wenn du ein kluges Mädchen bist, kommst du heute abend mit einem hübschen Batzen Geld zurück«, sagte er. »Das Zimmermädchen oder eine von den Nutten zeigt dir, was du machen mußt. Laß dir nichts gefallen, aber versuche nett zu ihnen zu sein. Das ist ein guter Laden. Laß dir unten noch 'ne Tasse Kaffee geben. Ich rufe ein Taxi.«

Sein Kuß war teilnahmslos, doch ich war so erregt beim Gedanken an diese neue Erfahrung, daß es mir nichts ausmachte.

13

Das Taxi hielt vor dem Globe, einem alten dreistöckigen Backsteinbau an der Erie Street nahe Clark. Früher war es einmal ein Männerwohnheim gewesen. Ich ging die Treppe hinauf und kam an eine Rezeption.

»Bist du die Nutte von Bill?«

Ich nickte bestätigend, er drückte einen Knopf an der Rückseite der Theke, und eine Tür öffnete sich. Der Aufseher erschien, Rudy, eine pockennarbige Gestalt mit buschigen Augenbrauen und penetrantem Fußschweiß.

»Hier entlang. In dem Zimmer hier ziehst du dich aus. Hast du ein Korsett mit? Nimm deine Medikamente und deine Schminksachen aus der Tasche. Schnüre deine Sachen zu einem Bündel. Nimm kein Geld mit hinein.«

Ich holte die Dinge aus der Handtasche, die Bill am Vorabend für mich besorgt hatte – eine kleine Tube Vaseline, ein Stück Hygieneseife, ein Fläschchen Desinfektionsmittel und Lippenstift, Rouge, Puder und Kamm. Rudy nahm mein Bündel und deponierte es in einem kleinen Zimmer, das das Fluchtzimmer hieß, denn aus ihm führte eine Geheimtür nach draußen. Ein Teil der Wandvertäfelung ließ sich aufklappen, und dahinter kam eine Öffnung zum Vorschein, von der aus man aufs Dach gelangte. Von da erreichten die Mädchen eine Leiter, die auf ein weiteres Dach hinaufführte, wo ein Häuschen stand, in dem sie sich verstecken konnten, bis die Polizei wieder weg war.

Nachdem Rudy mir den Fluchtweg erläutert hatte, nahm er mich wieder mit hinein und stellte mich Margaret vor, dem farbigen Zimmermädchen, einer Kaffeebraunen von Anfang Dreißig. Sie fragte, wie ich hieße, und ich antwortete ihr: »Bertha.«

»Also, Schatz, wir haben schon 'ne Bertha hier«, sagte sie mir, »da nennen wir dich Dottie. Wir arbeiten reihum, bis jede mal dran gewesen ist, und dann geht's nach Wahl. Du nimmst den nächsten, der kommt, es sei denn, er wäre 'n Freund von einer hier. Setz dich.«

Wir kamen in einen großen Raum, den Salon, einem Zimmer voller Spiegel und mit Linoleumboden. Er war hell erleuchtet. Es gab keine Stühle, aber an drei Seiten Bänke. Sechs Mädchen warteten; die anderen drei waren beschäftigt, und ich lernte sie später kennen.

»Das hier ist Edna. Sie wird dir zeigen, wie's bei uns zugeht.«

Edna, oder Edna die Französin, wie die Mädchen sie nannten, trainierte meist die Neuen. Sie war eine Wasserstoffblonde und mußte an die zweihundert Pfund wiegen. Ich war froh, jemanden zu sehen, der dicker war als ich.

Edna war die gefragteste von allen, aber sie verdiente nicht das meiste, denn sie war eine reine Zwei-Dollar-Frau. Als nächstes kam Lorraine, das Mädchen Pollacks, des Geschäftsführers. Sie war groß, gut gebaut und rothaarig. Sie war diejenige, die stets am meisten einnahm.

Neben ihr saß Jackie, ein schmächtiges Mädchen mit einer Hakennase, durch die sie einem Meerschweinchen glich. Sie war ein »Niggerliebchen«, das heißt, ihr Zuhälter war schwarz. Sie schaffte nur mäßig an, und es hieß, sie mache alles. Von allen Mädchen dort trug sie die besten Ausgehkleider.

Irene war eine schmale, dunkle, zart gebaute Frau von etwa dreißig. Sie war nicht allzu raffiniert, aber sie arbeitete hart und verdiente gut. Chickie, eine gebleichte Blondine, sah mit ihrem Mausegesicht schon etwas ältlich drein. Sie hatte zwei Kinder, und ihr Mann war Spieler. In der Ecke saßen Dolly und June, die beide aussahen wie Statuen, mit zurückgekämmtem Haar und ausdruckslosen Gesichtern. »Die beiden sind Französinnen«, flüsterte Edna mir zu, »Lesben. Sie leben beide mit Earl Walker, einem schwarzen Zuhälter von der South Side.«

Katherine war ein reifes, nachdenklich wirkendes Mädchen um die dreißig und steckte ihre Nase immer in ein Buch, wenn sie nicht arbeitete. Ihr Zuhälter Scotty war Aufseher im Landesgefängnis.

»So, und du willst eine Zwei-Dollar-Hure werden?« begrüßte sie mich. »Herzlich willkommen. Wenn du mehr als sechzig Tage lang hierbleibst, dann gehörst du hierher. Jede kann durch einen unglücklichen Zufall in einen dieser Läden geraten, aber ein Mädchen, das bleibt, muß für diesen Posten geboren sein.«

Peggy, eine heißblütige gebleichte Blondine, war wie ein junger Panther. Sie machte die Männer an und sagte zu jedem, der aussah, als ob er Geld hätte: »Daddy, du bist wunderbar! Und ein phantastischer Liebhaber. Willst du mir nicht hier raushelfen? Wenn du mir zwanzig Dollar gibst, kann ich der Bande hier meine Schulden bezahlen, und wir treffen uns draußen.« Sol Rubenstein war ihr Zuhälter, und er holte sie jeden Abend in einem großen Lincoln ab.

Das letzte Mädchen, das ich an jenem ersten Tag kennenlernte, war Alabama, eine schmächtige Brünette, die aussah, als ob sie Tuberkulose hätte. Sie war eine Komödiantin, sie sang und erzählte Geschichten und machte Witze. Die meiste Zeit war sie halb betrunken, obwohl es gegen die Hausregeln verstieß, wenn die Mädchen zu sehr tranken. Sie verdiente gutes Geld. Alle Kunden mochten sie. Sie unterhielt zwei Zuhälter, einer davon verheiratet, ein Taxifahrer mit zwei Kindern, der andere ein Mann namens Kelly, der Barmixer in einem Hotel im Loop-Viertel war. »Kelly hat sie erzählt, der Taxifahrer sei ihr Mann«, erklärte Katherine. »Er weiß, daß sie lügt, aber solange sie ihm den Löwenanteil ihres Geldes abliefert, ist er zufrieden.«

Die Belegschaft des Hauses wechselte oft, erzählte Margaret mir. Jedes der Mädchen hatte seinen Zuhälter. Ich erfuhr, daß das Globe einem Syndikat gehörte, dessen geheimnisvollen Boß ich niemals zu Gesicht bekam. Sie nannten ihn den »Alten«. Er kam nie in unser Etablissement, doch die Mädchen sagten, sie sähen ihn gelegentlich in seinem Nachtclub.

Der Geschäftsführer des Hauses war Pollack, ein syphilitischer, triefäugiger Glatzkopf mit großer Nase, den sie voller Zuneigung den »Sklaventreiber« nannten. Neben den Einnahmen für diesen Job ließ er sich noch von vier Frauen aushalten, Lorraine bei uns und jeweils einer in jedem der drei anderen Läden, die das Syndikat noch betrieb. Der nächste in der Hierarchie war Rudy, der im Haus für Ordnung sorgte. Als dritter kam ein Mann namens »Schweinekotelett«, ein Italiener mit schmutziger Weste, der stets etwas Lauerndes hatte und der an der Hausecke Schmiere stand. Wenn Polizisten im Anmarsch waren, warnte er uns, und wir ergriffen die Flucht. Der Mann an der Theke, der die Kunden anwarb, war »Einauge«, ein großer, linkischer Junge von etwa zwanzig, der durch eine Gonokokken-Infektion ein Auge verloren hatte; er hatte sich an einem Handtuch infiziert, das im Badezimmer seiner Mutter gelegen hatte. Einauge war der einzige unter den Männern, der kein eigenes Mädchen hatte und der ständig »auf Brautschau« war. Als letzter Mann in der Hierarchie kam Kautabak-Rocky, ein massiger Italiener, der immer einen Priem im Mund hatte. Er machte Besorgungen für die Mädchen und brachte Botschaften von einem Laden zum anderen. Er war Irenes Zuhälter, und die Mädchen nannten ihn das »Teetäßchen«, weil Irene ihm nur einen Dollar pro Tag ablieferte.

Am meisten hatten wir Mädels mit Margaret zu tun, dem Zimmermädchen. Wenn ein Freier kam, wurde er in den Salon geführt, wo immer ein halbes Dutzend Mädchen bereitsaß. Er suchte sich eines aus, und sie gingen auf ein Zimmer. Sobald sie allein waren, ließ das Mädchen sich das Geld geben. Unser Haus war zwar als Zwei-Dollar-Laden bekannt, doch wenn ein Fremder kam, versuchten die Mädchen ihm so viel wie möglich aus der Tasche zu ziehen. Einem Fremden sollten wir sagen: »Für fünf Dollar kannst du deinen Spaß haben.« Wenn er zögerte, hieß es als nächstes: »Gib mir drei Dollar, und ich ziehe mich ganz aus.«

Kam eine ganze Taxiladung, so sagte das Zimmermädchen, bevor sie den Salon betrat, stets: »Portier«, was für uns bedeutete, daß wir versuchen sollten, so viel wie möglich herauszubekommen, denn der Taxifahrer bekam eine Kommission, vier Dollar für zehn, zwei für fünf und einen Dollar für drei. Es wurde erwartet, daß wir bei einer Taxifuhre mindestens fünf Dollar pro Nase machten. Es gab Ausnahmen von diesen Regeln. Wenn ein »guter Mann«, einer der freigiebig war, eintrat, dann sagte das Mädchen »Zahltag«. Wenn er für einen Fünfer gut war, sagte sie »Feiertag«, und wenn zehn Dollar herauszuholen waren, hieß es »langes Wochenende«. Bei dieser Methode konnten uneingeweihte Mädchen niemals die Preise verderben. Margarets Aufgabe war es, jeden Kunden und die Summe, die er ausgegeben hatte, im Kopf zu behalten.

Sobald der Freier uns das Geld gegeben hatte, gingen wir hinaus zu Margaret und tauschten es gegen Blechmarken ein, die ähnlich aussahen wie die Biermarken aus Messing, die es früher gegeben hat. Die Zwei-Dollar-Marke war gestempelt mit »Wertmarke fünf Cents«, auf der etwas größeren Drei-Dollar-Marke stand »Wertmarke zehn Cents«. Wenn wir zehn Dollar einnahmen, bekamen wir zwei Dreier und zwei Zweier.

Wenn Margaret hundert Dollar zusammenhatte, brachte sie sie zu Pollack, der das Geld dann Solly aushändigte, dem Geldeinnehmer, der zweimal am Tag mit einer kleinen Handtasche und zwei schwerbewaffneten Leibwächtern vorbeikam, Boyle, einem ehemaligen Polizisten, und einem zweiten, den sie den »Indianer« nannten. Sie brachten das Geld zum Newland-Hotel, das dem Alten gehörte. Er beaufsichtigte dreißig Lokale, Bordelle und Spielhöllen, und war damals Chef des North-Side-Syndikats. Doch keiner der Läden gehörte ihm oder einem seiner Partner.

Es war nicht schwer, einen Laden aufzumachen, erzählte man mir. Ein altes Hotel wurde in Lizenz übernommen, und der ehemalige Besitzer blieb vielleicht sogar, um den Laden zu verwalten. Alles, was der Alte tat, war, das Geschäft für ihn zu organisieren, er besorgte die Mädchen und das Personal und beschützte sie vor der Polizei. Von den Tageseinnahmen des Alten bekam der ursprüngliche Besitzer oder Manager des Hotels zwischen fünfundzwanzig und fünfzig Prozent. Den Mädchen sagten sie, die Schmiergelder an die Polizei betrügen zehn Prozent. Doch Pollack, der schon seit zwanzig Jahren dabei war, sagte, die Polizei bekomme kaum etwas. Der Alte habe seine Kontakte im Rathaus. Er leistete einen kräftigen Beitrag zu den Wahlfonds, ob demokratisch oder republikanisch. Sämtliche Politiker wurden mit Spenden bedacht, er war gut zu den Armen, und etwa zweihundert Dollar pro Laden verteilte er wöchentlich an die Polizei. Der Polizeichef, die Streifenpolizisten und diejenigen von der Sitte bekamen das meiste davon.

Die Tag- und Nachtschicht des Globe bestanden zusammen aus zwanzig Mädchen. Im Schnitt verdiente jedes Mädchen dreißig Dollar pro Tag für das Haus. Wenn die Geschäfte gutgingen, war es nichts Ungewöhnliches, daß der Laden zwischen vier- und fünftausend Dollar pro Woche einnahm.

Ich hatte mir ein Bordell immer als einen aufregenden Ort vorgestellt und war überrascht, wie ruhig das Leben hier verlief. Edna zeigte mir, wie man den Fußschutz aufs Bett legte. Keiner der Männer zog je seine Schuhe aus, und wir legten ein Stück Leinen ans Fußende, um die Bettdecke zu schützen. Dann brachte sie mir bei, wie man einen Mann untersucht, und schärfte mir ein, keinen zu nehmen, der Anzeichen von Krankheit zeigte.

Noch während Edna mich anlernte, spürte ich deutlich, daß ich mich in diesem Job beweisen wollte, so wie es mir immer gegangen ist, wenn ich irgendwo einen Job als Schreibkraft annahm. Ich spürte, daß sie und die anderen Mädchen mehr wußten als ich und erwarteten, daß ich mithielt.

Mein erster Freier war allerdings ein Schock, ein grobschlächtiger Kerl, ein Mann von etwa fünfzig mit einem gewichsten Schnurrbart. Er war ungeschickt und rauh. Er faßte mir unter das Korsett und kniff mich. Die Grobheit hätte ich mir gefallen lassen, aber seine Hände waren schmutzig, und er stank ekelhaft nach Knoblauch.

Beim nächsten Dutzend Männer ging es recht leicht. Dann kam ein glattrasierter alter Herr, um die siebzig. All seine Manneskraft hatte ihn verlassen, und er wollte, daß ich ihn streichelte und küßte und solche Dinge mit ihm tat. Ich versuchte es, aber ich versagte vollkommen. Er tat mir leid, und ich wollte etwas für ihn tun, aber ich brachte es nicht fertig.

Gegen Abend kam ein Schlägertyp herein. In dem Augenblick, in dem ich ihn sah, wußte ich, daß es mit ihm Ärger geben würde. Den ersten Fehler machte ich, als ich fünf Dollar von ihm verlangte, und den zweiten, als ich ihn drängte, den Extradollar zu bezahlen, für den ich mich ausziehen wollte. Er kam sofort zur Sache. Er schüttelte mich ab, als ich ihn untersuchen wollte. Er gab mir zwei Dollar, hob mich in die Luft und warf mich aufs Bett. Ich wehrte mich, aber er zwang mich nieder und hielt mich unten fest. Ich rief nach Margaret, und er begann mich zu beschimpfen. Margaret klingelte nach Rudy, dem Rausschmeißer.

Er kam, und Pollack gleich hinter ihm, und als Rudy den Burschen herunterhievte, sagte Pollack: »Verpaß ihm eins!« Rudy zog ihm die »Keule« über den Schädel, einen mit Schrot gefüllten Totschläger. Solange er ohnmächtig war, zerrten sie ihn die Hintertreppe hinunter, verfrachteten ihn in einen Wagen, fuhren ihn ein paar Blocks weiter und warfen ihn in einem finsteren Winkel unter der Hochbahntrasse hinaus.

Manchen Männern war es peinlich. Sie sahen sich das Mädchen kaum an, das sie aussuchten. Oder sie taten, als seien sie harte Burschen, und machten schlüpfrige Witze. Ein gutgekleideter Mann mit einem schmalen, nachdenklichen Gesicht wählte mich, indem er auf mich zukam und mir die Hand auf die Schulter legte. Währenddessen und auch danach, als wir allein waren, sprach er kein einziges Wort. Ich nahm ihn ein wenig in die Arme, als er fertig war, und als er ging, warf er mir einen Blick zu wie ein ausgehungerter Hund, dem man etwas zu essen gegeben hat. Ein anderer, noch ein halbes Kind und ein wenig betrunken, weinte, als er es getan hatte, und sagte, er sei noch niemals in einem solchen Haus gewesen. Doch die meisten schienen alte Kunden zu sein, die genau Bescheid wußten.

Im Laufe des Tages fragte mich mindestens die Hälfte der Freier, ob ich Französin sei. Ich antwortete mit »nein«. Einige versuchten, mich zu überreden, manche drohten, sich eine andere zu nehmen, doch keiner machte ernsthaft

Ärger, bis ein junger stupsnasiger Italiener kam, und als ich mich weigerte, ging er zu Margaret und sagte: »Ich will eine französische Nutte. Fürs Normale brauche ich nicht herzukommen. Das kann ich auch zu Hause haben.«

Margaret sagte etwas zu Rudy, und er kam und setzte sich zu mir, gab mir eine Zigarette und steckte sich selbst eine an.

»Kleines, ein Puff ist ein ganz normaler Betrieb, und die Kunden wollen zufriedengestellt sein. Heutzutage gibt es kaum noch einen Mann, der sich einfach nur drauflegen will. Sie wollen erst das eine und dann das andere. Mir darfst du keinen Vorwurf machen. Ich hab die Menschen nicht geschaffen. Wir machen Geschäfte hier, und wenn du's in einem Laden wie dem hier zu etwas bringen willst, dann mußt du Französisch lernen, und vielleicht noch Griechisch. Sei doch kein Dummkopf. Du kommst mit den Freiern aus, und alles geht einfacher, wenn du nicht so zimperlich bist.«

Ich lernte es schnell. Die anderen Mädchen fanden nichts dabei. »Das große Geld ist bei den ›Abnormen‹ zu holen«, sagte Edna. »Und was für Gestalten man da zu sehen bekommt! Aber die Natur hat sie so geschaffen, und was soll man da machen?«

Als der Tag vorüber war, hatte ich vierzig Freier gehabt, vierzig sexhungrige Männer, die ich befriedigt hatte.

Wie alle anderen Mädchen führte auch ich Buch über meine Kunden. Hier ist die Aufrechnung über meinen ersten Arbeitstag als Prostituierte:

20 Männer zu je $	2.00	$ 40.00
10 Männer zu je $	3.00	30.00
5 Männer zu je $	5.00	25.00
2 Männer zu je $	4.00	8.00
3 Männer zu je $	10.00	30.00
Insgesamt		$ 133.00

Um halb sieben schickte Margaret mich ins Büro zur Abrechnung. Ich hatte Marken für $ 133 und glaubte natürlich, ich würde die Hälfte davon bekommen, $ 66.50. Statt dessen reichten mir Pollack und Rudy, nachdem sie meine Marken gezählt hatten, $ 40.

»Wieso nur $ 40?« fragte ich. »Ich habe euch $ 133 gegeben. Wo ich in die Schule gegangen bin, in North Dakota, da war die Hälfte von 133 66,50.«

»Weißt du nicht, wie hier gerechnet wird?« antwortete Pollack. Er nahm einen Bleistift und rechnete es mir vor.

Freier	$ 133.00
50 % Haus	66.50
10 % Schutzkosten	6.50
	$ 60.00

»Siehst du, Kleine, wenn's brenzlig wird, dann sorgen wir für dich. Du brauchst dir um nichts Gedanken zu machen. Wir zahlen Kautionen für dich und alles.«

»Aber da fehlen immer noch zwanzig Dollar«, wandte ich ein.

»Was zum Teufel macht das schon aus, wenn du dafür ein sorgenfreies Leben führen kannst? Drei Dollar haben wir für das Mädchen abgezogen. Eigentlich bekommt sie fünfzig Cents für jeweils sechzehn Marken, aber heute haben wir nur drei Dollar veranschlagt, weil du neu bist und nicht viele Freunde hast. Zwei Dollar schreiben wir Einauge gut, weil er uns die Kundschaft anwirbt. Wie wolltet ihr ohne den Türsteher überhaupt Kundschaft bekommen? Einen Dollar bekommt Kautabak-Rocky dafür, daß er euch Zigaretten, Kaffee und zu essen holt. Zwei Dollar für Handtücher. Du hast ungefähr vier Dutzend verwendet, und die Wäscherei nimmt 50 Cents pro Dutzend. Wenn du deine eigenen Tücher mitbringen willst, läßt sich das machen. Dann haben wir dir ein Korsett gekauft und vier Paar Strümpfe ... das macht zwölf Dollar. Da hast du's.«

Schutzkosten	$ 6.50
Korsett und Strümpfe	12.00
Zimmermädchen	3.00
Türsteher	2.00
Besorgungen	1.00
Handtücher	2.00
	$ 26.50

»Verstehst du's jetzt? Wie lange bist du schon in dem Geschäft? Man kommt besser zurecht, wenn man nicht zu viele Fragen stellt.«

Meine Stimmung war etwas gesunken, und ich nahm die vierzig Dollar ohne weitere Einwände und ging müde ins Hotel. Ich hatte nicht das Gefühl, daß sich nun, wo ich eine Prostituierte geworden war, irgend etwas in meinem Inneren verändert hatte. Ich fühlte mich einfach nur vollkommen abgekämpft, so als ob ich einen schweren Arbeitstag hinter mir hätte.

Bill kam an jenem Abend gerade lange genug in mein Zimmer, um mir ein Abendessen zu bestellen, »braves Mädchen« und »wie geht das Geschäft?« zu sagen und mein Geld zu holen. Er ließ mir zwei Dollar. Ich war zu müde, um mich zu wehren. Alles, was ich wollte, war ein Bad und ins Bett. Ich weiß noch, daß ich beim Einschlafen dachte, mit welcher Selbstverständlichkeit ich mich in Bills System gefügt hatte. Nur einen Tag hatte es gedauert, und ich war eine Prostituierte wie alle anderen. So war es jeder dieser Frauen gegangen. Danach sorgte die tägliche Routine dafür, daß sie weitermachten, genau wie es den Frauen in einem Büro oder einer Fabrik erging. Wenn sie ihren Arbeitstag hinter sich hatten, waren sie zu müde, um darüber nachzudenken.

Bill machte keine Anstalten, mit mir zu schlafen. Ich hätte seine Berührung auch nicht ertragen. Er kannte sich gut aus, um das zu wissen. Während ich so dalag, versuchte ich mich zu erinnern, wie er sich angefühlt hatte, als er mich in seine Arme nahm, aber ich wußte es nicht mehr. Stattdessen zogen vor meinem inneren Auge immer wieder die Gesichter der Männer vorbei, die an jenem Tag zu mir gekommen waren. Und ich wußte, daß ich immer und immer wieder hingehen würde, bis ich alles über sie erfahren hatte, was ich lernen wollte – und über die Mädchen, die ihnen zu Diensten waren.

14

Mit den meisten Mädchen im Globe verstand ich mich bald recht gut. Am Tag gingen wir auf Schaufensterbummel. Zwar kauften unsere Zuhälter die Kleider und Toilettenartikel für uns ein, doch ein paar Kleinigkeiten besorgten wir uns selbst, meist in den billigen Kaufhäusern.

Viele waren einmal Hobos gewesen. Einmal saßen wir, noch bevor die ersten Freier kamen, alle zusammen im Salon, und ich erzählte, daß ich »Boxcar« gerufen wurde und wie es dazu gekommen sei. Und sogleich kamen sie alle mit Geschichten über ihre Fahrten in Güterzügen und per Anhalter. Offenbar hatte für die meisten alles damit begonnen, daß sie von irgendwo fortliefen und für eine Weile allein auf der Straße waren.

Alle Mädchen im Globe verdienten gutes Geld, und trotzdem hatten sie nie welches. Alle versuchten ständig, ihre Zuhälter übers Ohr zu hauen. Man mag es kaum glauben, aber wir mußten für jeden Dollar Rechenschaft ablegen, den wir verdienten. In der Regel sagte Pollack unseren Zuhältern, wieviel wir einnahmen, und ließ sie genau wissen, wieviel wir abzuliefern hatten, es sei denn, wir steckten ihm selbst ein wenig zu. Wenn Pollack uns dann nicht verriet, erzählte es in der Regel eins der Mädchen seinem Zuhälter, und der sagte es dem Betrogenen, so daß wir alle ständig unter Kontrolle blieben.

Manchmal hatten wir einen netten Kunden, der uns fünf

Dollar zusteckte und sagte: »Kleine, dem Zimmermädchen sagst du, es wären nur zwei gewesen.« Oder manchmal bekamen wir einen Dollar Trinkgeld und verrieten es nicht. Aber es war geradezu unheimlich, wie unsere Männer und die Angestellten des Hauses uns überwachten. Zwar bekamen wir unser Geld hinter verschlossenen Türen, doch nur den wenigsten Mädchen gelang es, das Management oder ihre Zuhälter für längere Zeit zu hintergehen. Wenn man das Haus betrog, wurde man hinausgeworfen. Wenn man den Kunden ausnahm und die Beute mit dem Haus teilte, wurde man gelobt. Wenn man seinen Zuhälter betrog und davonkam, hatte man Glück gehabt. Wenn man erwischt wurde, schlug er einen zusammen ... und das war einfach nur Pech. Doch trotzdem versuchten alle Mädchen ständig, ihre Zuhälter zu belügen und zu betrügen, und die Zuhälter leimten ihre Frauen und schüchterten sie ein.

Manche der Mädchen, die für Kinder sorgen mußten, bekamen fünf oder manchmal zehn Dollar die Woche von ihrem eigenen Geld zurück – für die Sprößlinge. Von Zeit zu Zeit bekam ein Mädchen ein paar Dollar, die es seiner Mutter schicken konnte.

Es war einfach nicht zu glauben, daß wir hier eine Gruppe von allem Anschein nach intelligenten Frauen vorfanden, die zwischen fünfzig und zweihundert Dollar die Woche verdienten, die mittellose Eltern und Kinder in Heimen oder anderswo hatten und ihnen nicht einen Cent schickten.

Eines Tages, als die Polizei nervös war und unser Laden für ein paar Stunden dichtgemacht wurde und die Türen verschlossen waren, saßen wir Mädchen zusammen und redeten über die Zuhälter. Marie behauptete, der einzige Grund, warum sie sich einen hielte, sei, daß sie morgens gern neben jemandem aufwache, der weniger wert sei als sie.

»Ich werd euch verraten, warum ich meinen habe«, sagte

Lorraine. »Ich weiß, daß Pollack mich nicht liebt, aber er ist gut zu mir und sorgt für mich. Wenn ich in Schwierigkeiten komme oder krank werde, dann brauche ich nicht zu arbeiten. Ein Jahr lang bin ich ohne Zuhälter auf den Strich gegangen. Und was habe ich davon gehabt? Ich wurde ständig geschnappt, und irgendein Anwalt oder Drahtzieher oder Bulle sackte mein Geld ein. Es war immer einer da, der's auf mich abgesehen hatte und mir das Leben zur Hölle machte. Ich sage euch, ein Strichmädchen hat keine Chance, wenn es nicht einen Zuhälter hat, der es beschützt. Pollack kauft mir Kleider, und wenn ich ein bißchen Geld brauche, um es nach Hause zu schicken, dann gibt er es mir. Ich habe keine einzige Sorge auf der Welt.«

Und ich glaube, so empfanden die Mädchen das allesamt.

Als ich etwa zwei Monate im Globe gearbeitet hatte, wurde das Pflaster zusehends heißer. Ich war zur Nachtschicht eingeteilt. Es wurde Tag für Tag schlimmer, die Stadt verlangte lauthals, gegen die lockeren Sitten vorzugehen. Zwischen ein und vier Uhr, wenn die Sittenpolizei die Runde machte, schlossen wir den Laden. Immer wieder mußten wir durch die Nottür, aber eine echte Razzia gab es erst am letzten Samstag, an dem ich dort war.

Gegen sechs Uhr kam der Alarm. Schweinekotelett hatte gesehen, wie der Cadillac der Sittenpolizei um die Ecke bog und auf uns zuhielt. Alle Lichter gingen aus. Jemand faßte mich an der Hand und sagte: »Wir müssen raus, Kind.« Jede griff sich auf dem Weg ihr Kleiderbündel, und dann ging es durch die Luke nach draußen, die kleine Schräge hinauf zum Dach, über das Dach, die Leiter hinauf und über das nächste Dach zum Häuschen. Rudy kam als letzter und schloß die Luke hinter sich.

Das Kommando der Sittenpolizei, insgesamt zwölf Mann, mußte die Haustür aufbrechen, um in unseren Laden hereinzukommen, doch fanden sie nur vier oder fünf mehr oder weniger entkleidete Männer, die sich in Schränken und unter Betten versteckt hatten. Alle anderen waren draußen außer Pollack und natürlich Margaret. Eines der ungeschriebenen Gesetze lautete, daß die Polizei das Dienstmädchen in einem solchen Laden ungeschoren davonkommen ließ. Doch erkannten sie natürlich an den Männern, die da waren, und der Unordnung in den Zimmern, daß wir nicht weit sein konnten. Sie waren entschlossen, uns aufzustöbern. Einer der Freier gab ihnen die Richtung an, in die wir geflohen waren, und nachdem sie eine Weile die Wände abgeklopft hatten und die Geheimtür nicht finden konnten, stiegen sie hinaus aufs Dach. Nachbarn hatten gehört, wie wir darübergeklettert waren. An der Stelle, wo es zum zweiten Dach hinaufging, fanden die Männer unsere Leiter, denn uns war keine Zeit mehr geblieben, sie heraufzuziehen. Da wußten sie, daß wir in der Falle saßen. Wir konnten nirgendwo anders sein als in dem Dachhäuschen.

Das Häuschen hatte eine Grundfläche von vier mal sechs Fuß, und es steckten neun von uns Mädchen drin samt Rudy. Wir waren dem Ersticken nahe, und als die Polizisten an die Luke klopften, sah Rudy ein, daß es aussichtslos war, und rief, wir würden hinauskommen.

Wir kletterten heraus, unsere Kleiderbündel in der Hand. Wir gingen zurück in unseren Laden und zogen uns an. Die Polizisten waren sehr freundlich und trieben ihre Späße mit uns, und in dem Gewühle, das herrschte, konnten Pollack und vier Mädchen entkommen. Doch der Polizei schien das nichts auszumachen. Fünf Stück waren eine ansehnliche Beute.

Die örtlichen Polizisten und die Leute von der Sitte halten es, wie ich erfuhr, für unklug, mehr als vier oder fünf Mädchen an ein- und demselben Ort zu verhaften. Wenn sie das taten, mußten sie erklären, warum sie von einem derart florierenden Laden nichts gewußt hatten.

Wir fünf wurden zu der Polizeiwache in der Hudson Avenue gebracht, wo wir fünfzehn weitere Mädchen vorfanden, die sie im selben Distrikt aufgegriffen hatten. Sie fuhren uns zum Polizeipräsidium. Um elf kam Bill und brachte mir Butterbrote und Zigaretten.

»Mach dir keine Gedanken, mein Kleines«, sagte er, »alles ist arrangiert. Ich habe gerade selbst mit dem Dicken gesprochen, und der Staatsanwalt ist ein Freund von mir.«

Das war natürlich gelogen und wie alle seine Worte blauer Dunst.

Während den letzten drei Wochen vor meiner Verhaftung hatte ich mich völlig von ihm entfremdet. Ich lernte bald, daß er, sobald ich mich über mein Schicksal beklagte oder ärgerlich wurde, sehr zärtlich zu werden begann, er schlief dann mit mir und führte mich zum Essen aus. Nur wenn ich drohte, alles an den Nagel zu hängen, war er wirklich besorgt. Ihm war es egal, wenn ich fünfzig Männer am Tag hatte, Hauptsache, ich brachte ihm das Geld. Er liebkoste mich und tat so, als bemühe er sich, genug zusammenzukratzen, um mich aus dem Geschäft herauszuholen. Aber ich kannte ihn gut genug. Ich hatte mich geweigert, ihm weiterhin Geld zu geben, und er hatte gedroht, mich zusammenzuschlagen. Ich war zu kräftig, um mich von ihm schlagen zu lassen, und das wußte er auch, doch er redete trotzdem immer wieder davon.

»Ich weiß gar nicht, warum ich dir nicht den Schädel einschlage und mich mit deinem Geld davonmache«, sagte er eines Abends.

»Bill«, antwortete ich ihm, obwohl ich nicht wußte, ob er noch genügend bei Sinnen war, um zu verstehen, was ich erwiderte. »Du bist für mich nur eine Erfahrung. Ich brauchte einfach einen Vorwand, um eine Hure zu sein. Ich habe mir einfach nur eingeredet, du seist mein Mann. Du warst niemals mein Mann, du warst niemals der Mann einer

Frau. Ich frage mich, warum Zuhälter, die so viel Charme und so viel Macht haben, die Frauen zu erregen, nichts anderes damit tun können, als sie und sich selbst damit zu beschämen. Und ich frage mich, warum ich jetzt noch damit weitermache. Es muß wohl die reine Trägheit sein. Es muß wohl erst etwas Neues kommen, das mich hier herausreißt.«

Doch ich hatte nicht damit gerechnet, so gründlich herausgerissen zu werden, wie es sich als Folge meiner Verhaftung ergab.

Auf der Polizeiwache war allerhand los. Etliche der Frauen waren betrunken und hielten uns den größten Teil der Nacht auf Trab. Um neun Uhr morgens, es war Sonntag, wurden wir zur polizeilichen Klinik für Geschlechtskrankheiten an der Ecke 11. Straße und State Street gebracht.

Fünfundvierzig Mädchen warteten auf die Untersuchung. Die Gesundheitsbestimmungen schrieben vor, daß jede Frau, die wegen Prostitution aufgegriffen wurde, dem Amt für Sozialhygiene überstellt und auf akute Geschlechtskrankheiten untersucht wurde. Wenn keine Infektion festgestellt wurde, ließ man sie gegen Kaution frei, meist etwa fünfundzwanzig Dollar. Diejenigen, die sich als infiziert erwiesen, kamen in die staatliche Klinik für Geschlechtskrankheiten, die als Lawndale bekannt war.

Die Hälfte der Mädchen, die auf die Untersuchung warteten, waren Farbige. Allesamt waren wir nervös und aufgeregt. Daß sie gefaßt worden waren, schien den Mädchen überhaupt nichts auszumachen. Das Schlimmste, was einem vor Gericht passieren konnte, war, zu zehn oder fünfundzwanzig Dollar Strafe verurteilt zu werden. Nur selten kam eine dafür ins Gefängnis. Doch was den meisten von ihnen Angst machte, war, daß sie sich mit einer Krankheit angesteckt haben könnten. Das bedeutete, daß sie für einen Monat oder sechs Wochen im Krankenhaus bleiben mußten, und davor fürchteten sich alle.

Ich war nie auf den Gedanken gekommen, daß ich infiziert sein könnte. Doch als die Polizistin die Mädels aus dem Globe aufzurufen begann, schnürte sich mir die Kehle zu, und ich spürte, daß mir etwas Schlimmes bevorstand. Ich beneidete diejenigen, die katholisch waren und nervös an ihren Rosenkränzen fingerten und beteten. Eines der Mädchen flüsterte: »O Maria ... Mutter Gottes ... hilf mir!«

»Dottie Mack!« Diesen Namen hatte ich angegeben, so wie Rudy es mir eingeschärft hatte. Es klang, als rufe mich der Teufel selbst.

Die Polizistin und die Krankenschwester führten mich an einen Tisch zu Dr. Joseph Sonnenschein, dem zuständigen Arzt; er sah müde und überdrüssig aus, doch er war höflich und freundlich. Er untersuchte mich und nahm einen Abstrich, dann sagte er mir, ich solle warten, und eine namenlose Angst begann mich zu würgen.

Etwa zwei Stunden lang saßen wir umher und warteten auf unsere Ergebnisse. Endlich kamen die Berichte, und die Polizistin verlas die Namen von siebenunddreißig Mädchen, bei denen das Ergebnis negativ war, das heißt, die allem Anschein nach frei von akuten Geschlechtskrankheiten waren. Wir acht, deren Namen nicht verlesen worden waren, mußten weiter in dem kleinen Vorzimmer bleiben, ein unglückliches, schweigsames, ängstliches Häuflein. Dr. Sonnenschein rief mich in sein Büro.

»Miss Mack, ich muß mit Ihnen sprechen. Wann hatten Sie Ihre letzte Periode?«

»Ach, vor sechs oder sieben Wochen, glaube ich. Ich weiß es nicht mehr. Ich hab nicht darauf geachtet. Warum, ist irgendwas nicht in Ordnung mit mir?« Meine Stimme zitterte, und ich traute mich nicht, ihn anzusehen.

Er legte mir die Hand auf die Schulter, und seine Stimme war freundlich, als er mir antwortete.

»Sie sind ein krankes Mädchen, Dottie«, sagte er. »Aber machen Sie sich keine zu großen Sorgen. Wir bekommen Sie wieder hin. Sie haben Syphilis und eine akute Gonorrhöe – und wahrscheinlich sind Sie schwanger.«

Für den Augenblick vergaß ich alles, was meine Mutter mir beigebracht hatte, nämlich die Dinge zu nehmen, wie sie kamen. Ich fühlte mich schlaff und schwach und war dankbar für die trostreiche Hand des Doktors auf meiner Schulter.

Ich? Bertha Thompson, die Tochter von Mutter Thompson? Die Schwester von Ena und Margaret? Ich, der E. A. O. gesagt hatte, mir könne niemals etwas Schlimmes zustoßen? Ich, von der Lowell Schroeder gesagt hatte, ich sei dazu bestimmt, Großes zu tun in der Welt? Ich konnte doch keine Syphilis haben! Ich konnte nicht schwanger sein! Ich kannte mich doch aus mit Empfängnisverhütung. E. A. O. hatte es mir beigebracht. Ich hatte sorgfältig auf die Zeichen geachtet. Und wenn ich ein Kind wollte, dann sollte sein Vater Franklin Jordan sein, und es würde ein heiliges Kind sein wie How. Der Doktor mußte sich irren. Ich konnte doch keine Gonorrhöe haben! Das mußte ein Scherz sein, sagte ich mir. Ich bin Boxcar Bertha! Ich habe noch alles überstanden. Ich bin doch keine Hure. Ich bin doch keine von denen, denen so etwas passiert!

Ein Polizeiwagen fuhr uns zum Lawndale-Krankenhaus. Ich war ganz benommen. Ich versuchte, mir das Gesicht meiner Mutter vorzustellen. Ich versuchte, mir immer wieder ihre Worte vorzusagen: »In dieser Familie gibt es keine Tragödien.«

Katherine, meine Freundin aus dem Globe, nahm mich in die Arme und sagte: »Kopf hoch, Kleines. Das werden wir schon überstehen. Das ist das dritte Mal, daß ich nach

Lawndale komme, und ich bin nie länger als zwei Wochen dagewesen.«

Ich drückte ihr dankbar die Hand, aber ich konnte nichts sagen.

Die Schwestern im Lawndale-Krankenhaus nahmen unsere Personalien auf, schickten uns zum Baden und gaben uns Uniformen. Unsere Schminksachen, Schuhe und Strümpfe durften wir behalten. Ich kam auf eine Isolierstation mit fünf anderen Frauen, die ebenfalls akute Syphilis hatten. Wir bekamen ein gutes Mittagessen, und dann legte ich mich auf mein Bett und versank bald in unruhigen Schlaf.

Zweimal an diesem Tag wurde ich örtlich behandelt, und dreimal bekam ich Duschen. Am nächsten Morgen wurden mir eine weitere Gewebeprobe und wiederum Blut entnommen. Das Ergebnis der Gewebeprobe war positiv, und der Bluttest, erfuhr ich, hatte nur Stufe eins positiv ergeben. Die Ärztin, June Edmundson, versuchte, mir Mut zu machen.

»Sie können von Glück sagen, Dottie, daß Sie gefaßt wurden. Ihre Syphilis ist erst im Anfangsstadium, und Ihr Bluttest ist nur gerade eben positiv. Eins positiv ist kaum der Rede wert. Wenn Sie noch drei oder vier Wochen gewartet hätten, hätten Sie leicht vier positiv haben können, mit sekundärem Ausschlag am ganzen Körper. Sie sind ein kräftiges Mädchen, und ich werde die Behandlung forcieren. Es wird nicht allzu schwer sein, Sie wieder in Ordnung zu bringen. Ihr Kind wird vollkommen gesund sein. Sie brauchen sich keine Sorgen zu machen. Wenn Sie regelmäßig behandelt werden, wird die Krankheit aller Wahrscheinlichkeit nach Ihr Kleines nicht befallen.«

Ich war überrascht, wie wenig schmerzhaft meine Krankheiten waren. Nach einem Monat hieß es, die Gonorrhöe sei geheilt. Bei der Syphilis waren nur die ersten beiden Wassermann-Tests positiv, Stufe eins positiv. Die nächsten fünf wöchentlichen Bluttests erwiesen sich alle als negativ.

Die sechs Wochen im Lawndale-Krankenhaus vergingen wie im Flug. Die Schwester gestattete, daß ich bei der Büroarbeit half, und so war ich beschäftigt und guter Dinge. Man sollte denken, daß ein Krankenhaus für Geschlechtskrankheiten ein sehr trauriger Ort sei. Doch das Gegenteil war der Fall. Wir tanzten und spielten Domino und Dame. Wir hatten alle möglichen Bücher und Zeitungen und Zeitschriften. Es gab Zigaretten im Überfluß, und jeden Tag bekamen die Mädchen große Pakete mit Nahrungsmitteln geschickt. Es war nicht gestattet, Besucher zu empfangen, doch unsere Zuhälter fuhren allesamt mit dem Wagen vor und standen auf dem Bürgersteig und winkten uns zu. Fast alle Mädchen bekamen Briefe und schrieben welche. Einige der Mädchen waren Analphabeten, und ich setzte Briefe für sie auf oder las sie ihnen vor. Ich tippte Briefe, die die Mädchen schickten und bekamen, für sie ab.

Ich versuchte nie, etwas zu korrigieren, sondern tippte, wie sie geschrieben waren, so daß ihre Zuhälter und deren Freunde sie natürlich finden würden. Alle Mädchen warteten nur darauf, aus Lawndale herauszukommen. Alle machten sich Sorgen darüber, was ihre Zuhälter taten, während sie fort waren. Allen war anzumerken, daß sie Angst hatten, ihre Männer zu verlieren.

15

Am Sonntagabend bevor ich entlassen wurde, stand ich am Schlafsaalfenster und sah zu, wie die Sonne hinter den Fabrikschornsteinen unterging. Ich fühlte mich wohl. Ich hatte neun Pfund zugenommen.

Ich dachte an die »Dinge, die da waren«, und die Zeilen Kiplings kamen mir in den Sinn: »Gott, was habe ich nicht alles getan?« Ich blickte hinauf zum Dach des Krankenhauses. Mir war, als sähe ich die große Fahne, die oben wehte, und ich hätte am liebsten Mutters Worte daraufgeschrieben: »In dieser Familie gibt es keine Tragödien.«

»Nun steht mir also meine größte Erfahrung bevor«, dachte ich. »Ich werde ein Baby bekommen. Ein Kind ... und wer ist der Vater?« Mit wie vielen Männern hatte ich im Globe Verkehr gehabt? Ich hatte zwei Monate lang dort gearbeitet, fünfundzwanzig Tage pro Monat, und hatte im Schnitt dreißig Männer pro Tag gehabt – fünfzehnhundert Männer! Es konnte jeder unter fünfzehnhundert Männern sein!

Als ich am nächsten Tag Lawndale verließ, stellte ich mich nicht an die Straße und nahm keinen Güterwagen. In meinen letzten Wochen im Globe, als ich mich mit Bill zerstritten hatte, hatten mir zwei Mädchen dort ein sicheres System verraten, wie man Geld beiseiteschaffen konnte, und ich hatte zwischen fünf und zehn Dollar pro Tag sparen können. Ich hatte über dreihundert Dollar in einem Bankschließfach deponiert. Damit stattete ich mich ganz neu aus, mit einem eleganten schwarzen Kleid für die Reise und einem passenden Hut dazu. Dann kaufte ich eine Fahrkarte im Pullman, im Northern Pacific Limited nach Seattle.

Ich machte es mir in meinem Sessel bequem, fest entschlossen, mit niemandem zu sprechen, sondern über das neue Problem vernünftig nachzudenken. Es war seltsam, aber sehr angenehm, mir mein Baby vorzustellen. Ich hatte immer ein Kind haben wollen, sagte ich mir. Dies korrigierte ich dann durch das, was eher der Wahrheit entsprach, nämlich, daß ich es immer für selbstverständlich gehalten hatte, daß ich Kinder bekommen würde. Ich dachte an meine Eltern. Meine Mutter war ohne Zweifel von jeher der mütterliche Typ. Doch mein Vater? Er hatte gesagt, er sei ein Mann, kein Vater. Was wollte ich wirklich? Offenbar wollte ich die Erfahrung machen, Mutter zu werden. Darauf verspürte ich eine gewisse Neugier. Ich fühlte mich wohl in meinem schicken Reisekleid. Die Welt, die zwischen den Telegraphendrähten vorbeizog, war grün und kühl. Es war eine gute Welt. Zufrieden betrachtete ich die Menschen um mich herum.

Der Zug war voll besetzt. Das Bett über dem meinen war von einem Mann zwischen fünfzig und sechzig Jahren belegt. Er war eine Art Mann, wie ich ihn bisher selten getroffen hatte. Sein rötliches Haar wurde schon dünn und grau. Sein grauer Bart war kurzgeschnitten. Er trug eine Brille. Am Tag saß er mir mit übereinandergeschlagenen Beinen gegenüber. Im Gepäck hatte er einen Aktenkoffer und eine Schreibmaschine.

Er sprach mich ein paarmal an, reichte mir seine Zigarettenschachtel. Ich antwortete nichts, obwohl ich mich gern mit ihm unterhalten hätte. Ich fand, ich müsse mir Gedanken um mein Baby machen. Einmal, als er seinen Platz verließ, las ich den Namen auf dem Aktenkoffer, Harry Fredericks. Auf dem Sitz hatte er die Papiere liegen lassen, die er gelesen und mit Anmerkungen versehen hatte. Sie waren betitelt mit »Selbstmordstatistik« und »Krebsstatistik«. Der Ausdruck »statistischer Berater« fiel mir auf. Ich fragte mich, was ein statistischer Berater wohl tat.

Am nächsten Mittag hatte meine Neugier den Sieg davongetragen, ich fragte ihn, ob wir zusammen essen könnten, und er stimmte gerne zu. Ich stellte fest, daß er eine Goldgrube voller Informationen war. Franklin Jordan hatte sich gut ausgekannt. Mir war er hochgebildet vorgekommen. Mein Vater war ein Denker und Philosoph. Ich hatte viele gebildete, wohlinformierte Menschen gekannt. Aber dieser Mann hier wußte einfach alles. Er war ein wandelndes Lexikon. Jede Meinung, die ich vorbrachte, korrigierte er oder wußte etwas, das mich bestätigte. Und alles, was er sagte, konnte er mit Zahlen belegen. In diesen kurzweiligen zwei Tagen erlernte ich von ihm eine neue Poesie, die der Zahlen. Er kannte die Todes- und Geburtenziffern, das Durchschnittsalter und die Geschlechtsverteilung und die Gesamtzahl der Neger in Amerika. Er wußte, wie viele Morde und Selbstmorde und Vergewaltigungen und Krebsfälle auf jeden Kopf der Bevölkerung kamen. Er machte mir klar, daß alles sich auf Mathematik reduzieren ließ, er erklärte mir, wie es möglich war, die Zahl von Menschen, die zu einer bestimmten Stunde die 42. Straße und den Broadway entlanggehen würden, vorauszuberechnen oder die Zahl der Menschen, die innerhalb eines Jahres sterben werden und die Verteilung der Todesursachen dabei. Er erzählte mir zum Beispiel, daß von jeweils tausend Kindern, die in jenem Jahr in Chicago geboren würden, einhundertneunundzwanzig unehelich seien, und von diesen wiederum seien 79,7 schwarz.

Von seinen Statistiken kamen wir auf sehr interessante Gesprächsthemen. Denn auch wenn die Zahlen immer der

Ausgangspunkt seiner Darlegungen waren, verfügte er doch über alle möglichen wissenschaftlichen Kenntnisse, von denen man in Büchern nichts las und in Vorträgen nichts zu hören bekam. Er warnte mich, daß vieles, was er darlegte, nur Meinungen seien, aber ich fand sie so überzeugend, daß ich sie mir aufschrieb, und ich habe sie bis zum heutigen Tag behalten. Er sagte zum Beispiel, daß nur die wenigsten Prostituierten das richtige Gewicht für ihre Körpergröße hätten. Sie wiegen alle zuviel oder zuwenig, sagte er, mit einigen wenigen Ausnahmen. Wahrscheinlich seien die Dicken die gefragtesten, sagte er und bestätigte damit meine Erfahrung. Der Grund dafür, sagte er mir, liege darin, daß viele Männer die Zuneigung zu ihrer Mutter nie überwunden hätten und auf der Suche nach der körperlichen Geborgenheit seien, die sie als Kinder kannten. Die schwergewichtigen Prostituierten litten oft an Drüsenkrankheiten, erklärte er mir, und ebendiese Krankheiten dämpften auch die Emotionalität und machten es ihnen deshalb leichter, ihrer Arbeit nachzugehen.

Viele Prostituierte, rief er mir ins Gedächtnis, sind außerordentlich dünn. Die Hauptursache dafür sind Geschlechtskrankheiten. Der zweite Grund ist der Alkohol, der meist bei dieser Art Geschäft getrunken wird. Doch der dritte Grund, an den ich niemals gedacht hatte, wahrscheinlich, weil ich selbst von kräftiger Konstitution bin, ist, daß es eine furchtbar anstrengende Arbeit ist, die außerordentlich schwächt und oft zu Krankheiten wie Tuberkulose führt, die den entkräfteten Körper befallen.

Natürlich behielt ich meine Erfahrungen im Globe während des Gesprächs mit Mr. Fredericks sorgsam für mich. Er war überzeugt, daß mein Interesse an dem, was er mir darlegte, rein wissenschaftlicher Natur sei. Als er auf Schwangerschaften bei Prostituierten zu sprechen kam, erheiterte mich das nicht nur, ich war auch hochinteressiert.

Er sagte, die Statistik belege, daß nur sehr wenige Prostituierte schwanger würden, und wenn, dann immer in ihren ersten Monaten im Geschäft. »Auf ausgetretenen Pfaden wächst kein Gras«, sagte er mir zur Erklärung. Das Ei reagiere nicht, wenn es mit verschiedenartigem Sperma in Berührung komme, und außerdem machten die ständigen Waschungen mit starken Desinfektionsmitteln, die die meisten Prostituierten vornähmen, sie fast immer steril.

Er habe gerade eine »spekulative Statistik« für einen Arzt in Chicago abgeschlossen, erzählte er mir, eine Studie über die Prostituierten und lasterhaften Frauen in Chicago und die Zahl an Zuhältern, mit denen sie umgehen. Das interessierte mich so sehr, daß ich ihn bat, seine Reiseschreibmaschine benutzen zu dürfen, und ich tippte mir die Daten ab, die er zusammengestellt hatte. Hier sind sie, und eine davon muß ich wohl gewesen sein!

EINE KLASSIFIZIERUNG DER PROSTITUIERTEN UND LASTERHAFTEN FRAUEN UND DER ZAHL DER ZUHÄLTER, MIT DENEN SIE UMGEHEN

	Geschätzte Anzahl in Chicago	Geschätzte Anzahl der Kontakte pro Person und Woche	Gesamtzahl der Kontakte pro Woche	Zahl der dabei tätigen Zuhälter
1. »Jugendliche« Prostituierte (Kinder zwischen zehn und fünfzehn Jahren, von denen viele vor den Jugendrichter kommen, benutzt von perversen und jungen Männern.)	1 000	2	2 000	100

	Geschätzte Anzahl in Chicago	Geschätzte Anzahl der Kontakte pro Person und Woche	Gesamtzahl der Kontakte pro Woche	Zahl der dabei tätigen Zuhälter
2. »Potentielle« Prostituierte (Mädchen mit starkem sexuellem Verlangen und wenig Widerstandskraft, die sich aus Liebe, Abenteuerlust oder »weil sie ihren Spaß haben wollen« hergeben, aber nichts dabei finden, auch Geld dafür zu nehmen.)	10 000	2	20 000	5 000
3. »Amateur«-Prostituierte (Mädchen aller Schichten, vor allem solche, die sich Männern des Geldes wegen hingeben, jedoch zu Hause leben und arbeiten.)	10 000	3	30 000	6 000
4. »Junge professionelle« Prostituierte (Mädchen, die erst vor kurzem in das Gewerbe gekommen sind und als Lehrmädchen in Bordellen arbeiten.)	1 000	50	50 000	700
5. »Alte professionelle« Prostituierte (Die etablierten Prostituierten, die in Bordellen arbeiten.)	800	75	60 000	700

	Geschätzte Anzahl in Chicago	Geschätzte Anzahl der Kontakte pro Person und Woche	Gesamtzahl der Kontakte pro Woche	Zahl der dabei tätigen Zuhälter
6. »Außendienstmitarbeiterinnen« (Dazu zählen Mädchen, die auf den Strich gehen, und Animiermädchen in Hotels, die ihre Männer auf der Straße, bei Tanzvergnügen etc. auflesen.)	5 000	30	150 000	4 000
7. »Fledermäuse« (Alte und verbrauchte Prostituierte, Säuferinnen, Drogensüchtige, die von Stadtstreichern und Perversen bevorzugt werden.)	1 000	5	5 000	400
8. »Goldgräber« (Die sogenannten »Boulevard«-Damen, die sich vornehm geben, teure Wohnungen in den Wohnvierteln haben und gute Kleider tragen.)	10 000	5	50 000	5 000
9. »Freundinnen« (Frauen der verschiedensten Lebensbereiche, die ein Mann sich als »Privatbesitz« hält, die ihn aber oft hintergehen und sich zusätzlich etwas verdienen.)	10 000	2	20 000	3 000

		Geschätzte Anzahl in Chicago	Geschätzte Anzahl der Kontakte pro Person und Woche	Gesamtzahl der Kontakte pro Woche	Zahl der dabei tätigen Zuhälter
10.	»Lockere« Ehefrauen (»Einsame« verheiratete Frauen, deren Männer auf Geschäftsreise sind oder die ihre Männer einfach mehr oder weniger regelmäßig »betrügen«. »Einsame« Witwen und »ungebundene«, geschiedene Frauen. Der Anteil wird auf 6 % der 560 000 verheirateten Frauen und 15 % der 110 000 Witwen und 9 000 geschiedenen Frauen in Chicago geschätzt – von denen viele ihren Ehemännern Geld stehlen, um es den Zuhältern zu geben.)	50 000	1	50 000	500
11.	»Callgirls« (Gewerbsmäßige Animiermädchen, die auf telefonische Anrufe von Hotelbesitzern und anderen ins Haus kommen.)	1 000	6	6 000	500
	Insgesamt	99 800	–	443 000	25 900

Aus dieser Studie wird ersichtlich, daß etwa 100 000 Frauen notwendig sind, um die geschlechtlichen Bedürfnisse von 500 000 Männern zu befriedigen.

Vermerkt werden sollte noch, daß jeder Zuhälter ein bis fünf Frauen hat, manchmal mehr, die er ausbeutet.

Kurz bevor wir in Seattle einfuhren, schrieb ich Mr. Fredericks noch meine Adresse auf, das heißt die meiner Mutter, und er versprach mir, mir Broschüren zu schicken und mich auf die Adressenliste des Bundesamtes für Statistik und des U.S.-Arbeitsministeriums setzen zu lassen. Dafür bin ich ihm immer dankbar gewesen, und immer wenn ich in einem Vortrag etwas höre, das mich wirklich interessiert, dann weiß ich, wo ich die Zahlen darüber nachschlagen und überprüfen kann, ob sie korrekt sind.

Mutter und E.A.O. erwarteten mich und fuhren mich zu einer Wohnung in der Washington Street. Mutter hatte ihr Haus aufgegeben und wohnte bei einer Freundin, Bessie Levin, und hatte dort ein übsches, sonniges Zimmer. Mutter sah aus wie immer, ein wenig grauer vielleicht und ein wenig rundlicher, doch mit derselben warmherzigen Art, mit der sie sich für Menschen und Ideen interessierte, und noch demselben Geschick, nicht zu viele Fragen zu stellen. E.A.O. musterte mich genau, mit gewissen Absichten, hatte ich den Eindruck. Ich freute mich, daß mein Körper gerade jetzt so schön aussah. Aber ich achtete sorgsam darauf, nicht aufreizend zu wirken. Mutter und er schienen miteinander glücklicher denn je, als ob eine geheimnisvolle Eintracht zwischen ihnen beiden bestehe. Die wollte ich nicht zerstören. Und ich hatte viel zuviel, um mir Gedanken zu machen.

Ich erzählte ihnen von dem Baby. Es schien sie zu freuen. Sie fragten mich nicht, wie ich schwanger geworden war, doch hatten sie keine Hemmungen, ihre Freunde davon wissen zu lassen.

Aber ich wollte nicht lange bei ihnen bleiben. Ich bekam einen Brief aus Chicago, und schlagartig wandte ich mich wieder nach Osten und kehrte in die Stadt zurück, die ich eben erst verlassen hatte.

16

†

Big Otto hatte mir eine Reihe von Briefen geschrieben, doch ich hatte schon eine Zeitlang nichts mehr von ihm gehört, als ich einen Brief aus dem Cook County Jail in Chicago bekam.

»Ich glaube, ich bin jetzt zur Ruhe gekommen«, schrieb er, »und du brauchst dir um mich keine Sorgen mehr zu machen. Ich habe mich gebessert und werde nie wieder etwas stehlen. Wenn du mich diesseits der Hölle noch einmal sehen willst, dann solltest du lieber vor dem 13. Februar nach Chicago kommen. Die Einladungen zu meiner ›Krawattenparty‹ sind schon verschickt.«

Mir war, als hätte eine kalte Hand sich mir plötzlich auf das Herz gelegt! Otto ein Mörder! Der Hals, um den ich so oft meine Arme geschlungen hatte – konnte es denn wirklich sein, daß er bald den erstickenden Zug der Schlinge spüren sollte?

Ohne zu zögern, nahm ich den Mitternachtsfrachtzug der Northern Pacific, zusammen mit vier Männern, mit denen ich mich am Hobo-College angefreundet hatte. Sie sorgten gut für mich. Mutter hatte uns eine große Portion Butterbrote mitgegeben. Während wir durch Idaho rollten, zog einer von ihnen eine Kerze aus der Tasche, zündete sie an und stellte sie am Vorderende des Wagens auf und machte mir einen großen Becher Kaffee. Wir hatten ein Armee-Eßgeschirr dabei. Keiner dieser Männer versuchte mit mir anzubändeln. Keiner kam auf die offensichtliche Tatsache zu sprechen, daß ich schwanger war. Zweimal, zuerst in Montana und dann in Dakota, wollten die Bahnarbeiter zudringlich werden, doch sie ließen uns zufrieden, als sie sahen, in welchem Zustand ich war.

Die vier waren unterwegs nach Minneapolis, wo eine Agentur Arbeitsplätze in einer Keksfabrik ausgeschrieben hatte. Im dortigen Güterbahnhof West kletterten wir heimlich aus unserem Waggon, und nachdem sie mich bald darauf in einen anderen Wagen der Chicago and Northwestern verfrachtet hatten, holte jeder von ihnen feierlich einen Dollar heraus und gab ihn mir. Am nächsten Morgen langte ich am Güterbahnhof Kedzie an und fuhr mit der Straßenbahn in die Stadt.

Es war der 11. Februar. Am 13. sollte Otto hängen. Sie hatten ihn schon in die Todeszelle gebracht. Nur Verwandte durften ihn noch besuchen. Ich flehte den Gefängnisvorsteher und den Sheriff an, doch ohne Erfolg. Ein junger Journalist namens Hennessy hörte, wie ich bettelte. »Schwester«, sagte er, »kommen Sie mit. Ich glaube, ich kann dafür sorgen, daß Sie ihn besuchen dürfen.«

Wir saßen in einem kleinen Restaurant an der Clark Street, nahe der Grand Avenue.

»Wie steht Otto zu Ihnen, und warum liegt Ihnen so viel daran, ihn zu besuchen?« fragte er mich. »Sind Sie eine Art Angehörige? Von Otto?«

»Er war früher ein sehr guter Freund von mir«, antwortete ich und legte mich nicht fest.

»Sie meinen, er war Ihr Liebhaber und ist der Vater Ihres Kindes, und Sie wollten heiraten. Lassen Sie mich die Geschichte einfach so schreiben, wie ich es für richtig halte, und ich besorge Ihnen die Erlaubnis, ihn zu sehen. Ich werde sogar noch mehr tun. Ich besorge Ihnen die Erlaubnis, dabeizusein, wenn er gehängt wird.«

»Lieber Gott! – ich dabeisein, wenn Otto gehängt wird!« Ich fühlte mich, als sei mir ein Schlag mit dem Hammer versetzt worden, und doch wußte ich, wenn der Mann sein Wort hielt, würde ich kommen.

Es dauerte keine Stunde, da war Hennessy mit dem Passierschein zurück und brachte mich zum Gefängnis. Wir wurden durch ein großes Eisentor eingelassen, und ich mußte in die Wachstube gehen, wo ich durchsucht wurde. Der stellvertretende Aufseher, eine Aufseherin und Hennessy gingen voran, und durch eine Eisentür gelangten wir zur Kleiderkammer. Dann ging es durch eine weitere Eisentür die erste Galerie entlang, eine eiserne Treppe hinauf und über einen langen Korridor zu einem großen Raum auf der Vorderseite des Gebäudes.

»Setzen Sie sich einfach hierher, Miss Thompson. Wir holen ihn.«

Sie brachten Otto aus der Todeszelle, in Handschellen und mit je einem Wärter rechts und links. Als er hereinkam, streckte ich ihm die Hand entgegen, um ihn zu begrüßen. Er sah aus wie immer, nur daß sein Haar ein wenig grau geworden war, und er war sehr bleich.

»Hallo, Prachtstück«, sagte er. »Wie geht's?«

»So bleiben!« rief der Fotograf.

»Beeil dich und drück ab«, sagte Hennessy. »Ich brauche noch ein Bild, wie Otto Miss Thompson umarmt.«

Ich war zu schockiert, um etwas einzuwenden. Der Pressefotograf machte ein Bild von uns, wie wir uns die Hände gaben, wie ich ihn umarmte und dann wie er mich küßte. Ich tat alles, was Hennessy von mir verlangte. Es war mir alles gleich.

»Boxcar, erzähl, wie ist es dir ergangen?« fragte Otto und versuchte kühl zu bleiben. »Was macht deine Schwester? Siehst du noch manchmal welche von der alten Bande?«

Aber ich konnte nicht mit ihm über solche Dinge reden.

»Otto, hast du denn keine Angst vor dem Tod?« hörte ich mich sagen. »Macht es dir denn gar nichts aus, daß du gehängt werden sollst?«

»Na, noch baumele ich ja nicht«, erwiderte er. »Bis jetzt bin ich noch aus jeder Klemme wieder rausgekommen. Meine Anwälte gehen damit bis vors Oberste Gericht, und ich denke mir, der Gouverneur wird die Vollstreckung aussetzen. Vom Sterben spricht man erst, wenn man auf der Bahre liegt, Bertha. Ich hab schon oft mit dem Rücken zur Wand gestanden, und bis jetzt bin ich noch aus jeder Klemme wieder rausgekommen. Bei diesem Spiel kommt alles drauf an, daß man nicht die Hoffnung verliert.«

Dann flüsterte er.

»Sag mal, Bertha, kriegst du was Kleines?« fragte er. Und dann fügte er hinzu: »Sag, es ist von mir, ja?«

Mir kamen die Tränen in die Augen, als ich das hörte. Fünfzehnhundert einsame Männer! Und nun flehte mich ein Mann an, der der Vater meines Kindes hätte sein können, ein Mann, der bald sterben würde, ich solle sagen, daß das namenlose Kind in meinem Bauch von ihm sei. Wer kann je die unglücklichen Herzen der Männer verstehen? Wie kann eine Frau auch nur hoffen, ihnen jemals Frieden schenken zu können?

Aber ich wollte über ihn sprechen.

»Erzähl, Otto, wie ist das denn gekommen? Ich hab kaum Zeitungen gelesen. Was hast du angestellt? Ich hätte niemals gedacht, daß du Einbrüche oder Raubüberfälle machst. Ich hab immer gedacht, du bist ein erstklassiger Ladendieb, der sich in acht nimmt.«

Die Wärter, die sich ungewöhnlich diskret zeigten, waren ein wenig zurückgetreten und ließen uns für den Augenblick unsere eigene kleine Welt.

»Das war ich auch«, antwortete er, »aber ich bin leichtsinnig geworden. Wenn ich in dem Geschäft geblieben wäre, das mein Vater mir beigebracht hat, wäre alles in Ordnung gewesen. Weißt du, Bertha, auch in unserem Geschäft geht es manchmal auf und manchmal ab. Und seit du fort bist, ist nicht mehr viel mit mir los gewesen. Ich hab den Mut zum Stehlen verloren. Ich hatte keine Routine mehr. Ich hab mir niemals träumen lassen, Bertha, daß eine Frau von einem Mann so viel mitnehmen kann, wenn sie von ihm fortgeht, so wie du. Himmel, Kind, ich hab dich geliebt. Du bist das einzige, was ich jemals in meinem Leben geliebt hab. Als du weg warst, hab ich nicht mehr leben wollen. Ich hab mich 'ner ärmlichen, unfähigen Ganovenbande angeschlossen, alles blutige Anfänger, nur weil ich dachte, ich geh dabei drauf oder krieg die Schlinge um den Hals. Weißt du, Prachtstück, du hast mich durcheinandergebracht. Ich konnt mich nicht mehr freuen, wenn ich stehlen ging. Da ist nicht viel zu erzählen, Bertha, 's war einfach nur 'ne völlig bescheuerte Schnapsidee.

Ich hab in 'nem Männerhaus gewohnt, drüben an der West Madison Street, und die anderen Jungs da haben sich mit spanischem Roten vollaufen lassen. Einer war Kellner im Drake Hotel gewesen. Die Art von Jungen war das, Habenichtse und kleine Diebe und Kellnerburschen, weiter nichts. In ihrem ganzen Leben hatten die nicht mehr als 'n Regenschirm oder 'ne Fußmatte gestohlen. Einer davon, und er war schon halb besoffen, und wir anderen waren auch ganz schön blau, also der sagt: ›Ich weiß, wie wir an fünfzehntausend kommen können. Das ist 'n Kinderspiel. Ich hab früher im Drake Hotel gearbeitet, und am fünften und am zwanzigsten ist Zahltag da. Die zahlen fünfzehntausend Dollar aus. Wir brauchen nur fünf Männer. Das wird 'n Kinderspiel.‹ Weiß der Teufel, wir ich auf die Idee gekommen bin, mich mit so 'nem Haufen Versager einzulassen, aber wir haben uns 'n paar Kanonen besorgt, und dann sind wir sternhagelvoll da reinmarschiert, als ob wir Jesse

James wären. Wir haben den Kassierer erschossen. Zwei von uns mußten dran glauben. Einer kam davon. Woods und mich haben sie geschnappt, bevor wir auch nur aus dem Hotel waren. Keine große Sache, aber 's war 'ne gute Geschichte für die Zeitung, und man kann mal wieder sehen, was man vom spanischen Roten hat.«

Otto sah mich an, als wolle er mich ganz in sich aufsaugen. Und als ich gehen mußte, flüsterte er mir noch einmal zu: »Sag, ist es wirklich wahr, daß du was Kleines bekommst? Bitte, Prachtstück, sag, daß es von mir ist.«

Hennessy arrangierte es, daß ich eine Stunde vor der Hinrichtung zu Otto hineindurfte, und besorgte mir auch eine Presse-Einlaßkarte für die Vollstreckung. Eine Stunde bevor der Staat Ottos Leben auslöschte, stand ich vor der Tür der Todeszelle und hielt seine Hand. Es brachte mich fast um den Verstand, daß ich nicht wußte, was ich sagen sollte, um ihm zu helfen, und ich wollte nicht, daß Otto merkte, welche Angst ich hatte.

»Wie ist das Wetter draußen, Bertha?«

Er schien zu horchen.

»Ich möchte, daß du etwas für mich tust, Otto«, sagte ich, um ihn abzulenken. »Wirst du?«

»Klar, Prachtstück, alles was ich kann.«

»Also, in ungefähr vierzig Minuten sagst du: ›Guten Morgen, lieber Gott.‹ Otto, wenn du Ihm guten Morgen sagst, würdest du Ihn dann etwas fragen? Zuerst sagst du Ihm, daß ich dich geliebt habe und daß es entsetzlich ist, daß der Staat dich gehängt hat und daß es schlimm von dir war, einen aufrechten Mann zu erschießen. Dann fragst du Ihn, ob Er sich nicht etwas einfallen lassen kann, was die Menschen davon abhält, sich gegenseitig umzubringen. Frag Ihn, ob Er es nicht so einrichten kann, daß das ehrliche Leben weniger schwer ist als das Ganovenleben.«

Er hörte mir zu, doch sein Gesicht hatte weiterhin den lauernden Ausdruck. Ich versuchte ihn aufzuziehen, ihn von den Gedanken an die nächsten Minuten abzuhalten.

»Otto, meinst du, es ist wahr, daß du aus der Welt, in die du nun gehst, Gedanken und Inspirationen zu uns schicken kannst? Wirst du an mich denken, wirst du versuchen mir beizubringen, wie man Menschen wie dich versteht, wie man ihnen helfen kann?«

Aber es nützte nichts. Plötzlich warf ich meinen Leib gegen die Stäbe, um ihm nahe zu sein, flehte ihn an, mich zu küssen, mich zu schlagen. Ich hatte keine Gewalt mehr über meine Stimme, und sie schrie: »Beiße mich. Schlage mich. Gib mir etwas, daß ich dich fühlen kann, wenn du nicht mehr da bist!«

Da sah er mich an, die Augen voller Liebe und Mitleid, und versuchte mir Mut zu machen.

»Nimm's nicht so schwer, Kleines«, sagte er. »Du bist ja nicht diejenige, die geht.«

Dann kamen die Wärter und zogen mich fort.

Pünktlich um sieben Uhr morgens durften sich Einhundertfünfzig in einer lange Reihe im Erdgeschoß des Gefängnisses anstellen. Ein Galgen war provisorisch im Lichthof errichtet worden. Alle Zellen rund um den Galgen waren leer; die Gefangenen hatte man in andere Zellen gebracht.

»Da kommen sie.«

Wir spürten sie beinahe schon, bevor wir sie hörten.

Aufrechten Hauptes, die Zigarette im Mund und die Hände im Rücken gefesselt, marschierten die Todgeweihten auf den Richtplatz. Otto warf einige rasche Blicke in die Menge, sah mich gleich, nickte mir zu und verzog den Mund zu einem schauerlichen Lächeln. Noch immer hatte sein Gesicht den horchenden Ausdruck. Ich wußte, was er dachte. Er blickte sich zur Türe um. Jede Sekunde rechnete er damit, daß der Telegraphenbote kam und die Begnadigung brachte. Er war noch aus jeder Klemme in seinem Leben herausgekommen. Über ein Jahr lang war er im Krieg gewesen und hatte sechs Monate lang im Schützengraben gelegen. Den Kugeln und den Bomben und dem Gas der Deutschen war er entkommen. Ein Dutzend Mal hatten Polizisten und Wachmänner auf ihn geschossen. In Kneipenschlägereien war er durch Schüsse und Messer verletzt worden, doch niemals ernsthaft. Ich sah den Blick in seinen Augen und wußte, er rechnete damit, auch aus dieser Klemme noch herauszukommen. Er horchte noch, als die Wachen ihm schon die Füße zusammenbanden; ihm eine weiße Kapuze überstülpten, die bis zur Taille reichte, ihm eine Schlinge um den Hals legten, mit dem Knoten nach hinten. Alles verlief ruhig und ordentlich.

Flopp!

Der Boden unter ihm klappte weg, und er schaukelte in der Luft. Otto schaukelte in der Luft. Ich versuchte mir vorzustellen, wie er gewesen war, als ich mit ihm zusammengewesen war. Ich versuchte mich zu erinnern, wie sein Gesicht ausgesehen hatte, bevor sie ihm die Kapuze überstülpten. Doch ich konnte nicht. Nur eines ging mir durch den Kopf, immer und immer wieder – die Zeilen Oscar Wildes:

Süß ist's, zu tanzen beim Geigenklang,
Berauscht von Liebe und Duft,
Das Leben ist köstlich, wenn fröhlich und festlich
Die Laute zum Reigen ruft.
Doch grausig sein muß, mit hurtigem Fuß
Zu tanzen in der Luft.

Und da, dort in dem grauen Gefängnisraum mit den weißverhüllten Gestalten, die langsam und immer langsamer hin und her schwangen, spürte ich tief in meinem Leib die ersten Regungen meines Kindes.

17

Es war Hennessy, der Reporter, der mich von der grausigen Todeszelle fortführte, und ich war so benommen und fühlte mich so allein, daß ich für jede Gesellschaft dankbar gewesen wäre. Er verschwendete keine Mitleidsworte und war nicht sentimental, doch hinter seiner brüsken Art spürte ich echte Anteilnahme.

»Kommen Sie, Miss Thompson«, sagte er. »Ich möchte, daß Sie mit in die Redaktion kommen und mir helfen, diese Geschichte aufzuschreiben.«

Er mietete ein kleines Zimmer für mich an der North Dearborn Street, nahe dem Bughouse Square. Am Nachmittag waren die Zeitungen voll von Geschichten über die Hinrichtung der Banditen vom Drake Hotel und von Big Ottos unehelicher Frau und dem Kind, das sie erwartete. Am nächsten Tag kamen die Briefe – bergeweise, darunter einundzwanzig Heiratsanträge.

Hennessy war sehr freundlich zu mir und nahm mich überall hin mit, unter anderem zum Presseclub. Die Männer dort waren ein wilder Haufen, lebenslustig, rücksichtslos. Einige der Jungs meinten, ich solle mich um eine Stelle als Reporterin bewerben, doch ich lehnte ab.

»Im Augenblick nicht«, sagte ich. »Vielleicht wenn das Baby da ist.«

Eine Reihe von Arbeitsstellen wurde mir angeboten, und ich sollte Vorträge halten. Eines Tages stellte Hennessy mich einer zottelhaarigen Gestalt vor, Jack Jones, dem Impresario des Dill Pickle Clubs. Er sah aus wie ein Wüstling, doch seine aufrechte Art machte ihn mir sympathisch.

»Boxcar Bertha«, sagte er, »wir möchten, daß Sie zu uns hinüber in den Dill Pickle Club kommen und uns einen Vortrag halten. Das Thema lautet: ›Was soll eine unverheiratete Mutter tun? Das Kind austragen, abtreiben oder sich umbringen?‹ Ich weiß natürlich, Bertha, daß für Sie Selbstmord oder Abtreibung gar nicht in Frage kommen. Aber es gibt eine Menge Frauen in Ihrer Lage, die diese Dinge erwägen. Ich kenne Ihre Mutter, und ich weiß auch etwas über Sie. Ihr alter Freund Franklin Jordan ist ein Kumpel von mir. Wir haben schon manchen Streik und manche Zeit im Gefängnis zusammen ausgestanden. Sie haben etwas zu erzählen. Sie haben Erfahrungen, die Sie weitergeben können. Sie haben keinen Mann, und doch bekommen Sie ein Kind. Wie ist einem da zumute?

Im Dill Pickle hat Yellow Kid Weil uns aus seinem Leben als Trickbetrüger erzählt. Lizzie Davis sprach über ihre Erfahrungen als Bettlerin. Wir haben einen Burschen namens Theda Bara dagehabt, der über seine Homosexualität sprach. Wir im Dill Pickle suchen Redner, die etwas erlebt haben und die bereit sind, darüber zu sprechen. Eine verheiratete Frau oder eine Hebamme kann Ihre Geschichte nicht erzählen. Ein paar Leute werden etwas dagegen haben und ein großes Geschrei machen. Werden Sie kommen und zu uns sprechen?«

Der Gedanke, mich und mein ungeborenes Kind so zur Schau zu stellen, gefiel mir nicht gerade, doch am Ende sagte ich zu. Hennessy begleitete mich. Das Lokal war voller Menschen. Ein Mann namens Roxy sollte die Diskussion leiten. Er stellte mich vor, indem er aus Voltairine de Cleyres Gedicht *Der Hurensohn* vorlas:

Warum hüllt ihr mich in das Scharlach der Schande?
Warum weist ihr den Finger auf mich voller Hohn?
Was ist an mir, daß mich quäl'n alle Lande?
Was hab ich verbrochen, daß ihr sagt: »Hurensohn«?

Über diese vier Zeilen kam Roxy nicht hinaus, dann geriet der Saal in Aufruhr, ein Regen von Eiern, Gemüse und Ziegelbrocken ging auf uns nieder, und die ganze Versammlung begann zu toben. Inmitten der tosenden Masse stand John Burns, halb betrunken vom Whiskey, halb rasend vor katholischer Entrüstung, und donnerte rundum seine Verwünschungen.

»Wir haben genug verkommene Redner und Themen hier im Dill Pickle Club gehabt!« brüllte er. »Wir haben über Schwuchteln und Gauner diskutiert, aber es ist zuviel, selbst für mich, eine schwangere Frau zu so einer Veranstaltung zu schleppen.

Die Leute sind nur hier, weil es etwas Unanständiges zu sehen gibt. Sie sind nicht hier, um etwas zu lernen. Denen ist egal, ob Boxcar Bertha am Leben bleibt, ob sie sich umbringt oder ob sie auf den Strich geht. Ich habe den Dill Pickle mit aufgebaut, aber ich will verflucht sein, wenn er von einer Bande billiger Gaffer in den Dreck gezogen wird. Ich weiß nichts über Boxcar Bertha, aber Jones und Roxy und die übrigen schrägen Vögel hier, die versuchen, aus Elend und Leid ihren Profit zu machen, die sollte man in den See schmeißen!«

Die Polizei kam und räumte den Saal, und ich war froh, daß ich in mein Zimmer zurückkehren durfte. Hennessy und einer seiner Freunde begleiteten mich. Es schien sie zu interessieren, wie es mit meinem Baby weitergehen würde, und der Freund schlug vor, daß ich zur Niederkunft in die Polyklinik gehen solle. So kam es, daß ich Dr. Charles Bacon aufsuchte, den dort zuständigen Arzt für Geburtshilfe. Ich erinnerte mich, was die Ärztin in Lawndale mir eingeschärft hatte, und ich klärte Dr. Bacon über meine Krankheit auf und sagte ihm, daß ich vielleicht Behandlung bräuchte, bevor das Kind zur Welt kam. Er war höflich und freundlich, und ich fühlte mich besser, sobald er zu sprechen begann.

»Was machen Sie gerade?« fragte er. »Wenn Sie herkommen und im Krankenhaus arbeiten wollen, können wir Ihnen, glaube ich, etwas anbieten, und Sie können sich hier behandeln lassen und vielleicht sogar noch ein wenig dazuverdienen. Sie sähen es doch sicher gern, wenn Ihr Kind seine Unterkunft bezahlen könnte und nicht schon am ersten Tag seines Lebens um Unterstützung betteln müßte.«

Er machte mich mit Professor Maximilian Herzog bekannt, der das pathologische Labor der Polyklinik leitete. Er war ein kurzer, stämmiger, umständlicher Mann mit einem gewaltigen roten Haarschopf.

»Wir brauchen ein Mädchen, das im Labor saubermacht«, sagte er. »Zuletzt hatten wir einen Jungen hier, der hat es mit solcher Begeisterung getan, daß er jetzt Medizin studiert. Ich brauche jemanden, der alles aufräumt und am Ende abschließt. Dieser Junge hatte die ganze Zeit geredet. Sie bekommen Kost und Logis und sechs Dollar die Woche. Wenn Ihr Baby kommt, wird Dr. Bacon sich um Sie kümmern, und Sie können jeden zweiten Tag zu ihm gehen und sich behandeln lassen.«

Dr. Herzog war ruppig und kurz angebunden, doch weder er noch Dr. Bacon gaben mir in dem, was sie sagten und was sie taten, auch nur im geringsten das Gefühl, es sei etwas Ungewöhnliches an meiner Schwangerschaft oder Krankheit, etwas, dessen ich mich schämen müßte. Ich war überglücklich! Mir war plötzlich, als hätte man mir ein neues Leben geschenkt, und mein Baby sollte einen besseren Start im Leben haben, als ich jemals gehofft hatte.

Die Polyklinik war eine Schule, in die examinierte Ärzte vom Land kamen, um ihre Studien fortzusetzen. Dr. Herzog unterrichtete Labortechniken. Meine Aufgabe war es, das Labor in Ordnung zu halten und ihm als Gehilfin zur Seite zu stehen. Vom ersten Augenblick an war ich davon begeistert. Ich lernte, wie man Objektträger für Gonorrhöe- und Tuberkuloseuntersuchungen färbt, wie man Gewebeproben untersucht und wie man histologische und pathologische Spezimen präpariert. Dr. Herzog sagte, ich sei zur Laborantin geboren, und schon nach einem Monat konnte ich ihm alle möglichen Arbeiten abnehmen. Eine große Zahl von Landärzten besuchte diese Kurse, darunter einer, Dr. A. H. Wight aus New Hampton in Iowa, der Mutter kannte und der mich einlud, ihn und seine Frau zu Hause zu besuchen.

In Dr. Herzogs Kurs wurden die grundlegenden Labortechniken gelehrt, die Untersuchung von Blut, Körpersekreten und Gewebe. Ich hörte seine Vorlesung sechsmal hintereinander und machte mir Notizen dabei. Eines Morgens um acht kam er in das Labor, wo die Studenten bereits alle versammelt waren und auf die Vorlesung warteten. Er war ein wenig zu spät, stürmte zur Tür seines Büros, wühlte in seinen Taschen und blieb dann ärgerlich stehen.

»Donnerwetter!« rief er. »Ich habe meine Schlüssel vergessen!« Er konnte nicht in sein Büro, wo die Mikroskope aufbewahrt wurden, und mußte noch einmal zu seiner zwei Meilen entfernten Wohnung.

Die anderen Ärzte plauderten zunächst, doch dann wurden sie zusehends unruhiger. Dr. Wight lachte über etwas, das ein anderer ihm gesagt hatte, und rief dann mir zu:

»Bertha, warum halten *Sie* nicht die Vorlesung? Sie wissen doch genausoviel darüber wie er.«

Ich zögerte einen Moment lang, dann begriff ich, daß sie einfach Unterhaltung wollten. Ich hatte viele Männer auf unangenehmere Weise unterhalten. Ich warf einen Blick in meine Notizen, suchte mir so viele wissenschaftliche Ausdrücke zusammen, wie ich konnte, setzte eine strenge Miene auf und legte los.

»Meine Herren, die Neutro-philo-polymorpho-nuklear-Leukozyte streckt ihre Pseudopodia aus und umschlingt die Bakterien.«

Sie brüllten vor Lachen, doch dann öffnete sich die Tür, und Dr. Herzog kam hereingestürzt. Er sah sich mit großen Augen um, stürzte zum Podium und brachte mich mit einer Geste zum Schweigen.

»Meine Herren«, rief er, »glauben Sie ihr nichts! Sie ist nur mein *Diench-Maedschen*!«

Während meiner Zeit an der Polyklinik ging ich nur selten aus, aber ich schaffte es doch, bei einer Totenwache, einer Taufe und einer Party dabeizusein.

Eines Abends, nach einem langen Tag im Laboratorium, ging ich am Seeufer spazieren, als ich eine Autohupe neben mir vernahm. Ich blickte auf, und zu meiner Freude sah ich Katherine, meine alte Freundin aus dem Globe, mit ihrem neuen Zuhälter Johnny Mangates. Johnnys Vater war gestorben, und sie waren unterwegs zur Totenwache und nahmen mich mit. Katherine und ich setzten uns auf die Rückbank, damit wir uns unterhalten konnten.

»Meinen alten Zuhälter Scotty, den Aufseher im Landesgefängnis, haben sie erwischt, als er für einen Gefangenen Koks besorgte, und er hat fünf Jahre in Atlanta bekommen«, erzählte sie. »Seit fünf Monaten bin ich jetzt mit Johnny zusammen. Er ist ein prima Bursche und erfüllt mir jeden Wunsch.«

Ich betrachtete ihre abgetragenen, billigen Kleider, und sie tat mir leid. Immer wieder die alte Geschichte!

Der Wagen hielt vor einem frisch gestrichenen Holzhaus mitten im italienischen Viertel, zwischen Vierzehnter

Straße und Racine Avenue. Johnny führte uns die Treppe hinauf. Das Haus quoll über vor Verwandten und Nachbarn. Der Vater, Nick Mangates, war im Wohnzimmer aufgebahrt. Er schien an die sechzig gewesen zu sein und sah friedlich und stattlich aus. Vor achtunddreißig Jahren war er nach Amerika gekommen, und fünfunddreißig Jahre hatte er für die Crane Company gearbeitet. Er hatte geheiratet und zwölf Kinder gezeugt. Johnny war das elfte davon.

Auf dem Sofa saß Mary Mangates. Über dreißig Jahre war sie mit Nick verheiratet gewesen, hatte die zwölf Kinder großgezogen, ein Dutzend Jungen und Mädchen in den tiefsten Chicagoer Slums, einer Gegend, von der die Soziologen sagen, daß sie »in puncto Kriminalität, Mord und jugendlicher Straffälligkeit in ganz Amerika kaum ihresgleichen hat«.

Elf von ihren zwölf Kindern hatten es geschafft, sie waren anständige, aufrechte und arbeitsame Männer und Frauen geworden. Johnny war das einzige schwarze Schaf in der Familie. Mit zehn Jahren hatte er seinen linken Arm verloren, als in einem Güterwagen, in dem er heimlich mitgefahren war, ein Eisblock auf ihn fiel.

Der Mann vom Jugendamt war häufiger Gast in ihrem Haus. Johnny kam vor den Jugendrichter, bevor er zwölf war. Die einzige Schulbildung, die er genossen hatte, waren die drei Jahre gewesen, die er in Pontiac im Heim für schwererziehbare Kinder verbracht hatte. Vom Taschendieb brachte er es über kleinere Delikte zum Einbrecher. Seine Jugend verlebte er im Gefängnis von Joliet. Seine Eltern hatten ihm stets beigestanden. Das Haus in der Racine Avenue, an dem der alte Mangates ein Vierteljahrhundert lang abbezahlt hatte, hatte ein Dutzend Mal als Kaution für Johnny herhalten müssen.

Nachdem er im Großen Haus eingesessen hatte, besserte

Johnny sich. Schließlich waren die Mangates konservativ. Johnny arbeitete in einer Spielhölle. Als das Pflaster in der Stadt heißer wurde und er seine Stelle verlor, fand er einen anderen guten Posten als »Schlepper« beim Syndikat an der West Side. Als Katherines Aufseher »auf Urlaub in den Süden ging«, sprang Johnny in die Bresche.

Während wir dort waren, traf Johnnys Bruder Angelo, der in Boston lebte, ein und küßte hingebungsvoll seine Mutter, dann ging er hinüber zu seinem Vater und küßte ihm ehrfürchtig die Stirn. Danach kniete er am Sarg nieder. Eines nach dem andern kamen die Kinder und knieten neben dem ältesten Bruder. Katherine kniete an Johnnys Seite am Fußende des Sarges. Jemand begann laut zu schluchzen, und dann gaben alle ihrem Schmerz Ausdruck. Ich war mit ihnen niedergekniet. Ich hörte, wie Katherine flüsterte: »Johnny, Johnny, bitte schicke mich nie wieder auf den Strich!«

Doch natürlich – bevor die Woche um war, ging sie auf den Strich wie immer und lieferte Johnny ihr Geld ab.

Eines Tages lief mir im Krankenhaus Edna über den Weg. Ihre Schwester hatte am Tag zuvor ein Baby zur Welt gebracht, und in einer Woche sollte die Taufe sein. Viele, die ich noch von früher kannte, würden dort sein. Sie lud mich ein.

»Ich will das Baby adoptieren«, eröffnete sie mir. »Bennett, ihr Mann, will nicht zulassen, daß sie es behält. War furchtbar wütend, daß sie sich's nicht hat wegmachen lassen.«

Edna hatte vier Schwestern und einen Bruder. Drei von den Schwestern waren Prostituierte.

»Weißt du, das ist einfach unglaublich, wie sich das in unserer Familie entwickelt hat«, erzählte sie. »Schon bevor ich anfing, es gewerblich zu machen, und das ist jetzt schon über zehn Jahre her, hab ich mich rumgetrieben, damals, als ich noch drüben in der Fabrik arbeitete, und sie haben mich geschnappt. Als mein Kind geboren wurde, warfen meine Eltern mich aus dem Haus, und ich mußte mein Baby fortgeben.

Dann zeigte Pat mir, wie es gemacht wird, und wir machten einen kleinen Laden an der Blue Island Avenue auf, und als meine Schwester Toots sah, daß ich auf den Strich ging, kam sie zu mir, und wir arbeiteten gemeinsam in der Wohnung. Wir wurden wieder geschnappt, und als sie herausfanden, daß Schwesterchen noch keine achtzehn war, bekam ich ein Jahr wegen Verführung Minderjähriger zur Prostitution. Während ich im Loch saß, bekam Toots was Kleines, und sie gab es zum Adoptieren fort. Auch sie wurde aus dem Haus geworfen.

Als ich aus dem Kittchen kam, suchte ich mir Arbeit in Gary. Evelyn, meine zweite Schwester, kam öfter vorbei und besuchte mich. Ich gab ihr ein bißchen Geld, das sie mit nach Hause nehmen konnte. Eines Tages beichtete sie mir, daß sie ein Kind bekomme. Die Alten kamen dahinter und warfen sie raus. Wir haben sie in ein katholisches Krankenhaus gebracht. Sie bekam das Kind, und die Nonnen fanden jemanden, der es adoptierte.

Unsere Eltern haben uns alle vor die Tür gesetzt, aber heute leben sie von dem Geld, das wir als Nutten verdienen.

Aber dieses Kind, das bekommen sie nicht. Ich werde es ganz legal adoptieren, und ich lasse es mir von niemandem wegnehmen. Ich will ein Kind für mich haben, das ich großziehen kann, genau wie du auch.«

Alle meine Gedanken waren bei meinem eigenen Kind, und auch ich würde es mir von niemandem wegnehmen lassen – wenn es nötig sein sollte, würde ich es gegen die ganze Welt verteidigen. Ich dachte daran, wie mein Vater mich hatte sitzenlassen, und ich sagte mir, daß mich nichts von meinem Kind fortbringen würde, wenn es erst einmal geboren war. Dann wollte ich Näheres über die Taufe wissen.

»Ich dachte, so eine Taufe fände in der Kirche statt«, sagte ich.

»Manche schon, aber unsere, die ist bei Rosita in der Wohnung, und da gibt's keine Priester oder Prediger, keine Bewährungshelfer und niemand vom Adoptionsbüro. Wir taufen das Kind, so wie man's mit 'nem Kriegsschiff macht, mit 'ner Flasche Champagner. Ich hab zehn Dollar hingelegt, für 'ne Flasche Mumm.«

Die Wohnung der Polin Rosita war ein kleines »Etablissement« an der North Avenue. Rosita hatte drei Mädchen, die für sie arbeiteten. Am Samstagabend liefen die Geschäfte in einem solchen Laden immer gut, doch diesmal schickte Rosita alle Kunden fort. Ich hätte nie gedacht, daß so viele Menschen in eine Sechszimmerwohnung passen könnten, doch sage und schreibe zweihundert Männer, Frauen und Kinder kamen. Alle gehörten sie zur Unterwelt, auch schon die Kinder, und einige waren noch Babies, die Babies von Huren und Zuhältern und Dieben.

Die kleine Shirley (das war der Name, den sie dem Kind gegeben hatten) bekam so viele Kleidchen und Schuhe und Strümpfe geschenkt, daß es ihr für zehn Jahre gereicht hätte, denn den Langfingern, wie Edna die Ladendiebe nannte, hatte es riesigen Spaß gemacht, Babykleider zu besorgen. Und sie hatten die Preisschilder an den Sachen gelassen, denn es ist Ehrensache für sie, nur gute Waren zu stehlen. Unter anderem gab es vier Kinderwagen.

»Die kann man im Schlaf mitnehmen«, vertraute eine der Frauen mir an. »Man geht einfach in ein Kaufhaus, nimmt einen und fährt damit heraus. Das ist alles.«

Obwohl die Hälfte der Gesellschaft aus Dieben bestand, wurde nur wenig über das Stehlen gesprochen. Ein paarmal war von abwesenden Freunden die Rede, die im Gefängnis saßen, doch im allgemeinen waren die Gespräche so harmlos, als wäre es nichts weiter als ein Picknick der Sonntagsschule. Nicht eine einzige anzügliche Geschichte war zu hören. Keiner wurde zudringlich. Es herrschten eine Zurückhaltung und eine Vernunft, die mir gefielen. Hier gab es keine wilden, trunkenen Parties wie bei Edith Adams und keine hemmungslosen Orgien wie bei Tobey.

Diebe kleiden sich stets dunkel und unauffällig, bei der Arbeit wie in der Öffentlichkeit, doch heute abend waren sie unter sich, und jedes der Mädchen, das etwas Übermütiges, Auffälliges oder Schrilles im Schrank hatte, trug es zu Shirleys Taufe.

Die Taufzeremonie wurde von einem echten Geistlichen vollzogen, dem Reverend Archibald Smith. Er war Baptistenprediger gewesen. Später war er in düstere Grundstücksgeschäfte verwickelt gewesen und arbeitete nun mit einer Bande von Trickbetrügern und nahm dreißig Gran Morphium pro Tag. Er trug eine komplette Priestertracht und dazu einen Zylinder. Für die Zeremonie hatte er sich vollgepumpt bis an die Kiemen, er sprühte wie eine Feuerwerksrakete.

Er setzte sich die Champagnerflasche auf die Schulter und hob an: »Freunde, wir sind heute abend hier zusammengekommen, um die Ankunft der kleinen Shirley zu feiern, Big Ednas ganzer Freude. Zwar darf man einen reichen Kindersegen ...«

In diesem Augenblick stieß jemand einen Schrei aus.

»Die Sitte! Schluß mit den Festivitäten!«

Alle stopften nun Sachen in ihre Taschen, und fieberhaft warfen sie Shirleys Geschenke in die Schubladen. Ich sah, wie zwei Mädchen ihre Spritzen im Klavier versteckten.

»Diese Dreckskerle!« rief Rosita. »Was haben die für ein Recht, in mein Haus zu kommen? Ich bin eine respektable Frau und gebe hier eine Party.«

Lieutenant Daniels vom Sittendezernat, Sergeant Johnson von der Kriminalpolizei sowie drei allseits bekannte Zivilbeamte traten ein. Der Lieutenant zog seine Pistole.

»Keine falsche Bewegung«, sagte er. »Ich habe einen Durchsuchungsbefehl, und ich will sehen, ob sie hier ist.«

Sie machten ein grimmiges Gesicht, und wir hielten alle den Atem an. Sie marschierten hinüber zu Big Edna, die das Baby im Arm hielt. Lieutenant Daniels wandte sich, die Waffe in der Hand, zu einem der Männer um.

»Ist das die gesuchte Person?« fragte er streng.

»Ja.«

»Wie heißt die Kleine?«

»Shirley.«

»Also, Shirley«, sagte Lieutenant Daniels feierlich, »das Spiel ist aus. Du fängst ja früh an! Hier ist ein Sparbuch mit hundert Dollar für dich, ein Geschenk von Mr. Myers von der Cosmopolitan Bank. Und nun wird jeder ein Gläschen auf unser Wohl trinken. Mike schleppt eben zwei Kisten rauf.«

18

Viele der Frauen, die zur Behandlung in die Polyklinik kamen, waren Strichmädchen. Eines Tages bat mich Professor Taylor, der die Tuberkuloseklinik unter sich hatte, in eine Wohnung an der Ecke Goethe und Dearborn Street zu gehen und eine Sputumprobe von einem Mädchen zu holen, das zu krank war, um ins Krankenhaus zu kommen. Ich tat es und kam in eine Wohnung drogensüchtiger lesbischer Prostituierter, der elendesten, verkommensten, jämmerlichsten Menschen, die mir in meinem ganzen Leben begegnet sind.

Die Kellerwohnung läßt sich nur mit den Worten Oscar Wildes beschreiben. In ihr geschahen Dinge, die »nicht Gotteskind noch Menschenkind jemals soll erblicken«. Die Frauen waren abgemagert, heruntergekommen, und obwohl sie noch jung waren, wirkten sie allesamt alt. Sie hatten Syphilis, Tuberkulose, Ekzeme und Geschwüre. Sie waren halb blind und lahm, und doch erschienen sie manchen Männern, wenn sie sich zurechtgemacht hatten und auf den Strich gingen, begehrenswert. Ihre Wohnung war das reine Elend. Es gab nichts darin, was man hätte verkaufen oder versetzen können. Und doch gaben die sieben Frauen und drei Männer, die darin lebten, mindestens fünfundzwanzig Dollar pro Tag aus.

Die Kranke, Polly, lag mit Schwindsucht in den letzten Zügen und nahm vierzig Gran Morphium täglich. Vier der anderen Frauen waren ebenfalls abgemagert und schienen tuberkulös zu sein. Eine, Peggy, war eine große, breite Frau mit glattem, schwarzem Haar, kantigem Kinn und tiefliegenden braunen Augen. Eine andere, ein Mädchen von zwanzig, hatte einen auffälligen Kopf.

Ich nahm meine Probe, und Helen fragte mich: »Willst du nicht am Samstagabend herkommen? Wir veranstalten eine Party.«

»Was soll das für eine Party sein?«

»*Ich* gebe die Party«, sagte Peggy. »Ich bin stolzer Vater geworden.«

»Du glaubst, sie macht Witze«, sagte die Kranke, »aber es stimmt wirklich.«

»Ich bin nicht dumm«, entgegnete ich. »Ich höre zu. Erzählt mir, worum es geht.«

»Das kann ich nicht, aber ich werde es dir von Slim erzählen lassen.«

Ein großer, schmaler, nach Drogen aussehender Bursche von ungefähr dreißig kam vom Sofa herüber und gähnte.

»Was wollt ihr Mädels schon wieder? Habt ihr eine Zigarette? Nein, das meine ich nicht. Habt ihr keinen Stoff?« Er rauchte genüßlich seinen Joint und wurde zusehends lebhafter.

»Slim«, sagte die Kranke, »erzähle diesem Mädchen aus der Polyklinik von unserer Party und wie es kam, daß Peggy der Vater von Beatrice Fairfax' Baby wurde. Slim war früher Arzt, und ein guter, bevor er anfing, das Zeug zu nehmen.«

»Ist noch was von dem Gin da?«

»Nein.«

»Hat noch jemand Geld? Haben Sie fünfzig Cents, Schwester? Wir brauchen unbedingt eine Flasche.«

Ich gab einem der Mädchen das Geld, und meine Investition zahlte sich aus. Ich ließ mir erzählen, wie sie ständig Ärger mit der Polizei hatten, wie ihre Partner ständig wechselten, welche unaussprechlichen Dinge sie taten. Eine halbe Flasche Gin und drei Marihuanazigaretten verwandelten Slim in einen großen Mediziner.

»Sie dürfen nicht glauben, junge Dame, daß die Geschichte, die ich Ihnen erzählen will, etwas Besonderes ist«, hob er an. »Tierärzte wissen seit langem, daß es möglich ist, eine Kuh zu befruchten, ohne daß der Bulle anwesend ist. Rinderzüchter arbeiten schon seit Jahren mit ›künstlicher Befruchtung‹. Es ist also durchaus kein abwegiger Gedanke, daß eine Lesbierin eine andere Frau schwängern kann.

Ich habe die ganze Geschichte zu Papier gebracht. Ich weiß nur noch nicht, ob ich sie dem *Ladies' Home Journal,* dem *Christian Science Monitor* oder der *New Era* anbieten soll.

Mit Ihrer freundlichen Erlaubnis will ich Ihnen folgendes zur Erwägung vorlegen, in aller Wertschätzung des Umstandes, daß Sie, sollten meine bescheidenen Bemühungen Anklang finden, uns eine zweite Flasche jenes Wassers nicht verwehren werden, das uns die Welt sehen läßt, wie sie nicht ist.«

Er las:

»Die Türen von Slims Wohnung öffneten sich den schillernden Damen von der North Side und den höchst verwickelten Rätseln ihres Liebeslebens. Der gastfreundliche Slim bot ihnen zu essen, zu trinken, seinen Rat, sein Verständnis und ein Bett, mit oder ohne persönlichen Service.

Natürlich war die Kellerwohnung in der La Salle Street alles andere als ein perfekter Ort, und von der Wohnung an der Ecke Goethe und Dearborn Street ging ein Geruch aus, der demjenigen des Affenhauses im Lincoln-Park-Zoo an einem diesigen Morgen nicht unähnlich war, doch auch wenn beide rochen wie der Atem eines Nilpferdes mit Paradontose und Molly, die Hauskatze, ihre Ansicht zur herrschenden Atmosphäre dadurch zum Ausdruck brachte, daß sie es vorzog, ihre Kätzchen in einem Keller auf der anderen Straßenseite zur Welt zu bringen und aufzupäppeln, zogen doch die Großzügigkeit Slims und seine Weltklugheit die Mädchen an.

Slim war Doktor, Schriftsteller, Schauspieler und, wie er selbst beteuerte, ein Spötter. Er war über einen langen Zeitraum zur Reife gekommen, und zu seinen großherzigen und großzügigen Ansichten hatte er durch eine Reihe von Ehen und Affären gefunden, bei denen alles erlaubt war. Slim heiratete Jessie, die Garderobiere eines Varietés, und dann verliebte er sich prompt in Patsy, die Primaballerina.

Als Patsy drohte, ihren alten Rang als Trapezkünstlerin wieder anzunehmen, bot Slim ihr sein Herz dar und versuchte es mit einem Selbstmord, er schnitt sich an ihrer Schlafzimmertür die Pulsadern auf, als Opfer, um sie auf dem Erdboden zu halten. Doch Patsy ging in die Lüfte. Slim kehrte zu Jessie zurück, schloß sich einer Jahrmarktstruppe an, verliebte sich unsterblich in Goldie, die in Goldbronze posierte, machte ihr einen Heiratsantrag, um sie von Polly, der Bauchtänzerin, abzubringen, und beschloß seine Jahrmarktskarriere in Gary, Indiana, wo er auf dem Bett der Zauberin Toots saß und gebrochenen Herzens eingestehen mußte, daß das Mädel eine Lesbe und in Polly verliebt war.

Eine Woche später, nach dem Abendessen, öffnete Slim die Tür zu Peggys Apartment, und Peggy erzählte ihm unter Tränen, daß ihre Geliebte, Beatrice Fairfax, untreu gewesen sein müsse und schwanger sei. Slim sprang in die Bresche und lieferte ihr eine biologische Erklärung, die Peggy überzeugte, sie selbst sei der Vater des Babys. Slim erklärte ihr, es sei denkbar, daß Peggy, eine Werktätige, mit dem lebensspendenden Saft in Berührung gekommen sei, als sie in einer Abwandlung der orthodoxen Technik arbeitete, und es sei durchaus möglich, daß sie unwillentlich ein Überbleibsel dieses Kontaktes mit dem anderen Geschlecht an sich behalten und Beatrice damit infiziert habe.«

Er reichte mir das Blatt und sagte: »Sie sehen Peggy hier vor sich. Hatte die Menschheit je größeren Anlaß, stolz zu sein? In den Archiven der Medizin finden sich Berichte über solche Fälle aus allen Epochen, doch dies ist der erste authentische Fall, der in den Annalen der Polizeiwache East Chicago Avenue festgehalten wird, und wenn Beatrice Fairfax und ihr Baby am Sonntag aus dem Krankenhaus zurückkehren, veranstalten wir ein großes Fest, und Peggy braut uns etwas für die Pfeife. Peggy wird Beatrice weiter aushalten, wie immer. Sie hat ein Dutzend Geliebte gehabt, alles Lesben, und hat alle davon unterstützt. Sie werden uns doch am Sonntagabend die Ehre Ihres Besuches erweisen?«

Plötzlich fühlte ich mich sehr müde, und ich schüttelte den Kopf und sagte: »Ich wollte alles über das Leben wissen, ganz besonders über die Unterwelt. Aber ich glaube, manche Erfahrungen verschiebe ich noch für eine Weile. Danke, aber ich werde am Sonntagabend nicht kommen.«

In meiner Zeit in der Klinik sah ich manchmal einige der Mädchen und oftmals Kunden, die ich im Globe gekannt hatte. Ich arbeitete im Labor bis zum Tag vor meiner Niederkunft. Ich trug immer einen großen, weiten Kittel, und niemand hatte bemerkt, in welchem Zustand ich war. Ich war so in die Laborarbeit vertieft, daß ich die bevorstehende Geburt fast vergaß.

Doch am 26. Juli wurde ich daran erinnert, als ein plötzlicher Schmerz mir durch den Unterleib fuhr. Ich rief Dr. Bacon an. »Ich glaube, meine Wehen beginnen«, sagte ich.

Er wies mich in eine Stube mit vier Betten ein. Während sie mich wuschen und schrubbten und alles vorbereiteten, wurde mir mit einem Mal klar, welche Verantwortung ich tragen würde. Ich hatte nicht einmal ein paar Windeln. Wohin sollte ich das Baby bringen? Mutter hatte gesagt, ich solle ihr Bescheid geben, wenn es soweit sei, damit sie helfen könne, aber ich hatte nicht rechtzeitig daran gedacht. Ich war so in meine Arbeit vertieft gewesen, daß ich versäumt hatte, alles zu organisieren. Vierundzwanzig Stunden später kam ich in den Kreißsaal, und plötzlich war ich von Ärzten und Schwestern in Weiß umringt. Alle trugen einen Mundschutz.

»Also, Bertha, Sie bekommen jetzt eine Narkose«, sagte eine Ärztin und wollte mir die Narkosemaske aufs Gesicht drücken.

»Weswegen?« fragte ich.

»Damit Sie keine Schmerzen leiden müssen.«

»Das will ich nicht«, hörte ich mich sie anfahren. »Warum soll ich keine Schmerzen leiden? Welches Recht haben Sie, mir die Schmerzen zu nehmen, die die Natur mir gibt? Ich will wissen, wie das ist, wenn man ein Baby bekommt. Ich will alle Schmerzen spüren, die dazugehören. Ich will dabei sein. Ich habe gesehen, wie mein Liebhaber gehängt wurde. Jetzt will ich sehen, wie mein Kind zur Welt kommt.«

»Schon in Ordnung«, sagte Dr. Bacon beschwichtigend. »Atmen Sie jetzt tief durch.«

Die Wehen kamen immer heftiger und in immer kürzeren Abständen. Eigentlich waren es keine Schmerzen. Es war, als säße man auf einem Vulkan, der im Begriff war auszubrechen.

»Tief durchatmen, es geht los«, sagte jemand.

»Stützen Sie mir den Kopf, damit ich es sehen kann. Ist es ein Junge?« fragte ich.

»Kann ich noch nicht sagen.« Dr. Bacons Stimme klang wie aus weiter Ferne. »Bis jetzt haben wir nur den Kopf.«

Ich entspannte mich einen Augenblick lang.

»Nun atmen Sie tief ein, und dann pressen Sie kräftig.«

»Ist es ein Junge?«

»Kann ich noch nicht sagen, wir sind erst bis zur rechten Schulter. Jetzt pressen, kräftig atmen! Gut so! Jetzt sind beide Schultern draußen.«

»Ist es ein Junge?«

»Und noch einmal, Bertha! Feste pressen – und da haben wir es.«

»Ist es ein Junge?«

»Es ist ein Mädchen.«

»Jetzt können Sie mir die Narkose geben.«

Zwei Tage darauf stand der Assistenzarzt mit Papier und Bleistift an meinem Bett. »Ich brauche ein paar Informationen von Ihnen«, sagte er. »Ich möchte die Geburtsurkunde des Kindes ausstellen. Wie lautet der Name des Vaters?«

»Wie bitte?«

»Wir brauchen Namen, Alter und Nationalität des Vaters. Wer war er?«

»Das Baby hat keinen Vater. Ich bin seine Mutter und sein Vater.«

»Aber jemand muß Sie doch geschwängert haben. Wir brauchen einen Namen für die Papiere. Sie wissen doch sicher, wer es war. Sie sehen aus wie ein anständiges Mädchen, und von Dr. Maximilian Herzog höre ich, Sie seien eine ausgezeichnete Laborantin und hätten das Zeug zur Medizinerin. Wen wollen Sie als Vater des Kindes angeben?«

»Die Väter des Kindes waren fünfzehnhundert Männer!« rief ich in meiner Verzweiflung. »Fünfzehnhundert einsame Männer. Aber wenn Sie einen Namen für Ihre Papiere brauchen, schreiben Sie ›Big Otto‹.«

»Und mit Nachnamen?«

»Einfach nur Big Otto. Alter: vierzig. Geboren in New York City. Tot. Aufgehängt. Achten Sie darauf, wenn Sie beim Vater des Kindes die Todesursache angeben. Es muß heißen: ›gehängt‹.«

»Welchen Namen wollen Sie der Kleinen geben?«

»Das weiß ich noch nicht. Im Augenblick nenne ich es nur mein liebes Baby. So soll es doch sein – daß die Babies ihren Müttern lieb und teuer sind.«

Und plötzlich fuhr ich zusammen, entsetzt vom Klang meiner eigenen Stimme. Warum hatte ich das gesagt? War mir dieses Baby denn nicht lieb? Hatte ich denn nicht, nachdem der erste Schock vorüber war, immer darauf vertraut, daß es mir lieb sein würde? War ich denn nicht froh? Zum ersten Mal kamen mir Zweifel, ob ich wirklich jemals ein Baby gewollt hatte.

Als mein liebes Baby Dear eine Woche alt war, kam die Schwester und kündigte mir Besuch an.

»Da ist eine Reihe von Männern draußen, die wollen Sie sehen«, sagte sie.

Es waren Jack Jones; Birdie Weber, ein kurzer, dicker Dichter aus dem Dill Pickle, blond, mit großer Nase; Eddie Clasby, schwarzhaarig, aus Boston, vom Seven Arts Club; ein Hindu-Yogi namens Pandin; Harrison, ein schwarzer Sozialist mit dicken Lippen; Ed Hammon, der die Malergewerkschaft organisierte; und ein schmaler Homosexueller namens Hazel.

Clasby ergriff das Wort.

»Boxcar Bertha, wir sind hier, um ein Urteil darüber zu fällen, wer der Vater Ihres Kindes ist. Und um Ihnen zu sagen, daß wir allesamt bereit sind, Sie zu heiraten, nach den Riten der katholischen, der jüdischen, der Hindu- oder der Freidenkerkirche. Suchen Sie sich einen von uns aus, als Vater des Kindes, oder wenn es Ihnen lieber ist, können Sie uns auch alle zusammen als kollektiven Vater haben. Wir möchten Ihnen dies kleine Kleiderbündel und diese Blumen verehren, und nun wird jeder von uns Sie küssen.«

Ich lachte und dankte ihnen und küßte sie alle und sagte ihnen, daß ich fest vorhätte, auch weiterhin selbst Vater für mein Kind zu sein.

Dr. Herzog und Dr. Bacon bestanden darauf, daß ich ein halbes Jahr lang im Krankenhaus blieb. Nach zehn Tagen zog ich von der Krankenstation wieder ins Wohnheim. Und noch nicht einmal drei Wochen nach der Geburt war ich wieder an meiner Arbeit im Labor. Alle paar Stunden stillte ich das Baby. Ich wollte es mit ins Labor bringen, doch Dr. Herzog sagte, das sei zu gefährlich.

Mein Baby Dear war das hübscheste, seltsamste, faszinierendste Wesen, das man sich vorstellen konnte. Es hatte strahlendblaue Augen, flaumiges rotes Haar und einen makellosen Leib mit riesengroßen Händen und Füßen. Es wog sieben Pfund und zehn Unzen und nahm rasch weiter zu. Alle liebten es, und eine Menge Leute wollten es adoptieren.

Als das halbe Jahr um war, beschloß ich, mit dem Baby zu Mutter zu fahren, und als ich mir das durch den Kopf gehen ließ, da wußte ich sogleich, daß es seine erste Fahrt im Lieblingsgefährt seiner Mutter unternehmen sollte – in einem Güterwagen.

19

Den letzten Abend vor meinem Aufbruch verbrachte ich in Martha Bieglers Pension unter einer Menge von Hobo-Frauen; es war ein großes Kommen und Gehen. Alle waren unterwegs gewesen, einige in Güterwagen, doch die meisten per Anhalter. Sarah Jones, eine große, linkische Frau von dreißig, zog seit zehn Jahren durchs Land, nur damit sie etwas zu sehen hatte, wie sie sagte. Wenn sie irgendwo ankam, wo es ihr gefiel, besorgte sie sich eine Stelle als Haushaltshilfe, hatte sie genug Geld beisammen, ging sie wieder auf Achse. Als eines der Mädchen einwarf, wie schwer es doch sei, per Anhalter zu fahren, ohne den Männern dafür »gefällig zu sein«, schnaufte Sarah nur und sagte: »Wenn du ein Faulpelz bist, dann stimmt das. Aber wenn du arbeiten willst, dann brauchst du dir von niemandem etwas gefallen zu lassen. Ich breche erst auf, wenn ich etwas Geld auf der Kante habe, und wenn mein Geld alle ist, dann bleibe ich irgendwo und verdiene mir wieder etwas. Da könnt ihr von Arbeitslosigkeit reden, soviel ihr wollt – aber wenn ein Mädchen backen und kochen kann und bereit ist, auf die Knie zu gehen und den Fußboden zu schrubben, dann kann sie immer Arbeit bekommen, genug jedenfalls für Kost und Logis, und ein paar Dollar dazu, die sie für die nächste Reise sparen kann.«

Sarah meinte, ich solle zusammen mit einem Mann fahren. »Es gibt nur *ein* Mittel für einen Hobo, sicher zu sein, daß die Bahnarbeiter und die Polizisten ihn in Ruhe lassen, und das ist, mit einer Frau und einem Baby zu reisen. Ist ein Mann mit einer Frau allein, hat so ein schwerer Junge meist keine Hemmungen, sie dem Hobo fortzunehmen.«

»Danke, Sarah«, antwortete ich. »Aber auf seine erste Hobo-Reise soll mein liebes Baby mit mir allein gehen.«

»Das wird ein Kinderspiel«, sagte Sarah. »Niemand belästigt eine Frau mit einem kleinen Kind und einer Reisetasche. Aber geh den Wohlfahrtsleuten aus dem Weg, die nehmen dir sonst dein Baby fort.«

Hennessy, der Reporter, war an der Geschichte interessiert, und ich mußte ihm versprechen, täglich Aufzeichnungen über meine Erlebnisse zu machen. Meine wenigen Besitztümer schickte ich als Postpaket und packte nur eine kleine Tasche mit Sachen für das Baby. Am frühen Morgen fuhr Hennessy mich hinaus bis hinter Wheaton, setzte mich am Lincoln Highway ab und gab mir eine Fünfdollarnote. Noch bevor er am Horizont verschwunden war, hielt ein schwerer Lincoln mit einem Mann und einer Frau mittleren Alters, und sie nahmen mich mit. Noch vor dem Mittag waren wir in Omaha – sie fuhren wie die Wilden, lösten sich dabei ab und aßen Butterbrote während der Fahrt, damit sie nicht anhalten mußten. Sie sprachen fast nichts miteinander. Das einzige, was sie mich fragten, war, ob ich in Richtung Westen wollte. In Omaha bat ich sie, mich beim Y. W. C. A. herauszulassen, und sie fuhren mich bis an die Haustür, wünschten mir alles Gute und rasten weiter. Es war ein Wagen mit einer New Yorker Nummer, und sie schienen überhaupt kein Gepäck zu haben. Beide trugen teure Kleider.

Am nächsten Morgen sah ich ihre Bilder auf den Titelseiten der Zeitungen. Zehn Meilen nördlich von Omaha waren sie gefaßt worden, als ihr Wagen mit einem anderen zusammenstieß. In Cleveland wurden sie wegen Mordes gesucht. Da begriff ich, daß sie mich nur mitgenommen hatten, um weniger verdächtig auszusehen. Aber es war ein guter Anfang für meine Reise!

Baby Dear meisterte das Leben auf der Straße, als sei es dort geboren. Am nächsten Morgen fuhr ich mit der Straßenbahn in die westliche Vorstadt von Omaha, um die nächste Etappe in Angriff zu nehmen. Ein Möbelwagen nahm mich mit, und ich fuhr drei Tage lang mit und saß neben dem Fahrer, einem stämmigen Burschen aus Kentucky, der nicht glauben wollte, daß ich keinen Mann für mein Baby hatte. Wenn wir anhielten, spendierte er mir das Essen, und er war ganz begeistert von dem Baby und erzählte mir, er habe selbst sechs davon gehabt, bevor er seine Frau in den Bergen zurückgelassen habe, als sie anfing, nekkische Spielchen mit dem Nachbarn zu treiben.

Er fragte mich nicht, wo ich übernachten wolle, sondern nahm jeweils ein Extrazimmer für uns und kam dann zu mir, wenn wir im Bett waren. Er hatte eine Ladung zu einer kleinen Stadt nahe Denver, und etwa zehn Meilen östlich von Cheyenne bog er von der Hauptstraße ab. Er wollte, daß ich bei ihm blieb, und war beleidigt wie ein Kind, als ich ablehnte, doch am Ende gab er mir und meinem lieben Baby Dear einen Abschiedskuß und setzte uns am Highway ab. Ich ließ es mir zwar nicht anmerken, aber es tat mir leid, mich von ihm zu trennen. Er war mein erster Mann seit der Niederkunft gewesen, und durch ihn fühlte ich mich nun wieder lebendig und wach.

Als nächstes nahm mich eine Bande von Herumtreibern mit, vier Jungs unterwegs nach Salt Lake City. Als sie merkten, daß ich kein Geld hatte, schlugen sie vor, daß ich mit ihnen in ein Camp kommen sollte, das sie hinter Cheyenne kannten. In Cheyenne kauften wir ein Brot und ein Stück Suppenfleisch für 52 Cents und ließen uns von einem Bahnarbeiter an der Trasse der Union Pacific den Weg zum »Dschungel« zeigen.

Das Camp lag etwa anderthalb Meilen westlich des Bahnhofs, jenseits der Gütergleise, in einer kleinen, von einem Wäldchen verdeckten Mulde. Offenbar war es einmal eine Siedlung gewesen, denn es standen noch die Übrigbleibsel von fünf Häusern, außerdem eine Reihe von Feuerstellen und Schornsteinen im Freien. Blechdosen und Autowracks lagen an den Rändern. Ein vergessener Hydrant lieferte Wasser. Ich sah mich ein paar Minuten lang um und fand, daß man hier wirklich etwas anfangen konnte.

An einer der Schuppenwände hingen Kessel, in denen man Waschwasser heiß machen konnte, und es gab Feuerholz. Vier oder fünf Gruppen waren damit beschäftigt, Essen zu kochen. Sie begrüßten uns herzlich. Am nächsten Morgen, als ich entlang der Schienen spazierenging, sahen wir Indianer, darunter eine Frau in voller Cowboykluft, auf der Plattform eines Gepäckwagens fahren. Die Leute von der Bahn lassen die Indianer stehts kostenlos auf den Gepäckwagen mitfahren.

Doch vor allem gab es in diesem Camp interessante Frauen. Zwei davon sind mir besonders im Gedächtnis geblieben. Sunshine Nellie war um die fünfundvierzig, abgearbeitet, aus der Form geraten, doch eine ausgezeichnete Köchin und stets guter Dinge. Sie kam aus einem Städtchen in Minnesota, wo sie zwanzig Jahre lang mit ihrem Mann gelebt und drei Kinder großgezogen hatte. Vor zwei Jahren war es ihr zuviel geworden, tagaus, tagein zu kochen und jeden Samstagabend zum Konzert der Blaskapelle zu gehen und am Sonntag zur Kirche, und sie war per Anhalter losgezogen. Doch eigentlich war sie ein häuslicher Typ, und sie gestand, daß sie manchmal einen ganzen Monat lang in einem Camp kochte, wenn ihr die Männer nur genug Nahrungsmittel brachten. Sie war nicht gerade attraktiv, doch ihre Küche war gut, und sie gab den Männern, was sie sonst noch brauchten, auch wenn sie nicht groß daran interessiert war. An unserem zweiten Tag im Camp verbrachte sie den ganzen Vormittag damit, Kekse auf einem großen Stück Blech zu backen, das sie auf dem Schrotthaufen gefunden hatte. Sie wendete sie, so daß sie auf beiden Seiten braun wurden. Während wir aßen, erzählte sie von ihrem Email-Küchenherd in Minnesota.

May das Zugpferd war ganz anders. Sie erinnerte mich an Sarah Jones. Wenn sie in eine Stadt kam, arbeitete sie einen Tag lang und verdiente genug, um weiterzufahren. Sie war kräftig gebaut, machte einen vernünftigen Eindruck und sagte, es mache ihr nie Mühe, Anstellungen im Haushalt zu finden, doch übernachte sie nie dort, weil sie dann keine Männer mit nach Hause bringen könne. Sie hatte eine Vorliebe für grobe Männer. Es machte ihr nichts aus, wenn sie schmutzig waren. Aber manchmal sorgte sie dafür, daß sie sich wuschen, wie eine Mutter. An unserem letzten Morgen im Camp kam sie aus einem der Schuppen mit einem rotgesichtigen Hobo, mit dem sie geschlafen hatte, und veranstaltete ein großes Geschrei, schimpfte ihn regelrecht aus und schrubbte ihm Hals und Ohren, als sei er ein Zehnjähriger. Als wir zum Mittag abfuhren, hing er noch immer an ihren Schürzenbändeln, und sie wusch ihm die Hemden und ihre eigene Unterwäsche.

Beide Frauen, erfuhr ich, hatten in den Barackensiedlungen der Bahnarbeiter gelebt. Auch viele der Männer stammten dorther. Das habe ich auf meinen Reisen immer wieder festgestellt. Die Züge, die sie in ihrer Kindheit an alle möglichen Orte fahren sahen, weckten in ihnen die Wanderlust. »Red Martin«, eine kleine, drahtige, grauhaarige alte Frau, die ich ebenfalls in diesem Camp kennenlernte, verkündete stolz, sie sei seit dreißig Jahren unterwegs und habe noch nicht einen einzigen Dollar für ihre Fahrten bezahlt.

Die vier Jungs, mit denen ich gekommen war, fuhren mich von Salt Lake City hinaus an die Straße nach Pocatello und warteten ein Stückchen abseits noch, bis sie sahen, daß ein Mexikaner in einem Ford das Baby und mich mitnahm.

Nahe Boise wurden wir von zwei Frauen mitgenommen, die nach Spokane fuhren. Baby Dear hatte auf dieser Fahrt eine kleine Kolik, und die beiden machten sich solche Sorgen, daß sie mich überredeten, mit nach Spokane zu kommen, wo sie für einen Arztbesuch zahlten. Der Doktor sagte ihnen, ihm sei noch nie ein gesünderes Kind untergekommen, und das machte sie so wütend, daß sie mir nicht einmal einen Ort zum Übernachten suchten.

Ich fand ein Zimmer über einer Bäckerei. Die Bäckersfrau sorgte sich, weil ich mit einem Baby per Anhalter fuhr, und am nächsten Morgen machte sie mich mit einem Tabaksvertreter bekannt, der sagte, wenn wir vorher mit ihm hinunter nach Walla Walla kämen, würde er uns gegen Ende der Woche nach Seattle bringen. Ich nahm das Angebot an, und er stellte mich seiner Mutter und seiner Familie vor. Alle verliebten sich in mein liebes Baby, und plötzlich, ohne Vorwarnung, begannen sie alle mich zu drängen, ich solle Charlie, den Vertreter, heiraten. Es war eine überraschende Erfahrung für mich, daß eine unverheiratete Mutter mit einem Baby mehr Heiratsanträge bekommt als die durchschnittliche tugendhafte junge Frau.

Mutter, mein Bruder Frank, meine Schwester Margaret und Professor E. A. Orr erwarteten uns in Seattle, und es gab eine große Wiedersehensfeier. Mutter war älter und grauer geworden und stellte nach wie vor keine Fragen. E. A. O. schien ihr noch immer treu ergeben. Nachdem ich ein paar Tage mit Mutter verbracht hatte, zog ich in die Home Colony im Staate Washington und lebte im Haus von J. Ryan, der eine wunderbare Genossin hatte, Agnes Ryan. Sie hatten vier prächtige Kinder. Ryan sprach von

Mrs. Ryan niemals als seiner Frau – immer als seiner Genossin. Niemand in der Kolonie fragte ein Paar, ob sie vor dem Gesetz verheiratet waren. Alle gingen davon aus, daß sie es nicht waren. In der Home Colony gab es keinen Unterschied zwischen legitimen und illegitimen Kindern. Hier gab es nur gesunde, glückliche, wohlgelittene Kinder. Baby Dear wurde in diese Gruppe von Kindern aufgenommen, die an der frischen Luft, in Liebe und Freiheit aufwachsen durften.

Ich blieb ein Jahr lang dort. Nach sechs Monaten ging ich zur staatlichen Klinik für Geschlechtskrankheiten in Seattle und ließ mich behandeln, obwohl die Wassermann-Bluttests, auch diejenigen des Babys, negativ waren. Die meiste Zeit verbrachte ich mit Wandern und Fischen, und ich half den Ryans auf ihrer Hühnerfarm. Ich las viel und schrieb viele Briefe.

Von Zeit zu Zeit fuhr ich hinauf nach Tacoma und half dem Genossen Leon, seine Monatszeitung *The Agitator* herauszubringen. Er war ein großer, stämmiger Mann, größer und kräftiger als Lowell Schroeder. Er hatte klare blaue Augen und war ein regelrechter Adonis. Wir verliebten uns auf den ersten Blick ineinander, und ich wäre mit Freuden sofort bei ihm geblieben, doch gab es mancherlei Schwierigkeiten.

Er lebte mit Mary zusammen. Sie hatten ein Kind von etwa anderthalb Jahren und erwarteten ein zweites in wenigen Wochen. Außerdem hatte er eine Geliebte, Angelina, eine Italienerin. Sie war eine sehr mütterliche Frau, die Witwe eines Italieners, der bei einem Banküberfall in Illinois umgekommen war. Auch Angelina war im siebten Monat schwanger. Und auch wenn das manchem unmöglich oder zumindest äußerst unwahrscheinlich vorkommen mag, hatte er noch eine dritte Geliebte, die ebenfalls schwanger war, eine Russin namens Luba.

Aber nicht diese drei Frauen waren die Schwierigkeit. Sie gingen alle davon aus, daß ich mit Leon schlief, und es machte ihnen nichts aus. Ja, Angelina fragte mich eines Abends in aller Freundschaft, ob ich denn nicht auch von Leon schwanger sei, und war überrascht, als ich ihr sagte, ich hätte keine Gelegenheit gehabt, zu dieser Ehre zu gelangen.

»Sex ist eine heilige, wertvolle Erfahrung«, pflegte er zu sagen, »und ein Mann und eine Frau sollten niemals zusammensein, wenn sie dabei kein Kind zeugen wollen. Diejenigen, die die Herrschaft über unsere Gesellschaft erlangen werden, werden diejenigen mit den meisten Kindern sein. Wir Radikale und Revolutionäre sollten so viele Kinder wie möglich haben, und wir sollten sie lehren, den Kapitalismus und die Ausbeutung zu hassen. Wir sollten ihnen beibringen, für Freiheit und Gerechtigkeit zu kämpfen. Unsere radikalen Frauen entehren sich, wenn sie die Empfängnis verhüten oder abtreiben lassen. Liebe ist für die Kinder da.«

Ich erklärte Leon, daß ich die Erfahrung Mutter zu werden gemacht habe und daß mir dies eine Mal vorerst genüge. Denn schon war ich wieder unruhig geworden, und der Lockruf der Straße war größer geworden als derjenige meines Kindes – genau wie es einst meinem Vater ergangen war.

20

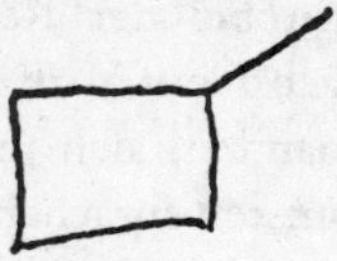

Es waren zwei Briefe, die mich dazu bewogen, wieder auf Reisen zu gehen. Einer war von Franklin Jordan, der mich drängte, ihn in Washington zu treffen, wohin Tausende von Reservisten unterwegs waren, um ausstehende Prämienzahlungen einzufordern.

Der andere kam von Eileen O'Connor, der Präsidentin der I. U. W. W. A., der Vereinigung von Hobo-Frauen, der »Schwestern der Straße«. Sie drängte mich, am großen Treffen der Hobo-Frauen teilzunehmen, das im Juni in der New Yorker Webster-Hall stattfinden sollte.

Ich dachte an mein Baby und daß ich gesagt hatte, ich würde es niemals im Stich lassen. Ich dachte daran, wie ich meinen Vater dafür verurteilt hatte, daß er von mir fortgegangen war. Doch ich dachte auch an Franklin Jordan und an seine Worte: »Wo für die Redefreiheit oder die Rechte der Arbeiter und Arbeitslosen demonstriert wird, da gehöre ich hin«, und ich beschloß, nach Washington und New York zu fahren.

Die Frauen in der Home Colony veranstalteten eine kleine Abschiedsparty für mich. Insgesamt waren es zehn. Alle waren sie irgendwann einmal unterwegs gewesen. Acht dieser Frauen waren Mütter. Einige waren verheiratet, doch sie erkannten die eheliche Bindung nicht an. Alle lebten mit ihren Männern auf der Grundlage der freien Liebe. Die Kinder der Home Colony waren gesunde, kräftige, glückliche Kinder. Baby Dear kam zusammen mit den anderen Kindern, um zum Abschied zu winken. Die halbe Kolonie stand am Kai. Alle freuten sich, daß ich nach Washington fuhr, um bei der Reservistendemonstration dabei zu sein, und nach New York zum Treffen der Hobo-Frauen. Ich bat niemanden, sich um Baby Dear zu kümmern, selbst die Kolonisten sprachen nicht davon. Das Kind gehörte zur Kolonie, und jeder fühlte sich mitverantwortlich. Es war eine echte Kooperative. Die meisten dieser Anarchisten arbeiteten gemeinsam und teilten alles miteinander. Die Kinder waren es gewohnt, daß sie in jedem Haus etwas zu essen und einen Platz zum Schlafen bekommen konnten. Ich wußte, daß mein liebes Baby in guten Händen war. Meine Freunde, meine Genossen, winkten mir nach, als das Boot aus der wunderschönen Bucht heraus dampfte.

Die nächsten Tage waren unvergeßlich. Den größten Teil der Strecke nach Washington fuhr ich per Anhalter, denn hinter Pittsburgh nahmen mich drei Kriegsveteranen in ihrem alten Buick bis zum Reservistenlager mit, wo ich Jordan fand. Der rebellische Geist, die gute Laune und das Elend, die in diesem Lager herrschten, waren unbeschreiblich. Ich hatte den Eindruck, daß Amerika, in sich zerrissen und doch stets geschäftig, hier ganz Wahrheit wurde. Ich ging von Zelt zu Zelt und tat, was ich konnte, ich wusch Kleider, schrieb Briefe, pflegte die Kranken und machte den Schwachen Mut, das Camp nicht zu verlassen, bis sie die versprochene Prämie erhalten hatten. Mir erzählten sie ihre Geschichten von Enttäuschungen und Arbeitslosigkeit. Das Durcheinander, das herrschte, und der Haß, der aufkam, als dieses Lager mit Gewalt aufgelöst wurde, bestätigten mir alles, was ich in früheren Jahren über Regierungsgewalt und über Politiker gelernt hatte, mit Nachdruck und mit Bitterkeit.

Die meisten Frauen, Ehefrauen, Freundinnen und Mitläuferinnen aus diesem Lager, von denen viele zum ersten Mal auf der Straße, manche aber auch altgediente Hobos waren, fuhren genauso wie ich per Anhalter zum Treffen der Hobo-Frauen nach New York. Das Motto dieser Veranstaltung lautete »Heim und Arbeit für jeden Mann und jede Frau«; es wurde die Gründung eines Hobo-Colleges für Frauen beschlossen, es sollte Rasthäuser, Informationsbüros und Schulen für Sozialwissenschaften geben.

Jedes Rasthaus, so planten wir, sollte für reisende Frauen Räumlichkeiten bereithalten, in denen sie ihre Kleider reinigen und ausbessern konnten, ausgestattet mit allen Maschinen, mit Flickzeug, Farben, Schusterwerkzeugen, Waschmaschinen, Geräten zum chemischen Reinigen und Wäschetrocknern. Es sollte eine Küche mit mehreren Herden geben, Geschirr und Speiseräume für einzelne und Gruppen, und einen Platz, wo reisende Frauen, die selbst für ihr Essen sorgten, kochen konnten. Außerdem sollte es, planten wir, einen Raum geben, der mit allem ausgestattet war, was man brauchte, um Briefe entgegenzunehmen und zu schreiben, einschließlich einer Schreibmaschine, falls jemand einen Bewerbungsbrief schreiben wollte. Auch eine Bibliothek sollte es geben, mit Büchern und Zeitschriften, die auf Frauenfragen spezialisiert sind.

Die größte Aufmerksamkeit wurde dabei der persönlichen Hygiene zuteil, mit allen Einrichtungen zum Baden und zur hygienischen Prophylaxe, denn in den meisten Fällen, wenn Frauen der Straße von Krankheiten befallen werden, ist es darauf zurückzuführen, daß sie keine Gerätschaften dabeihaben, um sich zu schützen. In jedem Rasthaus sollte es eine Beraterin geben, die freundschaftlich in Fragen von Liebe, Geldnot, Schwangerschaft und Schwangerschaftsverhütung zur Seite stehen sollte. Auch einen Rechtsberater müßte es geben. Die Schwestern der Straße haben oft guten Beistand nötig. Viele sind geschieden, leben in Scheidung oder haben Anrecht auf Alimente. Eine ganze Reihe von ihnen sind Bigamistinnen. Eine erkleckliche Zahl hat ihre Männer verlassen, oft mit Kindern, oder ist ihrerseits sitzengelassen worden. Viele sind von irgendwo fortgelaufen, haben ihre Familie im Stich gelassen oder sind aus Waisenhäusern und Strafanstalten geflohen. Unterwegs gibt es Frauen, denen eigentlich ein Erbe zusteht.

Außerdem sollte es Freizeiträume geben, in denen man spielen, Versammlungen abhalten und kunstgewerblich arbeiten konnte.

Die Informationsbüros zu diesen Colleges sollten Aushilfsstellen und Arbeiten vermitteln, bei denen Kost und Logis geboten wurden. Sie sollten Listen von preiswerten und bequemen Unterkünften bereithalten, von Orten, wo man kostenlos Unterkunft und Verpflegung bekommen konnte, und sie sollten stets über staatliche, kommunale und private Hilfsorganisationen auf dem laufenden sein. Sie sollten Frauen an Kliniken verweisen können, in denen sie kostenlos behandelt wurden, und sie über kostenlose oder billige Transportmittel informieren können.

Eileen O'Connor, dreißig Jahre alt, das schmale irische Gesicht leuchtend vor Enthusiasmus, vor Begeisterung bei dem Gedanken an eine freiere und mutigere Generation von Frauen auf der Straße und an die Mittel, mit denen sie für ihr Wohl sorgen wollte, riß uns alle mit. Als wir auseinandergingen, half ich ihr noch, die Schreiben zu verfassen, mit denen unsere Empfehlungen den Staats- und Landesbehörden weitergegeben wurden, und mit Interesse habe ich seither verfolgt, daß viele unserer Pläne landesweit mit den Anlaufstellen für Nichtseßhafte in die Tat umgesetzt werden.

Neben der staatlichen Hilfe war wohl das Wichtigste, das dort geleistet wurde, die Verbreitung von Informationsmaterial zur Geburtenkontrolle und zur Vermeidung der Infektion mit Geschlechtskrankheiten. Der dramatische

Rückgang der Geburtenrate sowie der Geschlechtskrankheiten und Abtreibungen, den wir in den letzten Jahren in Amerika erlebt haben, ist nicht zuletzt ein Erfolg dieser Versammlung.

Ich zog mit Franklin Jordan in ein kleines Zimmer am Washington Square. So klug er auch war, hatte er doch insofern eine gewisse Ähnlichkeit zu Bill Steward, als er zu verschiedenen Frauen gleichzeitig Beziehungen unterhielt. Trotzdem waren die Nächte mit ihm wunderbar, und ich war jedesmal glücklich, wenn er bei mir blieb. Ich war einsam in New York. Auf der Straße fühlte ich mich unter den Menschenmengen verloren. Ich brachte es nicht über mich, wieder Kontakt mit den Dichtern im Village aufzunehmen oder zu den Leuten, die ich früher dort gekannt hatte.

Eines Abends spazierte ich durch die Bowery und hielt vor dem Gebäude der Bowery-Mission nahe der Grand Street. Eine Vielzahl abgerissener Männer und einige wenige Frauen gingen hinein. Im Fenster hing ein Schild »Kostenlos Kaffee und Butterbrote«. Ich trat ein. Es war sehr voll, und bevor es acht Uhr war, wurde die Tür verschlossen. Mindestens ein Dutzend Männer und Frauen erhoben sich während der Versammlung und verkündeten, daß sie Trinker und Diebe und Prostituierte gewesen und »durch das Blut unseres Herrn Jesus Christus« errettet worden seien. Wie errettet das Blut Jesu Christi einen Menschen von der Sünde? Was war es, wovon diese Menschen errettet worden waren? Wären Otto, Katherine und Lefty auch auf diese Art zu retten gewesen? Ich verstand das alles nicht. Als ich den Saal verließ, hielt eine ältere Dame mich an.

»Kann ich Sie nach Hause bringen?« fragte sie. »Mein Wagen steht bereit.«

Ich stieg ein, doch statt mich zu meinem Zimmer zu fahren, nahm sie mich mit in ihr Haus, wo wir uns lange unterhielten; als Folge erhielt ich auf ihre Empfehlung hin eine Anstellung beim Mercy Shelter, einer Mission, die sich in einem vierstöckigen Backsteinbau an der 19. Straße Ost befand. Keine Schwester der Straße fiel je der »Home Missionary Society« in die Hand. Dieses Heim stand ausschließlich mittellosen Frauen offen, die protestantischen Kirchen angehörten.

An dem Tag, an dem ich eingestellt wurde, erläuterte mir Mrs. Amber, die Heimleiterin, die Regeln.

»Wir sehen uns eine Frau genau an, bevor wir sie hier aufnehmen«, sagte sie. »Wir nehmen keine Trinkerinnen oder Prostituierte und schon gar niemanden mit Geschlechtskrankheiten. Für die gibt es genug Krankenhäuser. Nun, Miss Thompson, Sie sind sich der Tatsache hewußt, daß dies eine christliche Anstalt ist, doch Mrs. Robinson hält Sie, auch wenn sie mir sagt, daß Sie keine praktizierende Christin sind, für diese Position geeignet. Wir brauchen jemanden, der Verständnis für Frauen hat und der ihnen helfen kann. Sie bekommen fünfundzwanzig Dollar im Monat, Verpflegung und Wäsche frei, und wir stellen Ihre Uniform.«

Ich war glücklich mit meiner neuen Stellung, ich mochte die Frauen, die im Mercy Home arbeiteten, und die Wohltäterinnen, die es finanzierten. Jeder schien es ehrlich zu meinen und bemühte sich zu helfen, obwohl einige der alten Damen, die das Geld gaben, offenbar nicht recht verstanden, worum es überhaupt ging. Das Mercy Home bot Frauen für eine gewisse Zeit Unterkunft. Wir beherbergten vierzig Frauen. Jeweils zwei teilten sich ein Zimmer. Das Essen war ausgezeichnet. Die einzige Arbeit, die die Gäste taten, war, daß sie beim Saubermachen halfen und das Essen auftrugen. Ich arbeitete als Assistentin der Heimleiterin, legte die Akten für die Mädchen an, versuchte Arbeitsstellen für sie zu finden und schärfte ihnen ein, Kontakt zu ihren Familien zu halten. Niemand sollte länger als zwei Wochen in unserem Heim bleiben, und meistens fanden wir schon in kürzester Zeit irgendeine Anstellung für ein Mädchen oder konnten es dazu bewegen, zu seinen Eltern zurückzukehren.

In den neun Monaten, die ich dort war, nahm ich die Daten von über zweihundert Mädchen auf und wurde mit den meisten sozialen Institutionen vertraut. Ich wurde Mitglied des Social Service Club und traf mich wöchentlich mit Vertretern der Organisation, die sich für die nichtseßhaften Frauen einsetzten.

Ich mochte meine Arbeit, und ich mochte die Mädchen. Ich las Briefe von ihren Eltern und ihren Liebhabern. Ich half ihnen, Briefe zu schreiben. Ich träumte davon, eines Tages selbst ein solches Heim zu führen.

Dann geschah etwas. Ich weiß bis heute nicht, was es war. Mein böser Geist, der sich in letzter Zeit auf Distanz gehalten hatte, holte mich wieder ein und stellte mir ein Bein. Es war an einem Freitagnachmittag, nachdem die Damen vom Vorstand ihren Tee genommen hatten. Mrs. Adams, die Vorsitzende, kam zu mir, ihr Gesicht düster und streng, und da wußte ich, daß etwas nicht in Ordnung war, auch wenn ich erst erfuhr, worum es ging, als sie das Wort an mich richtete.

»Miss Thompson«, sagte sie, »zu unserem großen Bedauern müssen wir Sie bitten, fristlos zu kündigen. Wir wußten alle, daß Sie gewisse Erfahrungen in der Unterwelt hatten, und wir glaubten, es würde Ihnen helfen, die Frauen, die zu uns kommen, besser zu verstehen. Aber wir haben soeben aus einer verläßlichen Quelle erfahren, daß Sie wegen einer Krankheit in Behandlung gewesen sind. Sie wissen genau, daß wir auch sonst niemandem Zutritt gestatten, der an solch fürchterlichen Krankheiten leidet.«

Darauf konnte ich nichts erwidern, denn sie sagte ja die Wahrheit, und mir blieb nichts als ein Gefühl der Verlorenheit. Ich stand von neuem auf der Straße.

Noch am selben Tag, an dem ich aus dem Mercy Home geworfen wurde, ging ich zur Arbeitsvermittlung für Sozialarbeiter und erfuhr, daß in Alabama in der städtischen Sozialstation für Frauen eine Stelle zu haben war. Ich bewarb mich und bekam den Posten. Jordan hatte ohnehin in den Süden gewollt, und binnen einer Woche waren wir unterwegs.

In Alabama war das Büro zur Betreuung nichtseßhafter Frauen in einem Haus neben einem Dutzend anderer sozialer Hilfsorganisationen untergebracht. Meine erste Aufgabe war, die Fälle der eintreffenden Frauen aufzunehmen. Die Frauen, die zu uns kamen, Farbige und Weiße, waren ohne festen Wohnsitz. Täglich kamen zwischen zwölf und fünfundzwanzig Frauen zu mir.

Die Frauen waren das Endprodukt der Arbeitslosigkeit. Tag für Tag bekam ich dieselbe Geschichte zu hören. »Mein Mann hat seine Arbeit verloren.« »Ich habe meine Arbeit verloren.« »Wir wollen nach Nashville, wo meine Mutter lebt.« »Wir haben in Florida von der Fürsorge gelebt, aber sie haben sie uns gestrichen, und jetzt gehe ich nach Chicago.« »Fünfundzwanzig Jahre hab ich auf dieser Plantage gelebt, und Mr. Jones hat alles versucht, mich zu behalten, aber sie haben die Hypothek nicht verlängert und uns alle auf die Straße gesetzt.« »Je mehr ich arbeitete, desto mehr Schulden machte ich.« »Ich schulde allen möglichen Leuten Geld.« »Hab meine Versicherung verloren und alles versetzt.«

Viele dieser Frauen hatten Kinder bei sich und waren in Güterwagen oder per Anhalter gekommen. Viele waren die ganze Strecke zu Fuß gegangen. Eine ganze Reihe kam im eigenen Wagen, meist einem klapprigen Ford. Als ich die Stelle antrat, weigerte unsere Organisation sich, ihnen Benzin zu geben, doch ich überzeugte sie bald, daß es vernünftiger sei, auch Benzin zu gewähren, zusammen mit Unterkunft und Verpflegung für ein paar Tage und den Kleidern, die sie brauchten. Der Strom der Hilfesuchenden schien niemals abzureißen. Im Mercy Home war ich glücklich gewesen, aber hier in der Sozialstation für Frauen fand ich zu einem Seelenfrieden und zu einer Heiterkeit, wie ich sie nie zuvor gekannt hatte. Ich konnte etwas Gutes für meinesgleichen tun, für die Schwestern der Straße.

Franklin Jordan war ein poetischer Liebhaber. Er liebte mich mehr mit Worten als mit seinem Körper. Ich war glücklich, ihn ganz für mich zu haben. Wir hatten zwei Zimmer in einer sauberen Pension. Er kam nicht auf den Gedanken zu arbeiten. Ich zahlte die Rechnungen. Er verbrachte seine Zeit in der Labor Union Hall und in der Bibliothek.

Es dauerte nicht einmal sechs Monate, bis ich Leiterin des Büros für Nichtseßhafte war, und ich trat als Rednerin bei Konferenzen und in Kirchen auf. Das Leben war eine Freude, und es gab immer etwas zu tun. Meine Vergangenheit hatte ich vollkommen vergessen.

»Ach, was bin ich glücklich«, sagte ich eines Abends zu Jordan.

»Sieh dich vor«, warnte er mich. »Gott sorgt dafür, daß die Bäume nicht in den Himmel wachsen.«

Eines Tages, als ich einen Blick in den Warteraum für Männer warf, sah ich Lefty, einen Taschendieb, den ich in meiner Zeit mit Big Otto gekannt hatte. Ich ging zu ihm hinüber, schüttelte ihm die Hand und fragte, ob ich etwas für ihn tun könne.

»Hab gerade einen Sechsjahresurlaub hinter mir«, erzählte er, »Steineklopfen in Mississippi, und jetzt fahre ich spazieren. Ich muß wieder nach New York. Die Bullen hier im Süden machen mir angst. Ich habe zu keinem von der alten Bande mehr Kontakt.«

Ich brachte ihn zu dem Sozialarbeiter und sagte: »Das ist ein alter Freund von mir. Ich hoffe, Sie werden sich um ihn kümmern.«

Am nächsten Morgen eröffnete der Direktor des Büros mir: »Es tut uns leid, Miss Thompson, aber wir müssen Sie bitten zu gehen. Wie wir jetzt erfahren haben, sind Sie vorbestraft und haben uns das in Ihrer Bewerbung verschwiegen. Sie haben erstklassige Arbeit hier geleistet, und Sie haben mitgeholfen, unsere Organisation als leuchtendes Beispiel für den Süden aufzubauen – aber was sollen wir tun, wenn eine Zeitung Wind von der Geschichte bekommt und publik macht, daß die Chefin des Büros für nichtseßhafte Frauen früher im Kittchen saß und sich mit Dieben herumtrieb? Wir mögen Sie und wir schätzen Ihre Arbeit, aber wir können Sie nicht hierbehalten. Seien Sie versichert, daß wir nichts gegen Sie persönlich haben, und wenn es nur um uns ginge, dann gäbe es keinerlei Schwierigkeiten. Aber wir sind eine Behörde, und alles, was diese Behörde in Verruf bringen könnte, würde auch unseren Staat beschämen.«

Lefty hatte mich also hereingelegt! Er hatte mich damals, als ich noch zur Bande gehörte, nie gemocht, und so war es bis heute geblieben, und er hatte seine Gelegenheit genützt, das Gebäude zu untergraben, das ich für mich errichtet hatte.

Es sprach sich unter den Männern und Frauen, die in der Sozialstation wohnten, herum, daß ich entlassen worden war, weil ich eine Vorstrafe hatte. Sie verfaßten eine Bittschrift. In der Zeitung hieß es später, ein Vagabund habe einen Waggon eines Personenzuges ramponiert, als Rache dafür, daß die Organisation mich herausgeworfen habe. Zwei Tage später brach im Männerquartier ein Feuer aus, das angeblich als Protest gegen meine Entlassung gelegt worden war. Doch da waren Jordan und ich schon in einem Güterwagen unterwegs nach Kalifornien.

In den letzten zwei Jahren hatte ich nur sehr wenig getrunken, das Rauchen hatte ich ganz aufgegeben, aber für die Fahrt hatte ich mir zwei Flaschen Whiskey besorgt.

»Laß das, Boxcar«, ermahnte Jordan mich. »Der Fusel

wirft dich um. Soviel Schnaps kannst du nicht verkraften.« Doch ich trank ihn und bestand darauf, daß er mithielt.

Wir ließen uns Zeit, und zwölf Tage später kamen wir in die Vorstädte von Los Angeles. Wir waren beide die meiste Zeit über betrunken. Als wir in den Southern-Pacific-Bahnhof in Los Angeles einliefen, saßen wir auf den Puffern eines Güterwagens. Ein Bahnpolizist sah uns und brüllte uns an und sprang auf den Wagen hinter uns auf. Er kletterte auf das Dach des Waggons, und dann stand er direkt über uns und brüllte zu uns hinunter.

»Ihr bleibt schön, wo ihr seid«, kommandierte er. »Ihr seid verhaftet.«

Was in den nächsten Sekunden nun eigentlich geschah, kann ich nicht sagen. Jordan und ich warfen uns fragende Blicke zu, um zu entscheiden, ob wir springen sollten oder nicht, und dann spürte ich, wie ich fiel und die Hand ausstreckte – ob ich Jordan retten wollte oder von ihm gerettet wurde, das weiß ich nicht. Ich sah die Schienen auf uns zukommen, spürte einen ungeheuren Ruck, und war ganz benommen, als ich auf den Schotter schlug. Ich spürte, wie die Räder des Güterzuges in endloser Reihe nahe an meinem Kopf vorüberrumpelten, es machte mir angst, ich war ganz umgeben von diesem Rumpeln – und ich spürte, daß ich Jordan bei den Händen hielt, doch waren sie anders, als ich sie kannte, schwer und leblos, nur daß sie regelmäßig zuckten. Mit einem Mal erkannte ich mit aller Klarheit, was um mich vorging, und ich begriff, daß Jordans Körper zur Hälfte neben mir auf dem Weg lag und zur Hälfte unter dem Zug. Ich zog mit aller Macht an ihm, obwohl ich doch wußte, daß es zu spät war. Schon mehr als zwanzig Wagen mußten ihm über die Beine gerollt sein, nahe der Hüfte. Als der letzte Wagen vorüber war, sank ich auf den Schienen nieder und hielt die Hände eines beinlosen, leblosen Mannes – meines Geliebten.

21

Es dauerte Monate, bis ich mich wieder in der Wirklichkeit zurechtfand. Ich lebte bei einer Familie namens Geralds, die ich im Büro der I. W. W. kennengelernt hatte und die sehr freundlich zu mir war. Allmählich kehrten meine Gesundheit und meine Kraft zurück. Ich hatte gar nicht begriffen, wie sehr ich dem Alkohol verfallen war. Eines Tages, fast zwölf Monate nachdem Jordan umgekommen war, fing ich plötzlich an, mir Gedanken um Frauen zu machen, die ich auf meinen Reisen gekannt hatte. Andrew Nelson fiel mir wieder ein, den ich in New York kennengelernt hatte und der mir eine Stelle beim Amt für Statistik angeboten hatte. Plötzlich wollte ich wieder unter Frauen arbeiten, für Frauen.

Die Reise per Anhalter bewältigte ich ohne Mühe und traf gerade noch rechtzeitig in Chicago ein, um dort an dem großen Hungermarsch am Samstag, dem 24. November, teilzunehmen. Das war im Jahre 1934. Harry Hopkins war zum Stevens Hotel gekommen, um dort mit den Chefs der Sozialämter des ganzen Landes zu konferieren. Das war unmittelbar nachdem das Sozialamt des Staates Illinois die Sozialhilfe auf eine unverantwortliche Summe gekürzt hatte. Meine erste Nacht in Chicago verbrachte ich im Mary Dawes Shelter, wo wir gut zu essen bekamen, unsere Kleider waschen konnten und wo es Listen mit Adressen gab, bei denen man sich um Arbeit bemühen konnte. Das

Asyl war überfüllt, die Zimmer waren schäbig und nicht allzu sauber, und die Frauen waren meist mittleren Alters, entmutigt, ohne Kraft, noch einmal mit dem Leben zu beginnen. Ich verspürte einen ungeheuren Drang, ihnen zu helfen, doch ich war zu lange nicht bei Besinnung gewesen, um Pläne zu schmieden. Ich wollte Chicago wiedersehen, einfach nur die Skyline und den See.

Ich kam auf die Michigan Avenue und geriet zu meiner Überraschung mitten in den Hungermarsch. Was für ein Anblick! Meilen und Abermeilen von Menschen, zwanzig, fünfundzwanzig nebeneinander, sie trugen Spruchbänder, ließen ihre Forderungen in Sprechchören laut werden, sie sangen, sie marschierten vorbei mit fest entschlossenen Gesichtern, die zerschlissenen Kleider hingen wie Lumpen an ihnen.

Der Schmerz drang mir bis ins Mark. Ich sah Transparente des Chicagoer Arbeiterkomitees zur Arbeitslosigkeit, des Gewerkschaftskomitees für Arbeitslosenunterstützung, des Verbandes für gemeinnützige Sozialversicherungen, des Verbandes der Architekten, Ingenieure, Chemiker und Techniker, des berufsübergreifenden Vereins für Sozialversicherungen, des Verbandes der kleinen Haus- und Landbesitzer von Illinois, des Arbeitsamtes von Cook County, des jüdischen Gewerkschaftsverbandes, des amerikanischen Gewerkschaftsbundes, des Verbandes der Sozialangestellten und des polnischen Arbeiterverbandes. Spruchbänder gegen Diskriminierung, gegen Rassenhaß, gegen die Inhaftierung Tom Mooneys. Proteste, weil die unverheirateten Arbeitslosen gezwungen waren, zwei Tage die Woche für fünfzig Cents zu arbeiten und in verkommenen Wohnheimen zu hausen. Die Spruchbänder forderten Sozialhilfe in bar, ein staatliches Arbeitsprogramm mit Anstellungen zum Tariflohn. Sie forderten Kleidung, Decken, Kohle.

Es waren Frauen darunter, sogar die Hälfte waren Frauen. Alleinstehende, alte, junge, kräftige und solche, die nur noch krochen. Frauen mit Kindern marschierten mit, sie marschierten gemeinsam, zusammengeschweißt von der einen Bedrohung, den Winter ohne Arbeit und ohne Unterstützung durchstehen zu müssen.

Sie zogen in einem endlosen Strom vorüber, ein düstergrauer Streifen, der über das glatte Pflaster des Michigan Boulevard glitt. Ich bemerkte, daß ich wie hundert andere auf dem Bürgersteig mitging, wie ich in den schweren Schritt verfiel und unbewußt meine Last der ihren hinzufügte. Die Menschen auf den Bürgersteigen reihten sich ein. Am Chicago Athletic Club vorüber, an den Congress- und Auditorium-Hotels, wo gutgekleidete Männer und Frauen erschrocken zurücktraten, wenn der Portier sie nach teuren Lunchs und erlesenen Alkoholika zur Tür geleitete. Einzelne Männer und Frauen, die aus exklusiven Türen traten, Männer und Frauen, auf deren Gesichtern Furcht geschrieben stand. Und auf den Bürgersteigen, auf der Straße, ich mittendrin, ein massiver Strom, zwanzig, manchmal dreißig nebeneinander, sie marschierten und marschierten, bis ich überwältigt war von einem unbestimmten, aber unmißverständlichen und erregenden Gefühl der Macht. Ich reihte mich in eine Gruppe ein, deren Spruchband die Aufschrift trug: »Arbeitslosenrat Nr. 1«.

Es war ein unvergeßlicher Tag und ein Tag, der das Wohlfahrtswesen veränderte, insbesondere die Maßnahmen für Nichtseßhafte, wie ich in den folgenden Monaten erfahren konnte.

Ich fuhr per Anhalter weiter in Richtung Osten, machte es mir zum Prinzip, in den Asylen zu übernachten, und stellte dabei fest, daß eine ganze Armee von Frauen auf die Reise gegangen war, junge Frauen zumeist, fröhlich, übermütig, sicher, daß sie, weil sie Frauen waren, überall durchkommen würden, viel zu unruhig, als daß sie lange an einem Ort hätten bleiben können. Die Geschichten, die sie erzählten, waren immer wieder die gleichen – keine Arbeit, die ganze Familie lebt von der Fürsorge, keine Aussicht auf Heirat, etwas erleben wollen, der Wunsch, Sex und das Leben in Freiheit zu genießen, und ein großer Drang zu erfahren, wie es anderen Frauen ergeht. Sie nahmen die Asyle für selbstverständlich. Ihre Personalia erfanden sie, wie es ihnen gerade paßte.

Von Chicago bis hinter Gary nahm mich ein Lastwagenfahrer mit, den ich nach dem Hungermarsch an einer Tankstelle kennengelernt hatte. Mit dem nächsten Lastwagen kam ich bis nach Toledo, Ohio. Ich hatte nur sehr wenig Geld, und als der Fahrer es anbot, akzeptierte ich es, daß er mir das Essen spendierte. In Toledo blieb ich zwei Tage in einem Missionsasyl, wusch meine Kleider und unterhielt mich mit den Frauen dort. Eine davon war ein Mädchen namens Skip Annie. Sie konnte höchstens fünfzehn sein. Sie behauptete, sie sei in allen Hilfsstationen zwischen El Paso und Toledo gewesen. Sie war klein und dick, mit schwarzem Haar und großen Brüsten und einem Pickelgesicht. Sie lachte viel, und es schien ihr einen ungeheuren Spaß zu machen, die Sozialarbeiter an der Nase herumzuführen.

»Sie merken immer gleich, daß ich noch keine achtzehn bin«, erzählte sie, »und wollen sich mit meiner Familie in Verbindung setzen. Jedesmal bekomme ich etwas Neues zum Anziehen. Jedesmal gebe ich einen anderen Namen und andere Verwandte an, und bevor sie die Antwort auf ihre Briefe bekommen, verdrücke ich mich und mache es anderswo genauso.«

Vor den Landstreicherlagern in Chicago habe sie sich gefürchtet, sagte sie, denn unten in Kansas City habe sie gehört, daß man in Chicago ins Gefängnis gesteckt werde, wenn man die Fürsorgebehörden hintergehe. Sie war ziemlich abgerissen gewesen, als sie in die große Stadt kam, und hatte einem freundlichen Taxifahrer von ihrer Not erzählt. Er machte sie mit seinem Bruder bekannt, der sie verführte und sich als Zuhälter erwies und sie mit Gonorrhöe infizierte. Er brachte sie zu einem Arzt und ließ sie kurieren, und dann wollte er sie in ein Bordell stecken, doch sie machte sich davon, sobald sie vom Arzt hörte, daß die Tests negativ waren.

Als ich aus Toledo aufbrach, nahm mich ein altes Ehepaar mit Hund bis hinüber nach Erie mit. Im dortigen Asyl fand ich zwei weitere Jugendliche, die ihr Alter und ihren Namen falsch angaben. Am Morgen, als ich aufbrach, weinte eine von ihnen bitterlich, denn während sie schlief, hatte die Aufseherin ihre Tasche durchsucht, einen Brief von ihrer echten Mutter in Alabama gefunden und die dortigen Behörden verständigt.

»Meine Familie dort unten lebt von der Fürsorge«, schluchzte sie, »und ich werde da nie wieder herauskommen, wenn sie mich dahinstecken.« Aber sie schickten sie trotzdem zurück.

Bei Westfield, New York, übernachtete ich in einem Camp. Dann nahm mich ein Mann mit, der mit Bauholz handelte. Als nächstes kam ich mit einem alten Mann in einem klapprigen Ford bis Jamestown. Mit einem Zeitungslieferanten kam ich weiter bis nach Steamville, er spendierte mir ein Mittagessen. Nur selten mußte ich länger warten. Eine Frau, die allein am Straßenrand steht, wird von Männern immer mitgenommen. Mein nächster Halt war Olean, wo ein Mann mich einsteigen ließ, der zu einem Grundstücksgeschäft nach Salamanca fuhr. Er hatte Absichten auf mich, doch nahm er es mir nicht übel, als ich mich weigerte, und schenkte mir zwei Päckchen Zigaretten.

Beim nächsten Mal, mit zwei Italienern in einem Dodge, hatte ich Glück. Ich fuhr auf dem Rücksitz zwischen Gemüsekisten, die sie zu Verwandten in Jersey brachten, bis fast zum Holland Tunnel hinüber nach New York City, und eine halbe Stunde später rief ich Andrew Nelson an und bekam prompt eine Anstellung bei ihm. Ich bearbeitete Statistiken und sortierte und klassifizierte Fallstudien.

»Bei der Statistik kommt niemand auf die Idee, in Ihrem Strafregister nachzusehen«, sagte er, »und Sie können die Stelle haben, solange Sie wollen.«

Meine neue Arbeit war für mich eine Art Zuflucht. Ich hatte keine Zeit, über mich selbst nachzudenken. Über Jahre hinweg hatte ich die Männer und Frauen der Straße gekannt, hatte alles aus der Sicht der Kriminellen und Arbeitslosen wahrgenommen und mit ihnen gefühlt. Nun erfuhr ich etwas über sie und bekam Zahlen. Bis zum Jahresende arbeitete Mr. Nelson an den New Yorker Daten für einen bundesweiten Überblick über Nichtseßhafte, und ich durfte ihm dabei helfen. Bis Ende Februar lagen die Zahlen aus speziellen Erhebungen in dreizehn wichtigen Betreuungszentren vor. Von den männlichen Hobos und Schwestern der Straße waren, so stellten wir fest, im Beobachtungszeitraum 95 % arbeitsfähig, das heißt, zwischen 16 und 65 Jahre alt und bereit zu arbeiten. Die Gesamtzahl der Landstreicher, männlicher und weiblicher, die in diesen drei Monaten in den staatlichen Lagern aufgenommen wurden, betrug 393610 bzw. 361459 bzw. 293818. 2 Prozent, etwa 8000, waren Frauen, die durch das Land zogen, sich auf der Straße durchschlugen und die staatlichen Lager nutzten, wenn es ihnen zupaß kam.

Drei Viertel der Landstreicher beiderlei Geschlechts gingen ursprünglich auf die Reise, weil sie Arbeit suchten; das ergab eine Fallstudie mit 932 zufällig ausgewählten Befragten in dreizehn Städten – Boston, Philadelphia, Memphis, Jackson, New Orleans, Kansas City, Chicago, Minneapolis, Denver, Phoenix, Dallas, Los Angeles und Seattle.

Nur 4 Prozent gaben Abenteuerlust als Grund an. Und ebenfalls nur 4 Prozent schienen ihr ganzes Leben als Hobo zu verbringen. Das war schon etwas anderes als früher die Schwestern der Straße, die ihr Zuhause aus Abenteuerlust und auf der Suche nach freier Liebe und freiem Leben verließen!

»Zum Teufel mit einer solchen Gesellschaft!« sagte Mr. Nelson einmal zu mir, als wir diese Daten zusammengestellt hatten. »Wir müssen sie irgendwie zerstören, wenn wir Diebe, Gauner, Kriecher und Sklaven sein müssen, nur um leben zu können! Wer kann denn da ruhig und friedlich bleiben und sich damit zufriedengeben, seine Stimme nur bei den Wahlen abzugeben? Selbst heute, in diesen mörderischen Zeiten der Wirtschaftskrise, führt all das Chaos zu nichts anderem als daß die Reichen noch reicher werden, noch mächtiger und rücksichtsloser, und die Masse der Armen wird immer unterwürfiger und findet sich, der Not gehorchend, mit einem ärmlicheren Leben ab! Die einzige Hoffnung, die ich noch sehe, liegt darin, daß die Fahrenden sich weigern könnten, ihr Los zu akzeptieren. Sie und Ihresgleichen, Sie sind die letzten in Amerika, die das Gefühl für Freiheit noch nicht verloren haben.«

Eine andere Erhebung aus zweiundzwanzig Städten zeigte uns, daß unter den Landstreichern, denen man die Reise an einen Ort vermittelt hatte, an dem die Bedingungen günstiger zu sein versprachen, 11 % der Alleinreisenden und 25 % der Familienoberhäupter Frauen waren, ein weitaus höherer Prozentsatz als die 2 Prozent, die sich in den Landstreicherlagern registrieren ließen. Der Großteil dieser Frauen war zwischen 25 und 34 Jahre alt, wohingegen der Hauptanteil der männlichen Landstreicher zwischen 16 und 19 lag.

Der Studie zufolge waren 15,73 % der Landstreicherinnen Schwarze, 83,7 % weiß. (Bei den Männern waren es

10,38 % Neger und 86,89 % Weiße.) Was die Nationalitäten anging, übertrafen die Einheimischen bei Männern wie auch bei Frauen alle anderen Nationalitäten bei weitem!

Waren erst sie es, fragte ich mich, die Amerikaner der dritten und vierten Generation, die die Hoffnung auf ein friedliches Zuhause und eine einträgliche Arbeit aufgegeben hatten? Die Einwanderer klammern sich nach wie vor an das, was sie einmal gefunden haben. Nur die in Amerika Geborenen suchen nach einem neuen Grenzland, sie ziehen zu Fuß oder auf Güterwagen oder per Anhalter kreuz und quer durchs Land.

Im März hörte ich Harry Hopkins, den Leiter des Sozialwesens, in einer Rede vor New Yorker Sozialarbeitern sagen, daß 34500 Menschen auf Kosten des Steuerzahlers in Kalifornien überwintert hätten. Beinahe 2000 der Landstreicher in Kalifornien kämen aus Illinois. Weitere 1728 waren den weiten Weg aus New York gekommen. 2500 stammten aus Texas und eine ähnliche Zahl aus Oklahoma. Aber unsere Hobos und Schwestern der Straße brauchen einen Platz an der Sonne, hätte ich am liebsten gerufen. Warum sollten sie nicht dem Lauf der Sonne durchs ganze Land folgen? Warum sollten sie sich nicht den schönsten Platz zum Bleiben aussuchen, wenn sie doch keine Arbeit finden?

22

Als ich Mr. Hopkins von dieser gewaltigen Armee von Männern und Frauen, die durch das Land zogen, auch nur reden hörte, wurde ich unruhig. Ich hatte eine faszinierende Arbeit. Ich hörte regelmäßig aus der Home Colony und von Mutter. Meine liebes Baby Dear wuchs und gedieh. Dann und wann hatte ich ein wenig Geld übrig, das ich der Kolonie schickte. Ich verdiente meinen Lebensunterhalt selbst. Und doch hatte die alte Wanderlust mich wieder gepackt. Es war Frühling.

Ich erzählte Mr. Nelson, wie mir zumute war.

»Dann ziehen Sie los«, sagte er lachend. »Genau deswegen sind Sie mir ja so nützlich – weil Sie so sind. Gehen Sie und sehen Sie sich alles an, was Ihnen begegnet. Und dann kommen Sie zurück und helfen mir, darüber zu schreiben. Ich gebe Ihnen sogar noch einen Auftrag. Bringen Sie mir Informationen über die Landstreicherinnen, die vor Gericht kommen, diejenigen mit Vorstrafen. Über die haben wir keine Statistiken, weil es den Gefängnisverwaltern gleichgültig ist, ob es Fahrende sind oder nicht, und die Sozialarbeiter sind nicht raffiniert genug, um ihnen Einzelheiten über ihr kriminelles Leben zu entlocken. Gehen Sie und sehen Sie zu, was Sie herausfinden können.«

Die nächsten beiden Jahre verbrachte ich in New York, und nur gelegentlich unternahm ich Ausflüge, die sich von meinen anderen Reisen nicht groß unterschieden, mit netten, freundlichen und zufälligen Begebenheiten, mit deprimierenden, anspornenden und erregenden Erfahrungen. Überall im Land übernachtete ich in Landstreicherlagern, und von Mal zu Mal schienen sie mir komfortabler zu werden, mit besseren Einrichtungen, die die fahrenden Frauen ohne weiteres nutzen konnten, und ihre Leiter schienen von Mal zu Mal intelligenter und humaner zu werden. Aber es gab noch viel zu tun! Würden sie jemals lernen, mit Dieben und Lügnern und Betrügern zurechtzukommen? Würden sie jemals Verständnis für deren Ruhelosigkeit aufbringen? Würden sie jemals damit aufhören, aus Frauen, die ihre Freiheit wollten, Heimchen am Herd machen zu wollen, und das, wo sie ihnen ja nicht einmal einen Herd zu bieten hatten?

Über das ganze Land verstreut fanden Hunderte von kleinen Gaunerinnen und ehemaligen Trickbetrügerinnen in der relativen Sicherheit der Frauenasyle Unterschlupf. Ich ließ mir ihre Geschichten erzählen, eine nach der anderen. Als Landstreicherin auf Staatskosten zu leben war wesentlich angenehmer, als immer mit einem Fuß im Gefängnis zu stehen, sagten sie mir. Auf der Straße konnten sie soviel Abenteuer haben, wie sie wollten.

Darunter waren natürlich manche, die immer in irgendein krummes Ding verwickelt waren, die die Einrichtungen für Nichtseßhafte nur benutzten, um »ihren Rausch auszuschlafen«, wie sie das nannten.

Eine davon war State Street Blondie. Ich hatte mich bis hinunter nach St. Louis vorgearbeitet, wo ich sie in einem der Asyle kennenlernte. In ihrem Interesse werde ich verschweigen, in welchem, weil man ihr sonst auf die Schliche kommen könnte. In den Chicagoer Zeitungen hatte sie letztes Jahr entschieden zuviel Publicity. Im Grunde war sie das, was man einen kriminellen Hobo nennen konnte. Sie hatte einen Schlag hin zur Schriftstellerei, und eines Tages, als wir zusammen in der Waschküche standen und unsere Kleider wuschen und sie sagte, es hielte sie nicht mehr länger dort, schlug ich ihr vor, doch ihre Lebensgeschichte aufzuschreiben. Und hier ist sie, so, wie sie sie für mich aufgezeichnet hat:

»Geboren wurde ich in Wisconsin. Meine Eltern waren Farmer. Mutter kaufte mir einmal im Jahr ein neues Paar Schuhe, meistens im Herbst. Sie sagte dann: ›Die Schuhe müssen bis zum Frühjahr halten‹, den Sommer über ging ich barfuß bis zum nächsten Herbst. Als ich zwölf war, kaufte mein Vater mir ein Kleid und erklärte mir, das sei das letzte Geld, das er für mich ausgebe. Ich sei nun alt genug, um für mich selbst zu sorgen.

Meine erste Fahrt als Hobo machte ich mit dreizehn. Ich fuhr in einem Gepäckwagen von Tomah nach Milwaukee in Wisconsin, nachdem ein Junge mich verführt hatte. Ich fürchtete mich vor meinem Vater und ließ mich von einem älteren Mann mitnehmen, der sein ganzes Leben als Hobo verbracht hatte. Nur fünf Tage nach meinem vierzehnten Geburtstag heiratete ich in St. Paul. Mein Ehemann war vierundzwanzig. Er arbeitete kaum etwas, und bald nach unserer Hochzeit suchte ich mir eine Stelle als Kellnerin. Von da an lebte er von meinem Geld. Dann und wann verdiente er ein wenig als Poolspieler oder Zuhälter.

Als wir etwa zwei Jahre verheiratet waren, kamen wir nach Chicago und beschlossen, als Hobos nach Kalifornien zu fahren, zuerst per Anhalter auf dem Highway von Chicago nach Kansas City. Von Kansas City nahmen wir den Personenzug der Southern Pacific. Mein Mann und ich fuhren im Gepäckwagen die ganze Strecke bis hinunter nach El Paso, Texas, wo die Bahnpolizisten uns faßten. Wir kamen auf die Polizeiwache. Die Polizisten vernahmen mich. Als sie erfuhren, daß ich im siebten Monat schwanger war, brachten sie mich zu einem Wohltätigkeitsverein und gaben meinem Mann und mir Fahrkarten nach San Diego.

Mein Baby kam in San Diego zur Welt – ein schöner, acht Pfund schwerer Junge. Nach der Geburt des Kindes ging es uns sehr schlecht. Mein Mann konnte keine Arbeit finden, und ich kam fast nur dadurch zu Geld, daß ich Fremde auf der Straße anbettelte. Das war das erste Mal, daß ich als Bettlerin ging.

Als das Baby drei Monate alt war, verließen wir San Diego und wollten nach Milwaukee. Wir versuchten es zunächst per Anhalter. Wir kamen bis nach Needles in Kalifornien, wo wir strandeten. Wir hatten keinen Pfennig mehr für Essen. Unsere Lage war aussichtslos. Wir gingen hinaus in die Wüste, bis wir nicht mehr konnten, und wir waren etwa zwanzig Meilen weit draußen, als die Hitze so unerträglich wurde, daß mir schwindelig wurde und ich das Bewußtsein verlor, und wir blieben, wo wir waren. Wir waren zwei Tage lang dort, vom Donnerstag bis zum Samstagnachmittag, dann nahm uns ein Richter mit. Er fuhr uns nach Albuquerque in New Mexico. Er gab uns zu essen, kaufte mir ein Paar Schuhe und schenkte uns zehn Dollar, von denen wir uns verpflegen sollten.

Am nächsten Tag fuhren wir mit einem Vertreter nach Denver. Als wir dort ankamen, hatten wir noch drei Dollar. Ich arbeitete dort für eine Weile. Drei Wochen später ging's per Anhalter weiter nach Milwaukee. Damals gab es auf den Straßen schon Autos in Hülle und Fülle, aber nur wenige nahmen jemanden mit.

Die nächsten drei Jahre über blieben wir niemals länger an einem Ort. Wir fuhren als Hobos von Chicago nach New York, nach Baltimore, Maryland, nach Maine, nach Annapolis, nach Springfield, Massachusetts, nach Boston. Die anderthalb Jahre, die wir im Osten verbrachten, waren eine schöne und sorgenfreie Zeit. Manchmal arbeitete ich, aber oft hatten wir kein Geld, und ich bettelte.

Mein Mann wurde stets unzufrieden, wenn wir länger an einem Ort blieben. Er wurde jeder Stadt überdrüssig, und so waren wir ständig unterwegs.

1925 kam mein Mann bei einem Autounfall ums Leben. Wir waren im Wagen eines Freundes auf dem Highway unterwegs, und plötzlich kam ein schwerer Wagen aus einer Nebenstraße und drängte uns von der Fahrbahn. Mein Mann starb drei Stunden später. Ich hatte beide Beine gebrochen. Der andere Fahrer beging Fahrerflucht.

Nach dem Tod meines Mannes ging ich nach Portage in Wisconsin und versuchte, eine feste Anstellung zu finden, damit ich mein Kind bei mir behalten konnte. Es gelang mir nicht, eine Stelle zu finden. Ich wurde mit einem Mädchen und zwei Männern bekannt. Eines Tages saßen wir in einem Restaurant beim Essen, und Polizisten kamen und verhafteten uns allesamt. Ich erfuhr, daß einer der Männer ein Geldfälscher war. Die Polizei versuchte, mich mit hineinzuziehen, aber ich wußte nichts von der Sache, und da ich ihnen nichts verraten konnte, nahmen sie mir mein Kind fort und steckten es in ein Waisenhaus. Ich bekam zehn Tage Gefängnis.

Als ich wieder rauskam, sprang ich auf den Zug nach Sparta, um meinen Kleinen zu sehen. Dann fuhr ich zurück nach Chicago. Die Zeiten waren rauh, und bevor ich wußte, wie mir geschah, war ich auf die schiefe Bahn geraten. Als ich mich in Chicago umsah und nach einer Möglichkeit suchte, mir meinen Lebensunterhalt zu verdienen, wurde ich mit einer Gruppe jener Männer bekannt, die man Straßendiebe oder Plünderer nennt. Sie schwärmten mir vor, wie leicht es für mich sein würde, das große Geld zu verdienen, und dann begann ich für ihre Bande zu arbeiten.

Ich schlenderte auf der Straße, und wenn mich ein Mann

ansprach und fragte, ob ich nicht mit ihm auf ein Zimmer gehen wolle, antwortete ich jeweils: ›Ja, aber zuerst muß ich noch zu mir nach Hause. Willst du mitkommen?‹

Ich führte ihn dann zur Rückseite eines Apartmenthauses. Ich nahm ihn mit hinein und ›umarmte ihn‹, das heißt, ich packte ihn am Hals, während meine Freunde ihn ausraubten. Wir hatten niemals Waffen. Ich bin eine sehr kräftige Frau, und meist kann ich einem Mann, dem ich den Arm um den Hals lege, die Luft abdrücken, bis er ohnmächtig wird. Wenn mir das nicht gelang, versetzten meine Freunde dem Mann ein paar kräftige Hiebe in den Bauch, die ihn in der Regel außer Gefecht setzten. Alles, was wir an Geld bei unseren Opfern fanden, wurde durch drei geteilt. Ich sparte meinen Anteil, in der Hoffnung, mein Baby aus dem Waisenhaus freizubekommen. In neun Monaten hatte ich fünfhundert Dollar gespart, die ich einem Anwalt dafür gab, meinen Jungen freizubekommen. Er konnte nichts tun. Der Direktor der staatlichen Schule, in der mein Kind eingesperrt war, sagte, wenn ich ihm tausend Dollar gäbe, ließe er meinen Jungen in ein Internat gehen. Ich gab ihm siebenhundert Dollar, und den Leuten dort sollte ich fünf Dollar die Woche für Kost und Logis zahlen, was ich zwei Wochen lang tat. Er wurde bei einer Familie nahe meiner Heimatstadt Tomah, Wisconsin, untergebracht. Als das Kind eine Woche dort war, ließ ich mich von einem Chicagoer Freund nach Tomah fahren, zahlte ihm fünfundzwanzig Dollar und das Benzin und bat ihn, mir zu helfen, mein Kind zu holen.

Mein Sohn Clifton war inzwischen zehn Jahre alt. Es war mit der Schule ausgemacht, daß ich das Kind einmal pro Woche für drei Stunden sehen und mit ihm in eine der umliegenden Städte fahren konnte. Ich erzählte den Leuten, daß ich mit dem Jungen die drei Stunden spazierenfahren wolle. Ich nahm ihn mit nach Chicago, und als erstes kaufte ich ihm eine komplett neue Garderobe in doppelter Ausfertigung.

Ich fürchtete mich, mit ihm in Chicago zu bleiben, und fand es klüger, die Stadt zu verlassen. Wir gingen auf eine Hobo-Reise. Ich versuchte, mit ihm im Gepäckwagen eines Personenzuges zu fahren, aber er fürchtete sich zu sehr, und wir mußten per Anhalter reisen. Wir kamen bis nach Sioux City, Iowa, wo ich ihn bei meinem Bruder ließ.

Bald darauf war ich wieder in Chicago und tat mich mit der alten Bande zusammen. Unten an der South State Street gab es ein Restaurant, in dem wir oft zu finden waren. Es gab dort Gauner, Schläger und Diebe aller Schattierungen. Ich verdiente mir mein Geld als Bettlerin, mit Raub, Straßenhandel und den verschiedensten Betrügereien. Ein wirklicher Verbrecher war ich allerdings nie, und wenn meine Freunde mich fragten, ob ich bei einem Einbruch oder dergleichen mitmachen wolle, sagte ich stets nein.

Nur ein einziges Mal kam ich ernsthaft in Bedrängnis und wurde verurteilt. Wir wollten jemanden in einem Haus an der North Side überfallen, und die Polizei bekam Wind davon und lauerte mir auf. Ich weigerte mich, meine Kumpel zu verraten. Sie nahmen mich mit auf die Wache und rissen mir fast die Fingernägel heraus, um mich zum Reden zu bringen. Ich weigerte mich, meine Freunde zu belasten. Und obwohl wir jemanden hatten, der solche Dinge ›in Ordnung brachte‹, und wir den Bullen und allen möglichen Leuten Geld zukommen ließen, wurde ich zu neunzig Tagen, hundert Dollar Strafe und den Gerichtskosten verurteilt. Vier Tage lang war mein Bild in den Zeitungen. Ich weigerte mich, mich fotografieren zu lassen, doch die Polizisten zwangen mich und hielten mich fest, während die Pressefotografen die Bilder schossen.

Mindestens fünfundzwanzig Mal bin ich von der Polizei aufgegriffen worden, meist wegen Landstreicherei oder auch nur auf Verdacht. Nur dies eine Mal bin ich verurteilt worden, aber Geld habe ich den Bullen oft abliefern müssen.

Als ich später mit meinem Jungen nach Chicago zurückkam, versuchte ich aus dem Milieu herauszukommen. Ich wollte, daß mein Junge zu einem ehrlichen Mann heranwuchs, aufrecht und gottesfürchtig. Ich gab mir Mühe, meinen Lebensunterhalt mit Hausarbeit und tausend anderen Sachen zu verdienen. Im letzten Winter war es so schlimm, daß wir für fünf Tage im Chicagoer Frauenasyl, in Adams und Ashland, bleiben mußten. Das ist das einzige Mal in meinem Leben, daß ich in ein solches Asyl gegangen bin. In der Zeit dort klagte mein Junge ständig, daß er hungrig sei, und ich ging in die Restaurants und fragte, ob sie nicht Arbeit für mich hätten, damit ich meinem Kind etwas zu essen geben könnte.

Einmal konnte ich einen Tag lang im Haushalt aushelfen und bekam dafür zwei Dollar. Die Asylleiterin erfuhr davon und versuchte, mir das Geld wegzunehmen. Ich weigerte mich, packte meinen Jungen und machte mich auf und davon.

An dem Abend, als wir aus dem Asyl aufbrachen, nahm ein Mann uns im Auto mit; als er hörte, daß wir hungrig und pleite waren, gab er uns zu essen und sagte, er bringe uns zu einem Hotel, mit dessen Besitzer er befreundet sei. Wir legten uns im Hotel zu Bett, und gegen zwei Uhr morgens drang der vermeintliche Wohltäter in unser Zimmer ein. Er fragte mich, ob ich gedacht hätte, ich bekäme Zimmer und Essen umsonst. Wenn ich nicht mit ihm schlafen wolle, dann sollten wir aus dem Hotel verschwinden, sagte er, und das taten wir auch, aber nicht bevor ich ihm einen Stuhl über den Schädel geschlagen hatte!

Ich brachte meinen Sohn zu einer Freundin und bat sie, auf ihn aufzupassen, ich käme bald mit Geld zurück. Ich begriff, daß die Wohltätigkeitsorganisationen mir nicht helfen würden und daß ich keine Arbeit bekommen würde, aber ich war nicht bereit, tatenlos zuzusehen, wie mein Junge verhungerte. Ich hatte eine ehrliche, anständige, arbeitsame Mutter sein wollen, aber man hatte es nicht zugelassen. Also ging ich wieder zu meinen Ganovenfreunden zurück. Ich tue, was ich kann. Wenn ich eine Arbeit finde, nehme ich sie. Wenn ich keine finde, bleibe ich in einem Asyl, bis ich genug zusammengebettelt habe, um weiterzuziehen. Ich werde doch nicht einfach zusehen, wie mein Sohn verhungert.

Ich hätte ihn gern bei mir. Ich möchte dafür sorgen, daß er zu einem gesunden Jungen heranwächst, aber ich bin bei der Polizei so bekannt, daß die Bullen mich ständig aufgreifen und oft mit auf die Wache nehmen. Erst vor kurzem haben sie mich fünf Tage ins Gefängnis gesteckt. Ich mußte einsehen, daß es besser war, meinen Sohn irgendwo hinzuschicken, wo sich jemand um ihn kümmert. Er ist jetzt bei Verwandten und geht dort zur Schule. Ich muß fünf Dollar die Woche für seine Unterkunft schicken und ihn mit Kleidung versorgen. Das ist nicht einfach. Ich muß mir genau überlegen, was ich tue. Das wichtigste in meinem Leben ist, meinem Jungen eine anständige Erziehung zu verschaffen. Ich sähe es gern, wenn er Arzt würde oder ein guter Musiker.

Seit mein Mann vor acht Jahren starb, habe ich zwei Liebhaber gehabt. Mit einem war ich vier Jahre zusammen. Neun Jahre lang habe ich mich mit Dieben, Gaunern und Ganoven herumgetrieben und habe alle möglichen Anträge bekommen. Männer haben mir Geld geboten, in der guten alten Zeit bis zu fünfzig Dollar pro Nacht, aber ich habe niemals meinen Körper verkaufen wollen, weil ich immer fand, das sei das Niederträchtigste, was man überhaupt tun könne, und ich hätte alles andere vorgezogen. Nicht daß ich etwas gegen ein Mädchen hätte, das auf den Strich geht. So ein Mädchen tut mir nur leid. Ich glaube, sie sind sehr schwach. Wenn ich einen Mann liebe, dann will ich ihn auch bewundern.

Ich habe eine ganze Menge schwuler Frauen (Lesbierinnen) kennengelernt. Manchmal haben sie versucht, mit mir anzubändeln, aber ich habe nie etwas mit ihnen zu tun haben wollen. Ich habe nie versucht, eine von ihnen auszurauben, überhaupt keine Frauen. Dazu suche ich mir meistens einen gutgekleideten älteren Mann. Im Schnitt sind bei einem solchen Burschen zwischen drei und acht Dollar zu holen, und das wird dann durch drei geteilt. Bei den letzten fünf Männern, die wir uns vornahmen, fanden wir bei einem fünfundfünfzig Dollar, bei einem (sehr gutgekleideten) achtzig Cents, beim dritten fünf Dollar und dreißig Cents und beim letzten vier Dollar und zwanzig Cents, insgesamt siebenundsechzig Dollar und zehn Cents. Das teilten wir dann durch drei. Mein Anteil war zweiundzwanzig Dollar und siebenunddreißig Cents. Das Geld gaben wir wie folgt aus: Fünfundzwanzig, als ich verhaftet wurde. Ich habe zehn und meine Freunde fünfzehn Dollar gegeben. Auf der Wache haben mich Essen und Zigaretten für die anderen Gefangenen und mich selbst acht Dollar gekostet. Fünf Dollar habe ich meinem Jungen geschickt.

Jetzt bin ich pleite. Ein wenig Kleingeld erbettle ich mir auf der Straße. Aber das Gaunerleben macht mich nicht glücklich oder zufrieden. Ich bin da einfach nur hineingeschlittert. Früher bin ich immer die State Street hinunter und in Thompsons Restaurant an der Van Buren Street gegangen. Ich habe ein paar junge Herumtreiber dort kennengelernt. Mein Leben lang habe ich mich zu schweren Jungs und Streunern hingezogen gefühlt. Und sie kommen immer zu mir. Ich spiele immer die große Schwester für sie. Die Jungs haben alle Respekt vor mir. Einmal kam es in dem Restaurant zum Streit, und ich habe einen kräftigen Mann niedergeschlagen. Von dem Tag an hieß ich überall nur noch die ›große Schwester‹. Anfangs versuchten ein paar von den Jungs sich an mich heranzumachen, aber sie stellten schnell fest, daß sie sich an mir die Zähne ausbissen, und sie ließen es sein, und heute sind sie zufrieden, mit mir als Kumpel zu arbeiten.

Das Ganovenleben gefällt mir nicht, und ich versuche immer, davon loszukommen, aber aus diesem oder jenem Grunde waren alle Männer, die ich jemals geliebt habe, Ganoven. Einer meiner Liebhaber sitzt jetzt im Gefängnis Joliet – fünfzehn bis fünfunddreißig Jahre wegen Bankraubs. Ich schreibe ihm jede Woche und schicke ihm Geld für Zigaretten.

Ich bin kein allzu religiöser Mensch. Ich habe erst angefangen die Bibel zu lesen, als mein Junge zurückkam, vor zwei Jahren. Ich lese ihm daraus vor. Manchmal gehe ich mit ihm in die Kirche. Ich gehe mit ihm in die katholische Kirche.

Die Roten, die Sozialisten und Kommunisten und die I. W. W. haben mich niemals locken können. Manchmal habe ich Rednern am Bughouse Square zugehört, aber es interessierte mich nie.

Ich trinke nicht und habe niemals getrunken. Und ich rauche nicht und habe es nie in meinem Leben getan. Aber ich habe den Jungs massenhaft Drinks und Zigaretten ausgegeben. Mein liebster Freizeitspaß ist es, Männerkleider anzuziehen und Pool zu spielen. Ich bin eine recht gute Pool- und Billardspielerin. Ich ziehe oft Männerkleider an, wenn ich auf Raubzüge gehe. Die meiste Zeit, die ich als Hobo unterwegs war, fuhr ich in Männerkleidern. Wenn ich als Junge verkleidet bin, fühle ich mich wie einundzwanzig. Ich bin jetzt neunundzwanzig. Zum Schlafen ziehe ich nie ein Nachthemd an, immer einen Schlafanzug –

am liebsten einen Männerpyjama. Als Kind habe ich immer mit den Jungs gespielt und mochte die wilden Spiele. Heute habe ich meinen Spaß an einer anständigen Prügelei. Erst vor einer Woche habe ich mich geprügelt. Ein Mann hatte eine Freundin beleidigt, und ich versetzte ihm einen Kinnhaken, daß er zu Boden ging. Sie mußten ihn zum Arzt bringen, sein Kopf wurde mit acht Stichen genäht.

Ich habe keine große Erziehung genossen. Mit zwölf bin ich von der Schule gegangen. Ich lese nicht viel. Meine Lieblingsbücher sind die von Zane Grey. Ich lese keine Filmzeitschriften, überhaupt keine Zeitschriften. Die Zeitungen lese ich immer. Die einzigen Filme, die ich wirklich gerne sehe, sind Gangsterfilme.

Ich weiß nicht, was noch aus mir werden soll, wenn es nicht bald besser wird. Entweder ich sorge dafür, daß mein Sohn eine anständige Ausbildung bekommt, oder ich verbringe den Rest meines Lebens hinter Gittern. Ich verlasse mich darauf, daß mein ältester Bruder für den Jungen sorgen wird, wenn mir etwas zustößt. Ich glaube nicht, daß ich in der Chicagoer Unterwelt noch eine große Zukunft habe. Deshalb verstecke ich mich hier in diesem Asyl. Nächste Woche will ich nach Florida. Auch da werde ich wohl als Straßenräuberin weiterarbeiten. Ich reise mit drei von meinen Kumpels zusammen.

Ich weiß, daß es unrecht ist, Menschen auszurauben, aber ich bekomme keine Arbeit. Die zwei Jahre, die mein Junge bei mir war, bin ich jeden Tag zum Arbeitsamt gegangen und habe versucht, eine Anstellung zu bekommen.

Natürlich hat die Gesellschaft das Recht, sich zu verteidigen. Die Gesellschaft hat das Recht, mich ins Gefängnis zu stecken, wenn sie mich zu fassen bekommen. Aber ich muß essen und schlafen, und das Kind braucht sein Schulgeld. Ich will mich nicht rechtfertigen. Ich weiß, daß es unrecht ist, was ich tue. Ich weiß, daß ich ein schlechtes Beispiel gebe. Aber ich habe so wenig Geld, daß mir keine andere Wahl bleibt. Und die Polizei nimmt zwar Bestechungsgelder, aber sie haben kein Mitleid mit jemandem, der dieses Geld nicht mehr aufbringt.

Ich werde nie wieder zu den offiziellen Fürsorgebehörden gehen. Die Asyle machen mir nichts aus. Da ist immer so viel Betrieb, daß sie niemand belästigen, solange man sich benimmt. In den letzten zwei Monaten bin ich in fünfzig Fabriken gewesen und habe nirgends Arbeit gefunden. Alles, was ich tun kann, ist, auf der schiefen Bahn bleiben, und wenn ich ins Gefängnis komme oder sie auf mich schießen, dann weiß ich, daß es so kommen mußte, und werde mich nicht beschweren!«

Als ich später wieder bei Andrew Nelson arbeitete, kam State Street Blondie einmal bei mir in New York vorbei. Nelson sollte an jenem Abend bei der Boys' Brotherhood Republic einen Vortrag halten, und wir nahmen Blondies Sohn Clifton mit hin. Nelson erzählte Cliftons Geschichte und fragte die Boys' Brotherhood, was sie für ihn tun könnten. Der Vorsitzende der Gesellschaft nahm ihn mit nach Hause, und ein paar Tage darauf hatte er ihm ein Stipendium für ein sehr angesehenes Internat für Jungen besorgt. Clifton blieb ungefähr eine Woche dort, dann lief er fort. Professor Nelson brachte den Jungen dann noch in drei verschiedenen Familien unter, die sich alle bemühten, etwas für ihn zu tun, doch jedesmal lief Clifton fort oder seine Mutter kam und holte ihn.

23

Die Arbeit bei Andrew Nelson im Bundesamt für Statistik, die Spezialaufträge mit Hobo-Fahrten zu städtischen Nachtasylen, die Inspektion von Lagern für Nichtseßhafte, Hilfsstationen, Kooperativen und das Hobo-College schienen mein Leben auszufüllen, und doch war ich nicht völlig zufrieden.

Dann kam der Schreckenstag mit dem Telegramm von Ena, daß Mutters Haus abgebrannt sei und sie so schwere Verletzungen davongetragen habe, daß sie einige Stunden darauf im Krankenhaus gestorben sei. Deswegen sei mein Baby nun unterwegs, um in Zukunft bei mir zu leben. In den Schmerz über Mutters Tod mischte sich ein Gefühl der Verwirrung bei dem Gedanken, daß ich meine Tochter wieder um mich haben sollte. Immer wieder fragte ich mich, was mit mir nicht stimmte. Ich fand, daß ich doch wenigstens darüber hätte froh sein sollen, überglücklich bei dem Gedanken, mit ihr wieder zusammen zu sein. Aber das einzige, was ich spürte, war eine leichte Unruhe. Wenn ich versuchte, mir einzureden, wie froh ich sei, versuchte, mir die Dinge einzuhämmern, die angeblich jede Mutter unter solchen Umständen zu sich sagt, da wußte ich, daß ich mir etwas vormachte, daß ich irgendwie niemals wirklich Mutter geworden war.

Als sie in Begleitung einer Freundin aus der Kolonie eintraf, freute ich mich allerdings doch, was für ein kräftiges, glückliches Kind sie war. Auch sie schien sich zu freuen, mich zu sehen, erkannte mich jedoch nicht als ihre Mutter. Ich war einfach nur eine weitere Frau, die zu ihr so freundlich war wie alle Frauen in der Home Colony.

Ich fand ein hübsches Apartment für uns beide, und von meinem Lohn konnte ich mir ein farbiges Dienstmädchen leisten, das die Wohnung versorgte und auf Baby aufpaßte, wenn ich tagsüber an der Arbeit war.

Zwölf Jahre zuvor hatte ich Lowell Schroeder versprochen, meinen dreißigsten Geburtstag mit ihm zusammen zu feiern. Und so war ich denn froh, als Andrew Nelson mir einen Auftrag gab, der mich in Richtung Westen führte.

»Sie entwickeln sich zu einer typischen Sozialarbeiterin, Bertha«, sagte Nelson. »Jedesmal, wenn Sie auf eine Hobo-Reise gehen, laufen Spesen auf, als ob Sie im Erste-Klasse-Abteil führen. Ich mache dieser Tage vieles per Flugzeug, und meine Unkosten sind geringer als Ihre. Also – Chicago ist für Hobo-Frauen der wichtigste Anlaufpunkt in Amerika, und ich möchte, daß Sie ohne einen Pfennig in der Tasche hinfahren und herausfinden, wie man Sie dort behandelt. Ich möchte wissen, ob sie Ihnen etwas zum Anziehen geben.«

An jenem Abend nahm ich, in Lumpen und ohne einen Pfennig, einen Expreß-Frachtzug nach Chicago. Baby blieb bei meinem schwarzen Dienstmädchen, und ich hatte keine Hemmungen, sie zurückzulassen, im Gegenteil, tief in meinem Herzen war ich froh, daß ich wieder allein die Freiheit der Straße genießen konnte.

Auf dieser Fahrt begegneten mir männliche Hobos in großer Zahl, doch nur vier Frauen. Offenbar ging es per Anhalter inzwischen einfacher!

Blondie hatte mir gesagt, daß sich in Chicago inzwischen viel in puncto Frauenbetreuung getan habe, und ich wollte mir selbst ein Bild machen. Ich konnte unentdeckt am Illinois-Central-Bahnhof aussteigen. Auf der Michigan Avenue hielt ich den ersten Polizisten an, den ich sah, sagte ihm, ich sei pleite und wisse nicht, wo ich bleiben solle, und er schickte mich zum Bundesamt für Nichtseßhafte, East Harrison Street Nr. 7, da, wo die Broadway-Straßenbahn abbiegt.

Was für ein Gedränge dort herrschte! Die Anmeldung befand sich im zweiten Stock. Sie war zum Bersten vollgestopft mit Männern und Frauen. Alle Stühle waren besetzt, und die Leute saßen auf Fensterbrettern und Koffern. Mindestens die Hälfte der Wartenden waren Neger. Ich wartete vier Stunden lang, bis ich aufgerufen wurde. Ich gab einen falschen Namen an, sagte, ich sei per Anhalter aus Kansas City gekommen, um mich hier mit einem Onkel aus Denver zu treffen, der mich mit zu sich nach Hause nehmen wolle, doch ich könne ihn nirgends finden. Das Mädchen, das die Personalien auf einer blauen Karteikarte aufnahm, kam frisch vom College. Ich merkte an der Art, wie sie mich betrachtete, daß sie mich für keinen hoffnungslosen Fall hielt. Sie gab mir einen Besprechungstermin mit einer Sozialarbeiterin, und nachdem ich noch einmal zwei Stunden gewartet hatte, wurde ich zu ihr ins Büro gerufen.

Sie war eine sympathische kleine Irin. Bis ich an die Reihe kam, hatte ich ziemlichen Hunger, was meiner Geschichte noch Nachdruck verlieh. Als sie merkte, daß ich mich dafür interessierte, wie alles organisiert war, erzählte sie mir, was ich wissen wollte.

Chicago hat jetzt nur noch diese eine staatliche Anlaufstelle für Nichtseßhafte, eine Abteilung des Wohlfahrtsamtes von Cook County, und sie arbeiten eng mit anderen sozialen Einrichtungen zusammen. Sie haben das Mary Dawes Home aufgegeben, und es gibt kein eigenes Frauenasyl mehr. Frauen und Familien werden dort in der Harrison Street versorgt, Männer und Jungen schickt man zur West Randolph Street Nr. 363, wo es für sie einen Schlafsaal gibt; falls sie zu »vor dem Gesetz verheirateten Landfahrenden« erklärt werden, kommen sie in Lager, die Weißen in eines bei Danville und die Neger in eines bei Cairo.

Die Frauen bekommen allesamt das, was »ambulante Fürsorge« genannt wird. Das heißt, die Fürsorge übernimmt die Unterkunftskosten für eine Frau bis zu einem Betrag von zehn Dollar pro Monat (die Kochgelegenheit eingeschlossen) und gibt ihr zehn Dollar sechsunddreißig Cents im Monat für ihren Lebensunterhalt, was genau dem Betrag entspricht, den auch jeder andere Alleinstehende bekommt, der von der Fürsorge des Sozialamtes von Cook County lebt. Wenn diese ambulante Fürsorge sich nicht schnell genug organisieren läßt, bekommen die Frauen eine befristete Unterkunft im Sarah Hackett Home, bei der Heilsarmee oder im Y. W. C. A.

Ich wurde für die Nacht an letztere Adresse verwiesen. Als die Sozialarbeiterin ihre Aktennotiz beendet hatte und mir gezeigt hatte, wie die eidesstattliche Erklärung auszufüllen war, die nun Vorschrift war, fiel ihr auf, daß meine Kleider in reichlich schlechter Verfassung waren, und sie gab mir eine Karte, die mir Einlaß zur Näherei in der Indiana Avenue Nr. 4929 gewährte, wo ich mir, wie sie sagte, selbst Unterwäsche nähen könne und vielleicht auch noch ein Kleid, wenn ich bereit wäre, ein wenig Zeit aufzuwenden und andere Kleider zu nähen.

Ich jubilierte, als ich das hörte, und machte mich gleich auf den Weg, um es mir selbst anzusehen. Das war Teil unserer Kampagne für Hobo-Colleges für Frauen, und sie trug bereits Früchte!

Einundfünfzig Frauen saßen in der halbverfallenen Lagerhalle an der Indiana Avenue und nähten. Sie machten Unterhosen, Männerhemden sowie Kinderhöschen. Und sie nähten für sich selbst. Etliche unverheiratete Frauen, unübersehbar schwanger, nähten Babyausstattungen. Wenn sie einen Satz Windeln für jemand anderen anfertigten, erzählten sie mir, dann könnten sie einen zweiten für sich machen, und sie könnten sich auch den Stoff verdienen, um sich Nachthemden und Morgenröcke für das Krankenhaus zu nähen. Sie waren alle unter den gleichen Bedingungen dort wie ich, die Sozialhilfe deckte Miete und Nahrungsmittel, und für vierundzwanzig Stunden Arbeit die Woche bekamen sie einen Dollar und das Anrecht, ihre eigenen Kleider zu nähen.

Ich nähte mir Unterwäsche und ein Baumwollkleid, und dann begann ich unter der Anleitung einer geschickten alten Schneiderin mit Männerhemden.

Eines Tages bestellte die Sozialarbeiterin mich zu sich, funkelte mich wütend an und packte mich am Arm.

»Warum haben Sie uns belogen?« fragte sie. »All Ihre Angaben waren nichts als ein Haufen Lügen. Und das, wo wir Ihnen geholfen haben, Ihnen Verpflegung, Unterkunft, Kleider gegeben – warum haben Sie das getan?«

Irgendwie hatten sie herausgefunden, wer ich war, und so machte ich mich denn wieder auf den Weg. Es machte mir nicht viel aus, denn es war ohnehin Zeit, zu meiner Verabredung mit Schroeder weiterzureisen.

Per Anhalter kam ich rechtzeitig zu meinem Geburtstag nach St. Louis. Lowell Schroeder hatte es unter einigen Mühen so eingerichtet, daß seine Frau (er hatte vor kurzem wieder geheiratet) nicht in der Stadt war, und so hatte ich ihn ganz für mich. Seit unserem letzten Treffen war er grauer und massiger geworden, doch seine charmante Art und die Autorität, mit der er sprach, waren dieselbe wie immer.

Ich erzählte ihm von meiner Arbeit, von Jordan, dem Baby, von Big Otto und dem Globe. Er saß in dem großen Lehnstuhl im Wohnzimmer, und seine edlen alten Züge leuchteten vor Mitgefühl und Interesse.

»Nebenher bin ich noch Sekretärin – oder Wärterin – des Vereins zur Fortbildung arbeitsloser Frauen. Damit verdiene ich eine kleine Summe, und ich tue noch ein Dutzend anderer Dinge. Im Augenblick gilt mein Hauptinteresse dem Hobo-College für Frauen. Alle Unkosten, ungefähr fünfhundert Dollar im Monat, werden vom Chef bezahlt. Er möchte nicht, daß sein Name publik wird.«

»Was ist er für ein Mensch?« fragte Schroeder.

»Er hat die Reichen bestohlen, und er weiß es. Ganz legal, ganz legitim, ganz nach Gesetz, mit Hilfe und Unterstützung der Regierung. Er will seine Seele retten, und er hat tatsächlich eine. Also zahlt er die Unkosten des Hobo-Colleges für Frauen und hat uns mit fünfzigtausend Dollar in seinem Testament bedacht.«

»Bertha«, fragte er ernst, »wie erklärst du es, daß du so viele Männer brauchst und ein so unstetes Leben führst? Du hast mehr Geliebte gehabt als ich, und du scheinst sie alle zu lieben und ihnen treu zu bleiben. Und ich weiß, daß du viele Männer hast und sie doch keine Erfüllung in dein Leben bringen. Oder doch? Oder bringt dein Kind dir Erfüllung?«

»Nein, Männer können mich nicht befriedigen, und mein Baby auch nicht. Ich fürchte mich vor Dear. Ich weiß nicht warum; noch vor kurzem hatte ich beschlossen, mich in New York häuslich einzurichten und eine echte Mutter zu werden, aber ich konnte es einfach nicht. Warum habe ich Angst vor meinem Kind? Warum will ich mehr als einen Mann? In Wirklichkeit bin ich mit den Güterwagen verheiratet. Irgend etwas in meinem Inneren stachelt mich ständig auf, und nur wenn ich unterwegs bin, ist es befriedigt. Arbeit, Liebhaber, ein Kind – all das kommt offenbar nicht gegen meine Wanderlust an.«

»Mir geht es genauso«, gestand er. »Je mehr ich über Arbeitslosigkeit erfahre, desto mehr Arbeitslose gibt es. Je mehr ich mich gegen den Krieg einsetze, desto mehr Kriege kommen. Je mehr Collegeabschlüsse und Professoren, desto größer das Unwissen. Je mehr wir über die Widersprüche und Ungerechtigkeiten des Kapitalismus lernen, desto mächtiger wird er. Du weißt, daß ich in den letzten paar Jahren eine Menge Geld verdient habe – eine halbe Million Dollar bei einem einzigen Grundstücksgeschäft. Und doch fühle ich mich genauso leer wie du dich. Und was dich angeht, so hast du, auch wenn deine Eltern Agnostiker waren, eine ausgesprochen religiöse Wesensart von ihnen ererbt. Du bist eine Mystikerin, eine christliche Anarchistin, die Gott im Güterwagen sucht. Wenn du durchs Land ziehst, in Güterzügen oder per Anhalter, bist du auf der Flucht und gleichzeitig auf der Suche.«

»Wo kann sie enden, Lowell?« fragte ich.

»Geh zurück nach New York«, antwortete er mit Nachdruck. »Laß dich dort nieder und laß dich von deiner Tochter aufziehen.«

Lange Zeit saßen wir schweigend beieinander. Dann nahm ich seine Hand und drückte sie fest.

»Ich möchte, daß du etwas für mich tust, Lowell«, sagte ich. »Etwas für mich und für Tausende von Menschen wie mich. Du hast Geld. Bedenke unsere Hobo-Colleges und die anderen Projekte, an denen ich arbeite, in deinem Testament.«

»Du bist also unter die Goldgräber gegangen, was?« Er lächelte.

»Wenn du es so ausdrücken willst – ja. Früher glaubte ich, ich wolle ein Missionar für Hobos werden. Heute weiß ich, daß man, abgesehen davon, daß man ihnen Kleidung und Essen geben kann, nichts Sinnvolles für sie tun kann, bevor nicht ein anderes Wirtschaftssystem herrscht. Und die ach so liebe Öffentlichkeit will nun einmal das kapitalistische System. Ich hoffe, das wird nicht immer so bleiben. Dann wollte ich den Sozialarbeitern und Sozialwissenschaftlern helfen. Doch je besser ich sie kennenlerne, desto überzeugter werde ich, daß sie nichts als billige, ahnungslose Werkzeuge in den Händen eines mächtigen Systems sind.«

Ich hielt inne, doch er legte den Arm um mich und machte mir Mut.

»Sprich weiter, Bertha«, sagte er.

»Du sagst, du hast bei deinem großen Grundstücksgeschäft eine halbe Million Dollar verdient. Als erstes hebst du davon hunderttausend Dollar in bar ab, tust sie in einen großen Lastwagen, fährst damit hinunter in die Gegenden, wo die Hobos sind, in die Slums, ins Ghetto, in die Negerviertel, und heuerst ein paar Männer an, die das Geld direkt vom Lastwagen in die Menge schaufeln. Die Armen sollen sich darum prügeln. Und Gott! ich will dabei sein und es mir ansehen.

Gib hunderttausend Dollar den Hobo-Colleges für Männer und Frauen. Gib ihnen große Häuser, wo sie es warm und bequem haben, wo sie träumen und Gedichte schreiben können, wo sie ihre Kleider waschen und stopfen, wo sie baden können und es sich einfach wohl sein lassen – wo sie sich ihr Essen kochen.

Gib hunderttausend Dollar, von denen College- und Universitätsstipendien für Strafgefangene gestiftet werden. Laß jährliche Prüfungen in den Landesgefängnissen einrichten und sorge dafür, daß diejenigen begnadigt werden, die die Aufnahmeprüfung fürs College bestehen. Tausende von Menschen sitzen in unseren Gefängnissen, die eigentlich aufs College gehören. Es wäre ein Anreiz für alle Strafgefangenen, und es würde den ehrwürdigen Collegestudenten auch nicht schaden.«

Schroeder unterbrach mich mit einem Lachen. »Meinst du, wir sollen zum Ausgleich ein paar von den Studenten ins Gefängnis stecken?«

»Das wäre doch nur fair«, antwortete ich und fuhr fort.

»Laß deiner Familie genug, daß sie keinen Mangel leiden müssen, aber verteile hunderttausend Dollar unter die verschiedenen Propagandaorganisationen, die Sprecher der Arbeitslosen, der Anarchisten, Sozialisten, Kommunisten, die Kämpfer für freie Liebe und freie Rede und die Kämpfer für die Gefängnisreform. Dein Geld wird ihnen auch nichts nützen, aber du wirst ein schönes Beispiel geben. Zumindest kannst du der Welt beweisen, daß du kein Blender und kein Lügner warst. Wenn ein Mann der Kirche Geld hinterläßt, beweist das, daß das Christentum ihm etwas bedeutete. Und wenn du der radikalen Bewegung Geld hinterläßt, beweist das, daß die radikale Bewegung zumindest *einem* Mann, der Geld hatte, etwas bedeutete.«

Lange nachdem Lowell an diesem Abend schlafen gegangen war, lag ich noch wach, starrte ins Dunkel und hing meinen Gedanken nach. In meinem Inneren wußte ich natürlich, daß ich tun mußte, was er mir geraten hatte – häuslich werden und meinem Kind eine Mutter sein. Er hatte gesagt, ich sei vor etwas davongelaufen, und plötzlich begriff ich, was es war – ich hatte vor meinem eigenen natürlichen Drang davonlaufen wollen, für etwas verantwortlich zu sein, für jemand anderen zu leben, für jemand ganz besonderen, der enger mit mir als mit irgend jemandem sonst verbunden war. Jahrelang hatte ich mir eingeredet, daß ich mich nicht an jemanden binden sollte, daß ich frei sein wolle, um anderen zu helfen, um den mit dem Leben hadernden Menschen eine Stütze zu sein. Und ich begriff nun, daß ich damit vor meinem Drang, Mutter zu sein, davongelaufen war, daß ich meine Kraft in alle Winde zerstreut hatte, statt einfach nur die Arme auszustrecken und zu nehmen, was da war.

Oh, ich würde meine Arbeit schon weitermachen, meine Pläne weiterverfolgen. Ich würde Größeres und Besseres für die Armen und Heimatlosen tun, als ich je vorausgesehen hatte, doch zuerst würde ich mein eigenes Haus in Ordnung bringen. Zunächst einmal würde ich mein Bedürfnis stillen, meine eigene, ganz persönliche Aufgabe zu erfüllen. Noch als ich endlich einschlief, wartete ich begierig auf den neuen Tag, der mich zurück zu meinem Kind bringen sollte – und in ein neues Leben.

Als Schroeder mich am nächsten Morgen verabschiedete, reichte er mir einen Umschlag. Er hatte das Testament gemäß meinen Vorschlägen aufgesetzt und hatte Andrew Nelson und mich zu Vollstreckern bestimmt.

»Was wirst du nun machen, Bertha?« fragte er.

»Ach Schatz«, antwortete ich voller Begeisterung, »ich fahre nach Hause. Ich fahre nach Hause zu meinem Baby. Das hört sich albern an, aber ich komme mir vor, als ob ich zum ersten Mal in meinem Leben nach Hause führe!«

»Alles Gute, mein Liebes«, sagte er und küßte mich.

Schroeder kaufte mir eine Fahrkarte erster Klasse im Pullman. Ich war so glücklich, für mich zu sein, so ungeduldig, wieder nach New York zu kommen, und ich wollte nicht, daß jemand mich in meinen Gedanken störte. So verrückt das war, mir ging eines der Lieder, die ich aus der Home Colony kannte, durch den Kopf: »Die Rettung ist nah, ohne Zweifel, die Rettung ist da, hol's der Teufel!«

Meile um Meile fuhren wir, Stunde um Stunde vergingen, und ich saß da wie in Trance. Immer näher brachten die donnernden, rasenden Räder mich meinem Kind, und mir schien, sie brachten mich nicht nur von St. Louis nach New York, sondern auch aus einem alten, verbrauchten Leben in eine neue, glänzende Zukunft.

Ich erwachte aus meiner Träumerei erst, als der Zug im New Yorker Pennsylvania-Bahnhof einlief. Es war alles so fremd und so wahr. Und alles war einfach und klar. Nun begriff ich, daß ich alles, was ich immer versucht hatte zu lernen, von Anfang an schon in mir getragen hatte, noch bevor ich auch nur eine einzige Meile als Hobo gefahren war. All meine Erfahrungen mit Landstreichern, Kriminellen, Perversen, Radikalen und Revolutionären bestätigten mir immer nur, was ich von jeher gewußt und gefühlt hatte.

Alles, was ich in diesen fünfzehn vollen, reichen Jahren gelernt hatte, war ein wenig Soziologie und Ökonomie, ein paar Klassifizierungen, ein paar Daten. Ein Collegestudent hätte das alles in einem einzigen Semester lernen können, er hätte nur ein Lehrbuch zu lesen brauchen. Aber ich hatte erreicht, was ich wollte – alles, was ich mir in meinem Leben vorgenommen hatte, hatte ich auch getan. Ich hatte wissen wollen, was für ein Leben ein Hobo führt, ein Radikaler, eine Prostituierte, ein Dieb, ein Reformer, ein Sozialarbeiter und ein Revolutionär. Nun wußte ich es. Ein Schaudern überlief mich. Jawohl, ich bereute nichts. Es gab nichts Tragisches in meinem Leben. Meine Gebete waren erhört worden.

Ich strahlte vor Glück, als ich aus dem Wagen stieg und dem Chef in die Arme fiel. Er hielt Dear an der Hand. Ich war verblüfft ... Was für eine große, hübsche, blauäugige, rothaarige, glückliche junge Dame sie doch war, und gerade erst acht Jahre alt.

Andrew Nelson begrüßte uns am Ausgang. »Na, Boxcar Bertha, was gibt's Neues? Sie sehen ja aus, als ob Engel Sie per Anhalter auf ihrer Wolke mitgenommen hätten.«

»So war es auch«, antwortete ich, »eine ganze Schar –.«

Dr. Ben Reitmans Lied der Straße

Hobos, Prostituierte, Wobblies, die Mitglieder der I. W. W., Vorkämpfer der freien Liebe, Kommunisten, Revolutionäre, Bohemiens – das war die Unterwelt unserer Gesellschaft, die zusammenhielt wie Pech und Schwefel, die Welt der lautstarken Proteste und der verspotteten Konventionen, der Kriminellen und der Protestmärsche, der Stadtstreicher und der Redner an den Straßenecken, der Arbeitsscheuen, der Bahnpolizisten und ihrer Schuppen, der Nächte auf den Dächern der Güterwagen unter sternübersätem Himmel, der Nächte in Missionen und Gefängnissen, der Helden und Unruhestifter, der menschlichen Wracks, die betrunken in den Gassen lagen, der Ritter der Güterzüge, immer mit einem Fuß im Jenseits. Das war die Welt der Boxcar Bertha Thompson, Hobo, Hure, Philosophin, Radikale. Und vor allem war es die Welt dessen, der ihre Geschichte niederschrieb, die Welt des Dr. Ben Reitman.

Studs Terkel nannte ihn einmal »Chicagos bekanntesten Tripperdoktor«. Hobos, Freudenmädchen, Außenseiter aller Arten fanden in ihm einen guten Freund, der sich unermüdlich für ihre Rechte einsetzte. Für den Trampdichter Harry Kemp, einen Mann, der in der literarischen und künstlerischen Avantgarde von Greenwich Village zu Hause war, war er ein ungehobelter Klotz, der nichts in den linken Zirkeln zu suchen hatte, in denen sie beide verkehrten. Doch für die Anarchistin Emma Goldmann, seine Genossin und Geliebte, war er jemand, der direkt aus den Werken Maxim Gorkis getreten war, rebellisch, feurig, ein Kind der Unterschicht, ein Kämpfer für ihre Sache. Eine aufreizend byroneske Gestalt mit Schlapphut, Krawatte mit Windsorkragen, Umhang und geschnitztem Spazierstock, ging Reitman spektakulär und souverän seinen Weg unter den Radikalen Amerikas.

Aufgewachsen in den 1880er Jahren im berüchtigten Rotlichtdistrikt Chicagos, einem Viertel der eleganten Bordelle, der erotischen Varietés, der Opiumhöhlen und zahllosen Bars, machte Reitman Besorgungen für die Prostituierten und trieb sich zum Spaß auf den Güterbahnhöfen herum. Schon in jungen Jahren tat er sich mit zwei Hobos zusammen, Cincinatti Slim und Ohio Skip, und lebte als Straßenjunge.

Zwischen blutigen Anfängern und alten Hobo-Hasen fand Reitman eine bunte, aufregende Welt, eine Herausforderung, die ihn von nun an nicht mehr loslassen sollte. Von Zeit zu Zeit kehrte er nach Chicago zurück, um Familie und Freunde zu besuchen, und ansonsten vagabundierte er durch das Land, bettelte, nahm gelegentlich Arbeiten an, fuhr auf einem Frachtdampfer nach Europa, wanderte hinunter nach Mexiko, lernte alle möglichen Herumtreiber, Agitatoren, Ganoven und Kneipenphilosophen kennen. Als seine Begeisterung für das Wanderleben sich für eine Weile abkühlte, brachte Reitman es fertig, sich in der medizinischen Fakultät in Chicago einzuschreiben und ein Diplom zu erwerben; mit fünfundzwanzig Jahren eröffnete er eine Praxis, in der er die behandelte, die er am besten kannte – die Menschen der Unterschicht.

Doch die Wanderlust ließ Reitman nicht los. Oft schloß er seine Praxis, sprang auf einen Zug und fuhr davon. Diese Leidenschaft, kreuz und quer durchs Land zu reisen, war, wie Reitman selbst sagte, sein Hobby und seine Krankheit.

Später war er in Chicago als Reformer tätig und eröffnete ein »Hobo-College« in jenem Viertel, in dem die Fahrenden sich sammelten. Das College war ein Ort, wo die Männer und Frauen der Straße zusammenkommen konnten, sich ihre Geschichten erzählten, diskutierten und Vorträge von geladenen Rednern hörten, deren Bandbreite von Ökonomie über Geschichte und Arbeitsrecht bis zu den sichersten Techniken beim Schnorren reichte.

Als er Emma Goldman kennenlernte, stürzte Reitman sich in die radikale Politik. Zehn Jahre lang war er mit der berühmten Anarchistin unterwegs, war ihr Liebhaber und führte ihr die Geschäfte. Er war der Public-Relations-Manager der Revolution, er brachte die kommunistischen Pamphlete unter das Volk, er schrieb selbst, er hielt und organisierte Vorträge.

1912 wurde Reitman in San Diego bei einer Kampagne für die Redefreiheit von Vertretern der Volksmeinung zwanzig Meilen weit in die Wüste gebracht, ausgezogen, zusammengeschlagen, geteert und, da keine Federn zur Hand waren, in Beifuß gewälzt. Sie drückten ihm brennende Zigaretten in die Haut, zwangen ihn, die amerikanische Fahne zu küssen und die Nationalhymne zu singen.

Doch Reitman setzte sich weiter für die Anarchisten ein. Er sorgte dafür, daß Aufklärungsschriften über Geburtenkontrolle verbreitet wurden, eine Kampagne, für die er eine lange Gefängnisstrafe absitzen mußte. Sein Name zierte die Verhandlungsprotokolle im ganzen Land, und Berichte über seine Aktivitäten füllten nun nicht nur die Akten des Justizministeriums in Washington, sondern auch die Zeitungen.

Reitmans Beziehung zu Goldman kühlte nach und nach ab, und als sie 1919 wegen Subversivität abgeschoben wurde, kehrte er nach Chicago zurück und ließ sich dort mehr oder weniger für immer nieder. Er setzte seine Arbeit am Hobo-College fort, zündelte in zahlreichen radikalen Fragen, wurde zur festen Einrichtung in den Nachtclubs der Bohème wie etwa dem Dill Pickle Club, einer Bastion des Seltsamen und Abseitigen, wo Leute wie Sherwood Anderson, Ben Hecht und Clarence Dorrow verkehrten.

Reitman war auch weiter als Arzt für Hobos, Prostituierte und andere Ausgestoßene da, die sich in seiner Praxis die Klinke in die Hand gaben – Männer und Frauen, die in ihrem Leben vieles von dem zu spüren bekommen hatten, was er selbst abbekommen hatte. Mit ihrem Leben, einem Leben in Elend und doch in Würde, identifizierte er sich, ihr Leben respektierte er.

Boxcar Bertha erzählte von einer verborgenen Welt und ihren Bewohnern, vom zerlumpten Adel der Unangepaßten und Versager, von denen viele ihr Scheitern hatten teuer bezahlen müssen. Für Reitman war diese Welt kein Zeugnis des Niedergangs, sondern der Humanität. Hinter jedem zerfurchten Gesicht in einer Suppenküche, jedem Vagabunden, der sich für zehn Cents in einem Nachtasyl ausstreckte, und jeder angemalten Dirne lag eine Geschichte verborgen, von Schmerz und Lebensmut, der Entschlossenheit, sich nicht unterkriegen zu lassen. Die Welt der Gassen und der Gosse war auch eine Welt des Idealismus und der Träume, des Widerstands, eine Welt, in der die Konformität nichts galt, in der Menschen keine Hemmungen hatten, das Gefährliche und Verbotene zu tun.

Boxcar Bertha ist Reitmans Chronik des fahrenden Volkes, mit dem er aus einem Blechnapf gegessen, denen er an den Straßenecken gepredigt und mit denen er im Gefängnis gesessen hatte. In diesem Buch gibt er uns weiter, was er von dieser Welt sah, einer Welt voller Vitalität und Lebensmut.

Roger A. Bruns

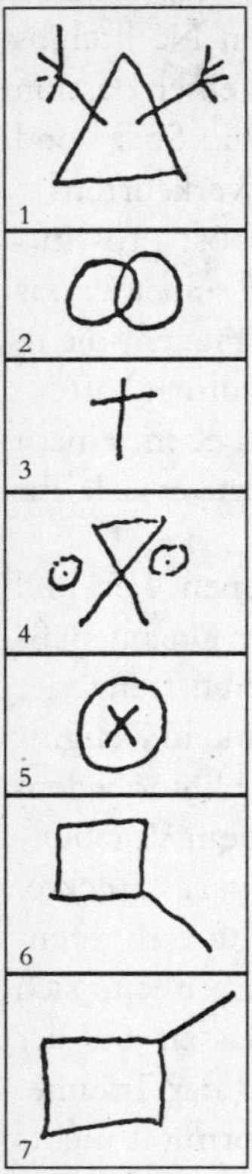

1. *Der Mann hier ist bewaffnet*
2. *Handschellen: Landstreicher werden verhaftet*
3. *Sicherer Ort*
4. *Dieser Lagerplatz ist vor der Polizei sicher*
5. *Hier erhält man Almosen*
6. *Umgekehrter Schöpflöffel: die Stadt ist »trocken«*
7. *Schöpflöffel: in der Stadt wird Alkohol ausgeschenkt*
8. *Hier wohnt ein Polizist*
9. *Bissiger Hund*
10. *Hier wohnt eine gutherzige Frau*
11. *Das Auge des Gesetzes ist geschlossen: gute Stadt*
12. *Das Auge des Gesetzes ist wachsam: feindliche Stadt*
13. *Hier muß man für eine Mahlzeit arbeiten*
14. *Arzt, der Landstreicher umsonst behandelt*

Die Zinken der Wanderarbeiter stammen aus dem Band *Das Andere Amerika, Geschichte, Kunst und Kultur der amerikanischen Arbeiterbewegung*, herausgegeben von Philip S. Foner und Reinhard Schulz. Elefanten Press, Berlin ³1985.

B-56-6

UNION PACIFIC
U. P.
99 996
CAPY 100000
LD LMT 119700
LT WT 49300 L.A. 6. 33.

GREAT NORTHERN
A.R.A. NO 2
BRAKE BEAM
A.R.A. TYPE-
COUPLER
SHANK 5X7
36 FEET

ISBN 3-250-10302-0